CB138484

Manual de Direito PREVIDENCIÁRIO

JOSÉ JAYME DE SOUZA SANTORO

MARIA DE FÁTIMA GOMES SANTORO

Manual de Direito PREVIDENCIÁRIO

4ª Edição

Freitas Bastos Editora

Maria Augusta Delgado Livraria, Distribuidora e Editora

Editor: *Isaac D. Abulafia*
Capa/Diagramação: *Jair Domingos de Sousa*

DADOS INTERNACIONAIS PARA CATALOGAÇÃO
NA PUBLICAÇÃO (CIP)

S239m
Santoro, José Jayme de Souza.
Manual de direito previdenciário / José Jayme de Souza Santoro.
– 4. ed. – Rio de Janeiro: Freitas Bastos, 2015.
182 p.; 23 cm.

Inclui bibliografia.

ISBN 978-85-7987-221-1

1. Previdência social – Legislação – Brasil. I. Título.

CDD – 344.8102

Freitas Bastos Editora

Tel./Fax: (21) 2276-4500
freitasbastos@freitasbastos.com
vendas@freitasbastos.com
www. freitasbastos.com

Homenagens dos Autores

de José Jayme:

1. *im memoriam* de Djanira de Souza Santoro e Agezilau Carmeno Santoro, meus pais;

2. *in memoriam* de José Jayme de Souza Santoro Junior, querido filho;

3. para Angela Maria, mãe, tia, avó, bisavó e mulher coragem. Tudo passa por você;

4. para Mônica, Fátima, Ricardo, Guilherme, Rodrigo e ao bem vindo José Jayme Filho.

de Maria de Fátima:

ao esposo, Alipio;
aos filhos: Leonardo, Adriana e Felippe;
às netas: Larissa e Letícia

PREÂMBULO

Passaram-se dez anos, desde a publicação da 3ª edição deste Manual.

Assim, mais uma vez tive que deixar a preguiça de lado, para promover a atualização que me foi *cobrada,* com jeitinho, pela Freitas Bastos.

Desta vez, contei com o auxílio de minha filha, Maria de Fátima, que se encarregou da atualização, pesquisando com afinco e me convencendo que estava na hora de escrever um livro novo.

Realmente, quase nada foi aproveitado das três edições anteriores. Preferimos nos debruçar na Lei, nas discrepâncias doutrinárias e jurisprudenciais, que digam respeito aos vários institutos que compõem a estrutura do Sistema Previdenciário.

Maria de Fátima é profunda conhecedora da legislação previdenciária, tendo atuado em diversos cargos de confiança, no Instituto Nacional do Seguro Social – INSS, no Rio de Janeiro, inclusive o de Corregedora.

Todavia, ao aprofundarmos nesse estudo, deparamos com outra realidade, diferente da abordagem feita no Preâmbulo da 3ª edição. Nela, ficou consignado que, àquela altura, o Estado *Assistente Social* estava dando passagem para o Estado *do Liberalismo*, **"trazendo de volta as ideias (e dificuldades) de reformas estruturais dos sistemas de proteção social e de responsabilidade pública".**

Naquela oportunidade, também, consignava que o reconhecimento das necessidades sociais não estava sendo acompanhado por ações tendentes ao enriquecimento técnico, científico e doutrinário, especialmente aquelas que dizem respeito aos ideais de Justiça, equidade e solidariedade.

Ocorre que, de lá para cá, o atual Estado Brasileiro deixou de lado as atitudes que apontavam para o *Liberalismo,* voltando (ou recuando) para o Estado *Assistente Social.*

Ora, é sabido que o financiamento do Sistema de Seguridade Social depende, fundamentalmente, da situação econômica do País. Quanto mais pessoas estiverem empregadas, mais aumenta a contribuição de empregados e empregadores. Quanto mais se desemprega, mais pessoas se "*encostam*" no sistema e pressionam as despesas. Ao revés, a mão de obra empregada alivia os cofres previdenciários, aumentando as contribuições e evitando o desembolso de prestações.

Hoje, infelizmente, a Seguridade Social encontra terreno pouco fértil para atender aos seus objetivos.

Realmente, o quadro é de: (a) – crise econômica mundial; (b) – crise econômica nacional; (c) – falta de consenso político entre os Poderes; (d) – falta de credibilidade das instituições; (e) – falta de políticas planejadas pertinentes ao Sistema.

O assistencialismo, do jeito que se apresenta no contexto nacional, não resolve os problemas imediatos exigidos pela Sociedade como um todo.

Por causa disso e pelos desmandos do passado, encontramos um sistema combalido e sempre ameaçado pelo caos. E as medidas adotadas para correção, mais se assemelham a *enxugar gelo.*

O presente trabalho – que porventura pode estar incompleto, em virtude do verdadeiro *furor* legislativo que paira sobre o Sistema – pretende tão somente ser um modesto contributo para estudantes e demais operadores do Direito, interessados no tema.

PREFÁCIO

Conheci o autor na Universidade Veiga de Almeida, *campus* Tijuca, como responsável pela implantação do Curso de Direito. Ali, sob a sua batuta, iniciei o magistério para alunos das primeiras turmas, lecionando Prática Forense Cível, ocasião em que pude constatar que o autor exercia magistralmente seu *munus* de Coordenador do Curso de Direito. Suas orientações na época, sua visão futurista de aprimoramento das matérias e seu direcionamento inovador na cátedra já demonstravam que em sua vida profissional sempre haveria um cantinho especial para o estudo sistemático de assuntos interessantes e relacionados às relações humanas. E o presente livro, é o resultado de anos de pesquisas e estudos, em que o autor aborda questões corriqueiras, mas de suma importância na legislação previdenciária, tais como as origens, os deveres e os direitos ali previstos.

Senti-me por demais honrada com o convite para elaborar o prefácio do livro MANUAL DE DIREITO PREVIDENCIARIO. Muito embora a obra mereça considerações diversas, sabido é que o prefácio deve ser nada mais do que uma rápida apresentação sobre o tema abordado pelo autor. E é o que faço nesta oportunidade, oportunizando ao leitor que mergulhe de "cabeça" nas origens do direito previdenciário, desde o seu surgimento ao fim do século XIX e início do século XX, acompanhando sua evolução até os dias de hoje.

Fácil dizer, que o leitor do livro irá encontrar no começo do trabalho desenvolvido, a sua refinada sensibilidade aos valores e necessidades do aprimoramento do direito previdenciário em nosso país. Logo no primeiro capítulo, o leitor se deparará com a forma profunda como o autor faz um estudo a respeito do surgimento da previdência social no nosso país e sua prática social, interligando-as com os direitos dos seus segurados, dependentes e beneficiários.

Mais à frente, o estudo se transforma numa interessante viagem que nos leva a uma primeira reflexão, envolvendo a relevante situação fática dos beneficiados pela previdência, ao examinar e comentar minuciosamente a situação que envolve os empregados domésticos, trabalhadores avulsos, os contribuintes individuais e segurados especiais, aclarando com luz cristalina, que estes podem ser entendidos como os contribuintes comuns e avulsos, tais como estudantes, donas de casa e até mesmo pessoas desempregadas.

O que se nota ao se fazer a leitura do livro, é a pontual importância dada pelo autor, às regras impostas pela legislação previdenciária para as situações que envolvem os trabalhadores fixos com carteira assinada ou trabalhadores eventuais, todos possuindo, em tese, o mesmo direito, qual seja o de ser contribuinte previdenciário, e seus reflexos para o país, quer seja na qualidade de dependente, quer seja na qualidade de beneficiário, sem apego ao formalismo exagerado, dando lugar aos esclarecimentos necessários que a legislação nos impõe.

E com absoluta maestria, o autor aborda questões de suma importância, esmiuçando a legislação previdenciária, esclarecendo os direitos e deveres adquiridos pelos segurados contribuintes, distinguindo as situações diversas que podem surgir, em se tratando de dependentes ou beneficiários, visando à garantia da estabilidade do regime, assim como a solidez da instituição e a firmeza do ordenamento jurídico, principalmente, no caso, do falecimento do titular do direito.

Vê-se assim, que o empenho do autor ao escrever o livro, é demonstrar de forma simples e didática, que o direito previdenciário é o meio que garante ao trabalhador brasileiro, a assistência integral nos momentos de infortúnio que surgirem. Seus comentários a respeito da legislação em vigor são precisos e minuciosos. O que demonstra claramente o autor é a existência de um trinômio estrutural que é próprio do regime de previdência social dos entes federativos, demandando análise e reflexões sobre os direitos que envolvem seus destinatários, trinômio este formado por SAÚDE-ASSISTÊNCIA INTEGRAL-BEM ESTAR SOCIAL.

Também ao ler o livro, se deparará o leitor não somente com as observações concernentes à matéria, mas também com os comentários a respeito de toda a evolução da legislação previdenciária no cenário brasileiro, com todas as modificações que sobrevieram ao longo do Século XX e no início deste Século XXI, tudo com referência e esteio na Constituição Federal de 1988.

Decorrido, pois, mais de um século do surgimento do direito previdenciário no nosso país, as leis tem sido constantes ao longo dos anos, visando sempre a beneficiar os trabalhadores, de modo a minimizar os conflitos de interesses entre segurado e seguridade social como forma de proteção para a valorização e dignidade do ser humano. E o que ressai cristalino da leitura da obra é justamente a mobilidade inerente à sociedade, é a posição exercida pela previdência social no cenário nacional, como um elo de inclusão social, minimizando as desigualdades, propiciando condições mínimas de subsistência, promovendo a efetivação da cidadania e dos direitos sociais, garantidores da dignidade da pessoa humana.

Certo é que o leitor irá se deliciar com a obra, pela sua forma didática e clara na interpretação do Direito Previdenciário. Professores, alunos, operadores de direito serão instigados a ler a obra do autor, haja vista a importância da matéria previdenciária hoje e sempre. A forma como o autor, querido amigo, nos leva às profundezas da legislação previdenciária, é rica em detalhes, o que agradará a todos.

Sirley Abreu Biondi

Desembargadora do Tribunal de Justiça
do Estado do Rio de Janeiro

SUMÁRIO

Capítulo 8

Capítulo 9

Capitulo 1

O DIREITO PREVIDENCIÁRIO BRASILEIRO

1- O Direito Previdenciário é ramo do direito público interno, nascido da conquista dos direitos sociais, no fim do século XIX e início do século XX. Seu objetivo é o estudo e a regulamentação do instituto chamado "seguridade social".

Como os demais ramos do Direito, tem suas bases assentadas na Constituição Federal e na legislação complementar que informa e explicita seus institutos. O seu objetivo é estudo das relações entre as previdências pública e privada, com os respectivos segurados, dependentes e beneficiários.

1.1.– Conceito

A diversidade de cobertura dos regimes de Proteção Social, no mundo, influencia decisivamente cada uma das definições dos seus direitos específicos.

Assim, a doutrina estrangeira não está em condições de oferecer subsídios (como faz com a maioria das disciplinas jurídicas), para a formulação de Direito Previdenciário Brasileiro, porque a concepção nacional desse (ainda) novo ramo do Direito, tem as suas tintas próprias.

Diante disso, na ausência de outra formulação, arriscamos dizer que o Direito Previdenciário é ***"um conjunto harmônico de princípios jurídicos, que regem as relações entre a massa segurada, seus dependentes e os órgãos e agentes do Sistema Previdenciário, com a finalidade de atender à cobertura dos chamados riscos sociais."***

Podemos justificar tal conceito, pela análise dos seus elementos: *"conjunto harmônico de princípios jurídicos ..."* - Indica o caráter científico da matéria em estudo. Significa a existência e a sistematização das normas doutrinárias de Direito, reforçando a certeza da autonomia do Direito Previdenciário, posto que não existe ciência sem princípios próprios, ordenáveis e verificáveis na prática, como são os ora estudados;

"... que regem as relações entre a massa segurada, seus segurados e dependentes e os órgãos do Sistema Previdenciário..." – Esclarece a titularidade da relação jurídica estabelecida no verdadeiro contrato de seguro existente;

"... com a finalidade de atender à cobertura dos chamados riscos sociais".- Informa e delimita o objeto do Direito Previdenciário.

1.2. – Autonomia

A autonomia do Direito Previdenciário há muito deixou de ser contestada, restando, ainda, uma ou outra corrente mais ortodoxas, que pretendem vê-lo embutido no Direito do Trabalho ou no Direito Administrativo.

Essa visão, porém, está atrasada há quase 65 anos, pois, como entende a esmagadora maioria dos Doutrinadores, a Lei Federal n. 3807, de 26/8/1960, (Lei Orgânica da Previdência Social) é a verdadeira "Certidão de Nascimento" dessa autonomia.

É evidente que não se pode negar a existência de íntima relação entre o Direito do Trabalho e o Direito Previdenciário, podendo-se dizer, sem qualquer constrangimento, que este nasceu daquele.

Todavia, a partir do movimento iniciado em meados dos anos 70, visando a **universalização** dos serviços da Previdência Social, os conceitos de "segurado" e "dependente" tomaram nova dimensão, libertados, definitivamente, da sua vinculação com o de trabalhador.

Tanto assim é que, como vai ficar melhor explicitado adiante, as malhas do Direito Previdenciário ultrapassaram, com toda tranquilidade, os conceitos de empregado e empregador, indo muito mais além da simples relação de emprego. Ao lançar os alicerces da "universalização" e criar Ministério específico, o próprio Presidente da República, à época, declarou que as medidas eram "tendentes a tornar o Direito Previdenciário uma realidade para todos os cidadãos".

Ademais, o Direito do Trabalho tem suas linhas mestras bem assentadas, cuidando, dentre outros, das relações coletivas e individuais de trabalho, do sindicalismo e do corporativismo, enquanto que o Direito Previdenciário se preocupa com o seguro social e com a assistência social.

No que se refere ao Direito Administrativo, a situação é semelhante, embora a distância seja bem maior. É certo que os processos administrativos, ordinariamente, são as vias para a satisfação de pretensões de segurados e dependentes, diante dos órgãos de Previdência Social. Porém, é só isso. Mesmo existindo significativa afinidade, não há o que falar em subordinação.

1.3.- Classificação

A divisão clássica do Direito estabelece, inicialmente, a existência de dois grandes ramos: o do Direito Público e o do Direito Privado, conforme suas respectivas destinações.

O Direito Público, ainda, subdivide-se em Interno e Externo, sendo que o Direito Público Interno tem como preocupação regular as relações estatais e sociais, enquanto que o Direito Público Externo visa, apenas, disciplinar o relacionamento entre Estados Soberanos e, ainda, as atividades individuais, no contexto internacional.

Por seu lado, o Direito Privado cuida, principalmente, dos interesses do indivíduo, em sua vida em sociedade, dos seus bens. Daí preponderarem, nessa subdivisão, o Direito Civil e o Direito Comercial.

Desse modo, é fácil depreender que o Direito Previdenciário ocupa lugar no sub-ramo do Direito Público Interno, onde também estão o Constitucional, o Administrativo, o Tributário, o Penal e o Processual, entre outros.

1.4.– Fontes do Direito Previdenciário

O Direito Previdenciário assenta suas bases em quatro fontes básicas: a lei, a jurisprudência, a doutrina e os costumes.

A **lei**, *lato sensu*, é a fonte primária do Direito da Seguridade Social, sendo certo que a expressão abrange desde a Constituição Federal até os atos normativos de menor hierarquia, baixados pelos diversos segmentos do Poder Executivo, que administra e/ou controla o respectivo Sistema.

A **Jurisprudência**, ainda, além da reiteração dos julgados, de juízes e Tribunais, sobre determinado tema num mesmo sentido, atualmente assume posição de relevância, especialmente com a esperada implantação das novas regras processuais, influencia decisivamente na construção desse direito. No caso especial do Direito Previdenciário, essa influência se torna muito mais importante, na medida em que se trata de disciplina de natureza plástica, sensível à velocidade com que ocorrem as mudanças sociais.

Ainda, além do seu caráter objetivo e prático, traz consigo a tendência de nacionalização e integração com o histórico vivido pela sociedade.

Enquanto que a doutrina é cada vez mais globalizada, a jurisprudência adapta o sentido da norma ao caso, aos padrões sociais da época.

A **doutrina** expressa o pensamento dos estudiosos sobre o Direito Previdenciário. Através dela é que se forma o sistema teórico de princípios para a elaboração das leis e das decisões contenciosas, ordenando, assim, este novel do ramo do Direito.

O **costume**, hoje, tem a sua importância bastante reduzida como fonte de direito. Com o passar dos tempos, principalmente a partir do século XIX, o Direito iniciou-se por um processo de intensa codificação, no qual as leis deixaram ser tidas apenas nos usos e costumes sociais, para serem escritas em leis, e organizadas em Códigos. Muitos são os exemplos dados, pelo Sistema de Previdência, da utilização dessa fonte, na vanguarda de outros. Cite-se, para ilustrar: a aceitação dos filhos havidos fora do casamento, o reconhecimento do chamado direito da companheira, e, mais recentemente, o reconhecimento da relação homoafetiva.

1.5.- Interpretação do Direito Previdenciário

Para a interpretação da norma jurídica se faz necessário, primeiro, a localização da matéria na Constituição Federal.

A seguridade social está disciplinada no Título VIII — **Da Ordem Social (art. 193)**: "A Ordem Social tem como base o primado do trabalho, e seus objetivos são o bem-estar e a justiça sociais".

O art. 194 estabelece "A seguridade social compreende um conjunto integrado de ações de iniciativa dos poderes públicos e da sociedade, destinadas a assegurar os direitos relativos à saúde, à previdência e à assistência social".

Conforme se verifica, o **trabalho** é o alicerce da Ordem Social. O trabalho e a dignidade da pessoa humana são fundamentos do Estado Democrático de Direito (art. 1º, III e IV, da CF). É o primado do homem, que sustenta a si e à sua família através do trabalho digno.

Entretanto, o estudo da interpretação das normas de Direito Previdenciário ainda tem que abrir muitas "picadas", para construir o seu próprio caminho, inclusive porque é um Direito eminentemente *plástico.*

Mesmo assim nos atrevemos a esboçar algumas regras básicas.

Podemos afirmar, já de saída, que, embora pertencendo ao ramo do Direito Público, pela diversidade de objetivos que encerra e pelo fim social de suas normas, o Previdenciário não é refratário à aplicação de regras do Direito Privado, não sendo sequer possível excluir a possibilidade.

Fixado esse ponto, na interpretação devem ser considerados, pelo menos, os seguintes pressupostos: a)- a presunção de legitimidade dos atos emanados pelas Autoridades da Administração Previdenciária; b)- a possibilidade, de a Previdência, dispor dos bens e recursos dos seus segurados, para melhor atender aos seus interesses; c)- a supremacia dos interesses da massa assistida, sobre os interesses individuais do segurado ou do dependente.

Resumindo, pois, segundo entendemos, a interpretação das regras do Direito Previdenciário far-se-á a partir da aplicação análoga dos princípios de Direito Público e, subsidiariamente, das normas gerais de Direito Privado.

1.6. Aplicação das normas do Direito Previdenciário

Antes de adentrarmos no tema, não custa relembrar alguns princípios básicos.

A norma jurídica vigente ocupa lugar no espaço ou para determinado período de tempo. Tem vida própria, e, assim como nós, nasce, existe e morre. Ou seja: início da vigência, continuidade da vigência e a cessação da vigência.

Nascem, geralmente, através da sanção - que é o ato pelo qual o Executivo autentica a lei elaborada pelo Legislativo, ou pela promulgação – declaração de vigência pelo próprio Legislativo, em matérias de sua competência.

Ordinariamente, a norma jurídica só começa a vigorar com a sua publicação, gerando presunção de conhecimento geral do texto, isso porque ninguém pode deixar de cumprir a lei, alegando desconhecimento. Portanto, a publicidade é a condição para a norma jurídica entrar em vigor e tornar-se eficaz. A obrigatoriedade de publicação da, todavia, não vai determinar a sua vigência, salvo se ela assim determinar. A sua força de coerção está condicionada à vigência, ou seja, ao dia em que começar a vigorar.

Assim, enquanto a lei nova não adquire força obrigatória efetiva, não possui autoridade imperativa, ainda que promulgada e publicada, de onde se conclui que enquanto isso não acontecer, está em vigor a lei antiga, que a lei nova se propõe modificar, derrogar ou revogar.

Desse modo, em determinadas hipóteses, para que a norma entre em vigor, ou seja, possa gerar efeitos, deve aguardar certo período de tempo. A esse período entre a data da publicação e o termo inicial de aplicação denomina-se "vacatio legis". Esse período representa o tempo necessário para que todos dela tomem conhecimento, seja melhor conhecida pelos seus destinatários. Permitir aos aplicadores e intérpretes da lei que se preparem devidamente.

1.6.1. Aplicação no tempo

A Lei de Introdução às Normas do Direito Brasileiro — LINDB (Lei n. 12.376, de 30.12.2010) disciplina a vigência da lei no tempo e no espaço, e estabelece algumas regras fundamentais.

No art. 1º, dispõe que a lei começa a vigorar em todo o país 45 dias depois de oficialmente publicada e, caso seja novamente publicada, para fins de correção do texto, antes de entrar em vigor, o prazo começará a correr da nova publicação (art. 1º, § 3º).

A lei permanecerá em vigor até que outra lei posterior a modifique ou revogue (art. 2º). A revogação pode ser expressa ou tácita. É tácita quando a nova lei é com ela incompatível ou quando regule inteiramente a matéria por ela antes regulada (§ 1º). E, se a lei nova perder a vigência, não haverá repristinação, isto é, a lei revogada não será restaurada, salvo disposição em contrário (§ 3º).

A LINDB proíbe a retroatividade da lei, cuja vigência deve respeitar o ato jurídico perfeito, o direito adquirido e a coisa julgada (art. 6º), preceito que também é garantia fundamental, na forma do art. 5º, XXXVI, da CF.

É relevante afirmar que, **em matéria previdenciária, aplica-se a lei vigente na data da ocorrência do fato.**

1.6.2. Aplicação no espaço

As normas previdenciárias, em regra, aplicam-se a todos que vivem no território nacional, atendendo ao princípio da territorialidade.

Exceções:

a) A lei prevê proteção previdenciária no Brasil para pessoas que estão fora do território nacional.

É o que diz o art. 11, I, c, da Lei n. 8.213/91, que classifica como segurados empregados os brasileiros ou os estrangeiros domiciliados e contratados no Brasil para trabalharem como empregados em sucursal ou agência de empresa nacional no exterior.

b) Também é segurado obrigatório, na condição de empregado (art. 11, I, e), o brasileiro civil que trabalha para a União, no exterior, em organismos oficiais brasileiros ou internacionais dos quais o Brasil seja membro efetivo, ainda que lá domiciliado e contratado.

Relevante:

Os Diplomatas estrangeiros, que prestam serviços no Brasil, em regra, estão protegidos pela legislação previdenciária do país de origem. Porém, se estão no Brasil prestando serviços à missão diplomática ou à repartição consular de carreira estrangeira e a órgãos a ela subordinados, são segurados empregados, na forma do art. 11, I, "c". Contudo, se esses estrangeiros não têm residência permanente no Brasil, não são segurados obrigatórios do Regime Geral de Previdência Social - RGPS.

Por fim, o brasileiro que preste serviços à essas missões diplomáticas ou repartições consulares, também não será segurado obrigatório se estiver amparado pela legislação previdenciária do respectivo país (art. 11, I, "d").

1.7. – A codificação do Direito Previdenciário

Acredita-se que a maior dificuldade encontrada, pelos estudiosos do Direito Previdenciário, é a sua falta de codificação, mormente porque os atos normativos internos (Resoluções, Ordens de Serviço, etc), são desconhecidas do grande público. Essa bateria de atos desconhecidos transforma-se numa verdadeira "caixa preta", fruto de verdadeiro *furor legislativo* que acometeu os prepostos do Regime Previdenciário, especialmente no fim do século passado.

É bem verdade que se tentou essa codificação, através da edição das Leis Federais ns. 8212 e 6213/91, mas hoje transformadas em colchas de retalhos, em virtude das constantes modificações sofridas.

Capítulo 2

Desenvolvimento Histórico da Previdência no Brasil

A primeira iniciativa brasileira, em relação à Previdência Social, aconteceu no século XIX, antes da independência, quando D. Pedro I, ainda Príncipe Regente, utilizou-se de **Carta de Lei**, para conceder aposentadoria aos professores, com 30 anos de serviço. A aposentadoria era chamada de *jubilação*, e quem optasse por permanecer no trabalho receberia um abono de 25% em sua folha de pagamento.

Mais tarde, mais precisamente em 22 de junho de 1835, foi criado o Montepio Geral dos Servidores do Estado (MONGERAL). Os Montepios eram instituições em que, mediante o pagamento de cotas, cada membro adquiria o direito de deixar pensão pagável a alguém de sua escolha, em caso de morte.

Depois, através do Decreto n° 9.912-A, de 26 de março de 1888, os empregados dos Correios receberam o direito à aposentadoria. Esse Decreto estabelecia requisitos para a concessão, quais sejam 30 anos de serviço e 60 anos de idade. Posteriormente, foram criados vários outros Fundos de Pensões, tais como para os trabalhadores das estradas de ferro e das forças armadas.

Em 1919 surge o seguro contra acidentes de trabalho, que cobria certas atividades profissionais.

Nessa linha de expansão das coberturas, através do Decreto-lei n° 4.682/23, datado de 24 de janeiro de 1923, conhecido como **"Lei Eloy Chaves"**, foi crida a primeira Caixa de Aposentadorias e Pensões, para beneficiar trabalhadores de empresas ferroviárias. Esse Decreto é considerado o ponto de partida da Previdência Social Brasileira, tanto assim que no dia 24 de janeiro é festejado o dia da Previdência Social. A partir daí, outras empresas foram autorizadas a construir fundos de amparo aos seus trabalhadores.

Em 1930, foi criado o Ministério do Trabalho, Indústria e Comércio, com a finalidade de administrar a Previdência Social. A partir daí, o sistema previdenciário deixou de ser estruturado por empresa, passando a abranger categorias profissionais.

Nos anos 1930, as Caixas de Aposentadoria foram substituídas pelos **Institutos de Aposentadoria e Pensões**, divididos por categorias e agrupando classe, tais como: bancários, marítimos, industriários, comerciários, pessoal de transportes e cargas. Mais tarde, através do Decreto nº 20.465/31, a "Lei Eloy Chaves" foi estendida a diversas outras categorias de funcionários públicos e muitas outras caixas de aposentadorias e pensões foram criadas.

Em 1930, o então Presidente da República, Getúlio Vargas, suspendeu os benefícios concedidos pelas Caixas de Aposentadorias e Pensões – CAPs, durante seis meses, e promoveu uma reestruturação que acabou por substitui-las por Institutos de Aposentadorias e Pensões (IAPs), que eram autarquias de nível nacional centralizadas no governo federal, e dessa forma, a filiação passava a se dar por categorias profissionais, diferente do modelo das CAPs, que se organizavam por empresas.

Ao longo dos anos seguintes surgiriam os seguintes institutos:

- 1933 - **IAPM** - Instituto de Aposentadoria e Pensões dos Marítimos;
- 1934 - **IAPC** - Instituto de Aposentadoria e Pensões dos Comerciários (Decreto n° 24.272, de 21 de maio de 1934);
- 1934 - **IAPB** - Instituto de Aposentadoria e Pensões dos Bancários (Decreto nº 24.615, de 9 de julho de 1934);
- 1936 - **IAPI** - Instituto de Aposentadoria e Pensões dos Industriários (Lei n° 367, de 31 de dezembro de 1936) ;
- 1938 - **IPASE** - Instituto de Pensões e Assistência dos Servidores do Estado (Decreto-Lei n° 288, de 23 de fevereiro de 1938);
- 1938 - **IAPETEC** - Instituto de Aposentadoria e Pensões dos Empregados em Transportes e Cargas (Decreto-Lei n° 651, de 26 de agosto de 1938);
- 1939 - Instituto de Aposentadoria e Pensões dos Operários Estivadores (Decreto-Lei n° 1.355, de 19 de junho de 1939);
- 1945 - **ISS** - O Decreto n° 7.526, de 7 de maio de 1945, dispôs sobre a criação do Instituto de Serviços Sociais do Brasil.
- 1945 - **IAPTEC** O Decreto-Lei n° 7.720, de 9 de julho de 1945, incorporou ao Instituto dos Empregados em Transportes e Cargas o da Estiva e passou a se chamar Instituto de Aposentadorias e Pensões dos Estivadores e Transportes de Cargas.
- 1953 - **CAPFESP** - Caixa de Aposentadoria e Pensões dos Ferroviários e de Empresa do Serviço Público (Decreto nº 34.586, de 12 de novembro de 1953);
- 1960 - **IAPFESP** - Instituto de Aposentadoria e Pensões dos Ferroviários e Empregados em Serviços Públicos (Lei nº 3.807, de 26 de agosto de 1960, art. 176 - extinta a CAPFESP).

Em 1° de maio de 1943, o Decreto-Lei n° 5.452 aprovou a Consolidação das Leis do Trabalho, elaborada pelo Ministério do Trabalho, Indústria e Comércio e que também concebeu o primeiro projeto de Consolidação das Leis de Previdência Social.

Em 1945, criou-se o Instituto de Serviços Sociais do Brasil, e, em 1946, o Conselho Superior da Previdência Social e o Departamento Nacional de Previdência Social.

Pela Lei n° 3.807, de 26 de agosto de 1960, foi aprovada a chamada Lei Orgânica de Previdência Social - **LOPS**, que unificou a legislação referente aos Institutos de Aposentadorias e Pensões. O limite de idade para a aposentadoria, que antes era de 50 anos, foi ampliado para 55 anos, devido à expectativa de vida que havia aumentado consideravelmente em comparação com os níveis dos anos 20. Com a intenção de não estimular a aposentadoria precoce, lei passou a exigir novo limite etário para homens e mulheres.

Em 1963 criou-se o **Fundo de Assistência ao Trabalhador Rural – FUNRURAL** e o Regime Único dos Institutos de Aposentadorias e Pensões.

Em 1964, foi criada uma comissão para reformular o sistema previdenciário, que culminou com a fusão de todos os IAPs no INPS (Instituto Nacional da Previdência Social).

O Decreto-Lei n° 72, de 21 de novembro de 1966, criado por Eloah Bosny , reuniu os seis Institutos de Aposentadorias e Pensões (**IAPM** , **IAPC, IAPB, IAPI, IPASE** e **IAPETEC),** no Instituto Nacional de Previdência Social – INPS.

A Lei Complementar nº 7, de 7 de setembro de 1970, criou o Programa de Integração Social - PIS e a Lei Complementar nº 8, de 3 de dezembro de 1970, instituiu o Programa de Formação do Patrimônio do Servidor Público - PASEP. Em 1974 foi instituído o Ministério da Previdência e Assistência Social desmembrado do Ministério do Trabalho e da Previdência Social, no mesmo ano foi autorizado ao poder executivo construir uma empresa de processamento de dados da Previdência Social, denominada DATAPREV.

A Lei n° 6.439, de 1° de setembro de 1977, instituiu o Sistema Nacional de Previdência e Assistência Social - **SINPAS**, orientado, coordenado e controlado pelo Ministério da Previdência e Assistência Social, responsável "pela proposição da política de previdência e assistência médica, farmacêutica e social, bem como pela supervisão dos órgãos que lhe são subordinados" e das entidades a ele vinculadas.

Em 1984 é aprovada a Consolidação das Leis da Previdência Social.

O Decreto nº 99.350, de 17/06/1990, criou o Instituto Nacional do Seguro Social – INSS, mediante a fusão do IAPAS com o INPS. O INAMPS, que funcionava junto ao INPS, foi extinto e seu serviço passou a ser coberto pelo SUS.

O Ministério do Trabalho e da Previdência Social é restabelecido pela Lei n° 8.029/90, que foi extinto novamente, isso em 1992, substituido pelo Ministério da Previdência Social (MPS), que foi transformado, em 1995, em Ministério da Previdência e Assistência Social (MPAS).

A Lei 8.212, de 24/07/1991, dispôs sobre a organização da Seguridade Social e instituiu seu novo Plano de Custeio.

Em 1991, é aprovada a Lei 8.213, de 14 de julho (DOU 14 de agosto de 1991), que "Dispõe sobre os Planos de Benefícios da Previdência Social e dá outras providências". Essa foi uma reforma crucial no Sistema Previdenciário Brasileiro, embora muitas outras mudanças tenham sido incorporadas através de Medidas Provisórias, Emenda Constitucional, Decretos, entre outros.

A Lei nº 8.490, de 19/11/1992, dispôs sobre a organização da Presidência da república e dos Ministérios. Extinguiu o Ministério do Trabalho e da Previdência Social e restabeleceu o Ministério da Previdência Social (MPS).

A Lei nº 8.861, de 25/03/1994, dispôs sobre a licença maternidade.

O Decreto nº 1.744, de 18/12/1995, regulamentou a concessão de benefício de prestação continuada à pessoa portadora de deficiência ou idosa, e extinguiu o auxílio natalidade, o auxilio funeral e a renda mensal vitalícia.

A Lei Complementar nº 85, de 15 de fevereiro de 1996, alterou o artigo 7º da Lei Complementar nº 70, de 30 de dezembro de 1991, que estabeleceu a Contribuição para Financiamento da Seguridade Social - COFINS.

A Emenda Constitucional nº 20, de 15/12/1998, foi o eixo da Reforma da Previdência Social. As principais mudanças foram limite de idade nas regras de transição para a aposentadoria integral no setor público, fixado em 53 anos para o homem e 48 anos para a mulher; novas exigências para as aposentadorias especiais; mudança na regra de cálculo de benefício, com introdução do fator previdenciário.

O Decreto nº 3.048/99 aprovou o Regulamento da Previdência Social.

A Lei nº 10.259, de 12/07/2001 dispôs sobre a instituição dos Juizados Especiais Cíveis e Criminais no âmbito da Justiça Federal.

A Lei nº 10.421, de 15/04/2002 estende à mãe adotiva o direito à licença maternidade e ao salário maternidade.

O Decreto nº 4.360, de 05/09/2002, regula o benefício de prestação continuada devido a pessoa portadora de deficiência e a idoso, de que trata a Lei nº 8.742, de 07/12/1993.

A Lei nº 10.839, de 05/02/2004 (conversão da MP nº138, de 19/11/2003) altera para 10 anos o prazo de decadência para os direitos de ação pelo segurado ou beneficiário para a revisão do ato de concessão do benefício.

A Lei nº 10.877, de 04/06/2004 (alterando a Lei nº 7.070/82) que dispôs sobre pensão especial para os deficientes físicos portadores da Síndrome de Talidomida.

Em janeiro de 2005 o então INSS passou por uma mudança estrutural, em decorrência da Lei 11.098, que criou a Secretaria da Receita Previdenciária (SRP) com competência relativa à arrecadação, fiscalização, lançamento e normatização de receitas previdenciárias. Esse órgão é diretamente ligado ao MPS, assumindo essas competências que eram do INSS.

Capitulo 3

O Sistema de Seguridade Social

A Seguridade Social está amparada na CF/88, que assim dispõe:

"art. 194 - A Seguridade Social compreende um conjunto integrado de ações de iniciativa dos poderes públicos e da sociedade, destinadas a assegurar os direitos relativos à saúde, à previdência e à assistência social".

"art. 195 – A Seguridade Social será financiada por toda a sociedade, de forma direta e indireta, nos termos da lei, mediante recursos provenientes dos orçamentos da União, dos Estados, do Distrito Federal e dos Municípios e das seguintes contribuições sociais: ...."

A Seguridade Social é uma realidade conhecida por toda a coletividade mundial no que tange aos seus aspectos essenciais.

O termo "Seguridade Social" expressa a missão essencial: assegurar, de forma organizada, a proteção do indivíduo contra os chamados riscos sociais ou riscos de existência.

Apesar de distribuir benefícios, ela não deve ser entendida como *favor concedido pelo Estado.* Muito pela contrário, **trata-se de um direito, que deve ser exigido em toda a sua plenitude, por todos os membros da sociedade.**

A Previdência Social pode ser definida como um seguro social, que garante ao trabalhador e aos seus dependentes, amparo quando ocorre a perda e/ou incapacidade, permanente ou temporária. É seguro contra os chamados *riscos de existência*: morte, invalidez, acidente do trabalho, etc.

Para efeitos de percepção desses benefícios, deverão ser atendidos requisitos e obedecido o teto do Regime Geral de Previdência Social – (RGPS).

A Previdência Social está inserida em um conceito mais amplo, que é o da Seguridade Social, que abrange ações em três áreas de atuação, quais sejam: saúde, assistência social e previdência social.

A penetração do Sistema Previdenciário é tão grande e tão abrangente, que muitas comunidades e , até pequenos municípios, sobrevivem em função aos benefícios concedidos aos habitantes locais. Inúmeras famílias vivem, exclusivamente, com a renda dos aposentados e/ou beneficiados com pagamento dos benefícios previdenciários.

O sistema previdenciário, em suma, engloba grande massa de recursos e obrigações que se alicerça, basicamente, nas contribuições dos segurados, das empresas e da União Federal, Estados e Municípios através de receitas específicas. Baseia-se no sistema de *partição simples, onde*: o trabalhador ativo de hoje financia os inativos e, posteriormente, aqueles serão financiados por trabalhadores ativos quando chegarem à inatividade.

Capítulo 4

O financiamento da Seguridade Social

4.1. Normas Gerais Constitucionais

O art. 195 da Constituição Federal estabelece "A seguridade social será financiada por toda a sociedade, de forma direta e indireta, nos termos da lei, mediante recursos provenientes dos orçamentos da União, dos Estados, do Distrito Federal e dos Municípios, e das seguintes contribuições sociais:

I - do empregador, da empresa e da entidade a ela equiparada na forma da lei;

II - do trabalhador e dos demais segurados da previdência social, não incidindo contribuição sobre aposentadoria e pensão concedidas pelo regime geral de previdência social de que trata o art. 201;

III - sobre a receita de concursos de prognósticos.

IV - do importador de bens ou serviços do exterior, ou de quem a lei a ele equiparar.

O financiamento de forma direta é feito com o pagamento de contribuições sociais, previstas nos incisos I a IV do art. 195, da contribuição para o Programa de Integração Social (PIS) e para o Programa de Formação do Patrimônio do Servidor Público (PASEP).

O financiamento de forma indireta é feito com os recursos orçamentários da União, dos Estados, dos Municípios e do Distrito Federal, que devem constar dos respectivos orçamentos dos entes federativos.

Os recursos destinados ao custeio do Sistema Previdenciário não integram o orçamento da União.

A Lei n. 8.212, de 24.07.1991 (Plano de Custeio), dispõe, no art. 11 que, no âmbito federal, o orçamento da seguridade social é composto por receitas da União, receitas das contribuições sociais e receitas de outras fontes.

Caso o orçamento da Seguridade se mostre insuficiente para o pagamento dos benefícios previdenciários, a União é responsável pela despesa, na forma da Lei Orçamentária (art. 16 da Lei n. 8.212/91).

4.1.1. Competência

Estão enumeradas, no artigo 195 da CF, as contribuições sociais destinadas ao financiamento da seguridade: do empregador, da empresa e da entidade a ela equiparada, na forma da lei, incidentes sobre a folha de salários e demais rendimentos do trabalho, a receita ou o faturamento e o lucro (inc. I, "a", "b" e "c"); do trabalhador e dos demais segurados da Previdência Social, não incidindo sobre aposentadorias e pensões pagos pelo RGPS (inc. II); sobre a receita de concursos de prognósticos (inc. III); e do importador de bens ou serviços do exterior, ou de quem a lei a ele equiparar (inc. IV).

Compete à União instituir as contribuições enumeradas pelo art. 195 (art. 149 da CF), por lei ordinária.

Outras fontes de custeio: diferentemente das previstas nos incisos I a IV do art. 195, outras fontes de custeio podem ser instituídas, desde que o fato gerador seja diverso. Trata-se de competência residual da União, que só pode ser exercida por lei complementar, proibidos a cumulatividade e o "*bis in idem*" (artigo 154, I, e § 4º do artigo 195).

Importante frisar que, para instituir as contribuições previstas nos incisos I a IV do artigp 195, não é necessária lei complementar, bastando a criação mediante lei ordinária.

4.1.2. Imunidade

As hipóteses de imunidade em relação às contribuições para o custeio da seguridade social são apenas as enumeradas na CF/88.

4.1.2.1. Imunidade das aposentadorias e pensões do RGPS

Ao prever a contribuição "do trabalhador e dos demais segurados da previdência social", o art. 195, II, dispõe que não incide contribuição sobre aposentadoria e pensão concedidas pelo regime geral de previdência social de que trata o art. 201.

Diferentemente, as aposentadorias e pensões dos servidores públicos não têm imunidade.

4.1.2.2. Imunidade das entidades beneficentes de Assistência Social

Estão estabelecidas no § 7º do art. 195, desde que atendam às exigências estabelecidas em lei.

Com as alterações introduzidas na Lei Orgânica da Assistência Social — LOAS (Lei n. 8.742/93), pela Lei n. 12.435/2011, essas entidades passam a integrar o Sistema Único de Assistência Social — SUAS.

O art. 3º da LOAS estabelece: consideram-se entidades e organizações de assistência social aquelas sem fins lucrativos que, isolada ou cumulativamente, prestam atendimento e assessoramento aos beneficiários abrangidos por esta Lei, bem como as que atuam na defesa e garantia de direitos. Essas entidades auxiliam a seguridade social, por isso, a concessão da imunidade.

Somente podem ser consideradas entidades de assistência social as que atuam complementarmente ao Poder Público na área de assistência social. Por isso, o conceito de entidade de assistência social não se aplica às entidades de previdência privada que recebam contribuições dos beneficiários, que, portanto, não são alcançadas pela imunidade. Esse é o entendimento do STF, fixado na Súmula 730: "A imunidade tributária conferida a instituições de assistência social sem fins lucrativos pelo art. 150, VI, c, da Constituição, somente alcança as entidades fechadas de previdência social privada se não houver contribuição dos beneficiários".

4.1.2.3. Imunidade das receitas decorrentes de exportação

No art. 149, § 2º, I, a CF dispõe que não incidirão as contribuições sociais, inclusive de seguridade social, sobre as receitas decorrentes de exportação.

4.1.3. Anterioridade

O princípio da anterioridade impõe que o tributo não seja cobrado no mesmo exercício financeiro em que haja sido publicada a lei que o instituiu ou aumentou (art. 150, III, b, da CF).

O princípio não se aplica às contribuições sociais, que podem ser cobradas no mesmo exercício financeiro em que instituídas ou modificadas, desde que respeitado o decurso de 90 dias após a publicação da lei, conforme o art. 195, § 6º, da CF.

4.1.4. Remissão e anistia

A CF (art. 195, §11º) proíbe a concessão de remissão ou anistia das contribuições devidas pelo empregador, pela empresa e pela entidade a ela equiparada e pelos segurados da previdência, quando se tratar de débito superior ao previsto em lei complementar.

Remissão e anistia são institutos jurídicos distintos.

A remissão só pode ocorrer depois que o crédito estiver constituído pelo lançamento, configurando hipótese de extinção do crédito tributário (art. 156, IV, do CTN).

A anistia ocorre em momento anterior ao do lançamento e atinge as penalidades impostas ao contribuinte por descumprir a legislação tributária. É hipótese de exclusão do crédito tributário (art. 175, II, do CTN).

4.1.5. Prescrição e decadência

Após a promulgação da Constituição Federal de 1988, as contribuições sociais passaram a ter natureza tributária e o prazo para a cobrança começou a ser regido pelo disposto no Código Tributário Nacional, que é de cinco anos.

O Código Tributário Nacional (CTN) foi recebido pela Constituição de 1988 com o status de lei complementar, embora seja formalmente uma lei ordinária (Lei n.º 5.172/1966). O CTN foi editado na vigência da Constituição Federal de 1946, e naquela época não havia previsão de lei formalmente complementar.

Com a entrada em vigor da Lei 8.212/1991 (Lei Orgânica da Seguridade Social) que previa em seus artigos 45 e 46, o prazo de prescrição e de decadência para as contribuições sociais de dez anos, passou-se a entender que, em razão do princípio hermenêutico da especialidade, o Código Tributário Nacional não poderia mais ser aplicado, por tratar-se de lei geral.

A questão da aplicação dos prazos prescricional e decadencial previstos nos artigos 45 e 46 da Lei 8.212/91 foi muito debatida na época da edição da referida lei, especialmente em razão do disposto no art. 146, III, "b" da CF/88 que dispõe caber à lei complementar o estabelecimento de normas gerais em matéria de legislação tributária, inclusive, no que diz respeito a prescrição e a decadência.

Após diversas discussões nos tribunais a questão foi decida pelo Supremo Tribunal Federal que entendeu pela inconstitucionalidade dos artigos 45 e 46 da lei nº 8.212/1991, oportunidade em que foi editada a súmula vinculante n. 08 de 20 de junho de 2008.

Em 19 de dezembro de 2008, os artigos 45 e 45 da Lei 8.212/91, foram revogados pela Lei Complementar n. 128 e atualmente as contribuições sociais são consideradas tributos e a elas aplicam-se as regras de prescrição e de decadência previstas no CTN.

O prazo decadencial se conta:

a) a partir do 1º dia do exercício seguinte àquele em que o lançamento poderia ter sido efetuado;

b) a partir da data em que se tornou definitiva a decisão que houver anulado, por vício formal, o lançamento anteriormente efetuado.

4.2. Contribuições Sociais para o custeio da Seguridade Social

4.2.1. Natureza jurídica

O art. 195, da CF, enumera as contribuições sociais destinadas ao financiamento da seguridade social, a saber:

I- do empregador, da empresa e da entidade a ela equiparada;

II- do trabalhador e dos demais segurados da previdência social;

III- sobre a receita de concursos de prognósticos; e

IV- do importador de bens ou serviços do exterior, ou de quem a lei a ele equiparar.

As receitas que compõem o orçamento da seguridade social estão elencadas no art. 11 do PCSS, quais sejam:

I- Receitas da União;

II- Receitas das contribuições sociais, e

III- Receitas de outras fontes

No parágrafo único do referido artigo, estão relacionadas as contribuições sociais: a) as das empresas, incidentes sobre a remuneração paga ou creditada aos segurados aos seus serviços; b) as dos empregadores domésticos; c) as dos trabalhadores, incidentes sobre seu salário de contribuição; d) as das empresas, incidentes sobre o faturamento e o lucro; e e) as incidentes sobre a receita de concursos de prognósticos.

As contribuições previdenciárias destinam-se ao custeio da previdência social, e estão previstas no art. 195, I, a, II, e III, da CF, proibida a utilização do produto da arrecadação dessas contribuições para o pagamento de outras despesas, que não as relativas à cobertura do RGPS prevista no art. 201, conforme previsto pela Emenda Constitucional n. 20/98 (inciso XI do art. 167 da CF).

4.2.2. A relação jurídica de custeio

A Lei n. 8.212/91 estabelece a relação jurídica de custeio: sujeito ativo, base de cálculo e alíquota.

4.2.2.1. O sujeito ativo

Até o ano de 2007, as contribuições previdenciárias eram instituídas pela União, mas arrecadadas e cobradas pelo Instituto Nacional do Seguro Social - INSS.

Por seu turno, as contribuições sociais para o financiamento da seguridade social, que não fossem da espécie previdenciária, tinham como sujeito ativo a União, que, por intermédio da Secretaria da Receita Federal, deveria arrecadar, fiscalizar, lançar e normatizar o recolhimento (art. 33 do Plano de custeio - PCSS).

O sujeito ativo das contribuições previdenciárias era o INSS, que tinha competência para arrecadar, fiscalizar, lançar e normatizar o recolhimento das contribuições das empresas, incidentes sobre a remuneração paga ou creditada aos segurados a seu serviço; as dos empregadores domésticos; e as dos trabalhadores, incidentes sobre seu salário de contribuição (art. 33 do PCSS).

A Lei nº 11.457, de 16.03.2007, tornou a União o sujeito ativo de todas essas contribuições sociais, criando a Secretaria da Receita Federal do Brasil (art. 1º da Lei), que resultou da união da Secretaria da Receita Federal e da Secretaria da Receita Previdenciária.

Com a alteração introduzida pela Lei nº 11.941/2009, o art. 33 da Lei nº 8.212/91 passou a dispor que compete à Secretaria da Receita Federal do Brasil planejar, executar, acompanhar e avaliar as atividades relativas à tributação, à fiscalização, à arrecadação, à cobrança e ao recolhimento das contribuições sociais previstas no parágrafo único do art. 11, das contribuições incidentes a título de substituição e das devidas a outras entidades e fundos.

4.2.2.2. O sujeito passivo

O sujeito passivo é o devedor, isto é, aquele que tem a obrigação de pagar essas contribuições..

O sujeito passivo das contribuições previstas no inciso I, "a", "b", e "c" é o empregador, a empresa ou a entidade a ela equiparada.

O trabalhador é o sujeito passivo da contribuição prevista no inciso II.

A contribuição sobre a receita de concursos de prognóstico é devida pelos órgãos do Poder Público ou pelas entidades privadas que os promoverem, prevista no inciso III.

E o importador de bens ou serviços do exterior, ou quem a lei a ele equiparar, é o sujeito passivo da contribuição prevista no inciso IV.

4.3. Contribuições do empregador, da empresa ou da entidade a ela equiparada

4.3.1. Alíquotas e bases de cálculo diferenciadas

Com a edição da Emenda Constitucional nº 47, de 05.07.2005, publicada no DOU em 06.07.2005, foi alterado o § 9º do art. 195 da CF, que prevê que as contribuições previstas no inciso I do caput do referido artigo "poderão ter alíquotas ou bases de cálculo diferenciadas, em razão da atividade econômica, da utilização intensiva de mão de obra, do porte da empresa ou da condição estrutural do mercado de trabalho".

4.3.2. O empregador, a empresa e a entidade a ela equiparada

O art. 195, I, da CF prevê a contribuição do empregador, da empresa ou da entidade a ela equiparada.

O conceito de empresa está definido no art. 15 do Plano de Custeio: é "a firma individual ou sociedade que assume o risco de atividade econômica urbana ou rural, com fins lucrativos ou não, bem como os órgãos e entidades da administração pública direta, indireta e fundacional".

Para fins de custeio da seguridade social, o parágrafo único do art. 15 equipara a empresa "o contribuinte individual em relação a segurado que lhe presta serviço, bem como a cooperativa, a associação ou entidade de qualquer natureza ou finalidade, a missão diplomática e a repartição consular de carreiras estrangeiras".

Situação idêntica ocorre com a cooperativa: é sujeito passivo da contribuição patronal em relação aos segurados com os quais mantém relação empregatícia; porém, se for cooperativa de trabalho, não será parte na relação de custeio em relação aos serviços que seus cooperados prestarem a terceiros.

4.3.3. Contribuições sobre a receita ou o faturamento e o lucro

A base de cálculo da COFINS (Contribuição para o Financiamento da Seguridade Social) é o faturamento mensal, conforme dispõe a Lei n. 10.833/2003. O fundamento constitucional dessa contribuição é o art. 195, I, da CF.

O art. 239, da CF, estabelece a contribuição para o PIS/PASEP. Essa contribuição está destinada a financiar o seguro-desemprego e o abono previsto no § 3º do referido art. 239, no valor de um salário mínimo, pago aos trabalhadores que recebem remuneração de até dois salários mínimos mensais de empregadores que contribuem para o Programa de Integração Social (PIS) ou para o Programa de Formação do Patrimônio do Servidor Público (PASEP).

A Lei n. 7.689/88 instituiu a Contribuição Social Sobre o Lucro (CSSL), cuja base de cálculo é o resultado do exercício antes da provisão para o imposto de renda.

4.3.4. Contribuições previdenciárias incidentes sobre a folha de salários e demais rendimentos do trabalho.

A contribuição previdenciária das empresas, prevista no art. 195, I, a, da CF, está disciplinada no art. 22, I, III e IV, do Plano de Custeio (Lei n. 8212/91).

A Lei n. 12.715, de 17.09.2012, alterou a base de cálculo e a alíquota das contribuições previstas nos incisos I e III do art. 22 em relação a algumas empresas: prestadoras de serviços de tecnologia da informação (TI); prestadoras de serviços de tecnologia da informação e comunicação (TIC); prestadoras de serviços de *call center*; as que exercem atividades de concepção, desenvolvimento ou projeto de circuitos integrados; do setor hoteleiro enquadradas na subclasse 5510-8/01 da Classificação Nacional de Atividades Econômicas — CNAE 2.0; e as de transporte rodoviário coletivo de passageiros, com itinerário fixo, municipal, intermunicipal em região metropolitana, intermunicipal, interestadual e internacional enquadradas nas classes 4921-3 e 4922-1 da CNAE 2.0.

A Lei n. 12.715/2012 também substituiu a contribuição sobre a folha de salários, prevista no art. 22, I e III, da Lei n.8.212/91, das empresas que fabricam os produtos (aprovada pelo Decreto n. 7.660, de 23.12.2011); de manutenção e reparação de aeronaves, motores, componentes e equipamentos correlatos; de transporte aéreo de carga; de transporte aéreo de passageiros regular; de transporte marítimo de carga na navegação de cabotagem; de transporte marítimo de passageiros na navegação de cabotagem; de transporte marítimo de carga na navegação de longo curso; de transporte marítimo de passageiros na navegação de longo curso; de transporte por navegação interior de carga; de transporte por navegação interior de passageiros em linhas regulares; e de navegação de apoio marítimo e de apoio portuário.

4.3.4.1. Fato gerador

Em qualquer de suas modalidades, o fato gerador dessa contribuição previdenciária é o dever de pagar ou creditar remuneração, a qualquer título, à pessoa física.

4.3.4.2. Base de cálculo

As Leis n. 7.787/89 e 8.212/91, ainda na vigência da redação original do inciso I do art. 195, instituíram a contribuição sobre a folha de salários. Porém, incluíram na base de cálculo os pagamentos feitos a administradores, autônomos e avulsos.

A contribuição foi novamente instituída, pela Lei Complementar nº 84/96, que a fez incidir sobre o total das remunerações ou retribuições pagas ou creditadas a segurados empresários, trabalhadores autônomos, administradores, avulsos e demais pessoas físicas.

E a EC 20 também alcançou o art. 201, acrescentando-lhe o §11º para dispor que "os ganhos habituais do empregado, a qualquer título, serão incorporados ao salário para efeito de contribuição previdenciária e consequente repercussão em benefícios, nos casos e na forma da lei".

O § 9º do art. 28 do PCSS relaciona as verbas que não integram o salário de contribuição do segurado e que não são consideradas remuneração para fins de cálculo da contribuição devida pela empresa (art. 22, § 2º, do PCSS).

4.3.5. Contribuição das empresas (art. 22, I, do PCSS)

O empregador, a empresa ou entidade equiparada que deve, paga ou credita remuneração a qualquer título aos segurados empregados e aos trabalhadores avulsos que lhe prestem serviços, destinadas a retribuir o trabalho, qualquer que seja a sua forma, inclusive as gorjetas, os ganhos habituais sob a forma de utilidades e os adiantamentos decorrentes de reajuste salarial, quer pelos serviços efetivamente prestados, quer pelo tempo à disposição do empregador ou tomador do serviço, nos termos da lei ou do contrato ou, ainda, de convenção ou acordo coletivo de trabalho ou sentença normativa.

4.3.6. Contribuição das empresas sobre a remuneração de contribuintes individuais (art. 22, III, do PCSS)

O empregador, a empresa ou entidade equiparada que paga ou credita remuneração a qualquer título aos segurados contribuintes individuais que lhe prestem serviços, durante o mês, aos segurados contribuintes individuais.

A cooperativa de trabalho não é sujeito passivo em relação às importâncias que distribui, paga ou credita a seus cooperados contribuintes individuais, quando tais importâncias configurarem remuneração ou retribuição pelos serviços que, por seu intermédio, prestarem a empresas (art. 201, § 19, do RPS).

4.3.7. Contribuição adicional de 2,5% das instituições financeiras (art. 22, § 1º, do PCSS)

Além da contribuição prevista nos incisos I e III do art. 22, os bancos comerciais, bancos de investimentos, bancos de desenvolvimento, caixas econômicas, sociedades de crédito, financiamento e investimento, sociedades de crédito imobiliário, sociedades corretoras, distribuidoras de títulos e valores mobiliários, empresas de arrendamento mercantil, cooperativas de crédito, empresas de seguros privados e de capitalização, agentes autônomos de seguros privados e de crédito e entidades de previdência privada abertas e fechadas também são sujeitos passivos de uma contribuição adicional cuja alíquota é de 2,5% sobre a mesma base de cálculo.

4.3.8. Contribuição adicional ao SAT em razão do grau de risco da atividade preponderante (art. 22, II, do PCSS)

O art. 22, II, prevê o pagamento de contribuição destinada ao financiamento do benefício de aposentadoria especial (arts. 57 e 58 do Plano de Benefícios) e dos benefícios concedidos em razão do grau de incidência de incapacidade laborativa decorrente de riscos ambientais do trabalho, sobre o total das remunerações pagas ou creditadas, no decorrer do mês, aos segurados empregados e trabalhadores avulsos.

A contribuição é conhecida como Seguro de Acidentes do Trabalho (SAT), embora financie também a aposentadoria especial e não somente os benefícios decorrentes de acidente do trabalho.

A empresa ou entidade equiparada que paga remuneração a segurados empregados e trabalhadores avulsos (não se inclui a remuneração paga a contribuintes individuais porque estes não têm direito a cobertura de benefícios por acidente do trabalho).

O Anexo V do RPS contém a Relação de Atividades Preponderantes e correspondentes Graus de Riscos, contida no Anexo V do RPS (art. 202, § 4º).

A empresa deve fazer o enquadramento de sua atividade preponderante no respectivo grau de risco, mensalmente, e o INSS pode fazer a revisão do autoenquadramento em caso de erro.

4.3.8.1. O Fator Acidentário de Prevenção (FAP)

O Decreto n. 6.042, de 12.02.2007, acrescentou o art. 202-A ao RPS (Regulamento da Previdência Social, aprovado pelo Decreto nº 3048/99), instituindo o Fator Acidentário de Prevenção (FAP).

O FAP é um multiplicador variável, destinado a aferir o desempenho da empresa em relação às demais do mesmo segmento de atividade econômica, considerando a ocorrência de acidentes do trabalho. A aplicação do FAP poderá causar a redução em até 50% ou o aumento em até 100% das alíquotas da contribuição.

O Decreto n. 6.957, de 09.09.2009, alterou novamente o RPS e definiu o FAP como um multiplicador variável num intervalo contínuo de cinco décimos (0,5000) a dois inteiros (2,0000), aplicado com quatro casas decimais, considerado o critério de arredondamento na quarta casa decimal, a ser aplicado à respectiva alíquota.

Esse multiplicador variável deve ser recalculado periodicamente, e é aplicado às alíquotas 1%, 2% ou 3% sobre a folha de salários, para financiar o SAT, a partir da tarifação coletiva por atividade econômica.

O FAP considera os índices de frequência, gravidade e custos dos acidentes do trabalho.

4.3.9. Contribuição adicional ao SAT sobre a remuneração de trabalhadores expostos a condições especiais (art. 22, II, do PCSS)

A aposentadoria especial é financiada com recursos provenientes da contribuição prevista no art. 22, II, do PCSS (SAT), conforme dispõe o art. 57, § 6º, da Lei n. 8.213/91.

Essa contribuição previdenciária financia também os benefícios concedidos em razão do grau de incidência de incapacidade laborativa decorrente dos riscos ambientais do trabalho.

As alíquotas daquela contribuição são acrescidas de 12%, 9% ou 6% conforme a atividade exercida pelo segurado a serviço da empresa permita aposentadoria especial após 15, 20 ou 25 anos de contribuição, respectivamente.

A empresa ou entidade equiparada paga a remuneração a segurados empregados e trabalhadores avulsos. O total da remuneração paga ou creditada exclusivamente a segurados sujeitos a condições especiais que prejudiquem a saúde ou a integridade física (art. 57, § 7º, do PBPS e art. 202, § 2º, do RPS)

4.3.10. Contribuição sobre o valor bruto da nota fiscal ou fatura de prestação de serviços prestados por cooperados por intermédio de cooperativas de trabalho (art. 22, IV, do PCSS)

O inciso IV do art. 22 foi incluído pela Lei n. 9.876/99.

Há empresas que contratam mão de obra por intermédio de cooperativas de trabalho. Não se firma vínculo empregatício entre a empresa tomadora do serviço e o trabalhador associado à cooperativa nem entre a cooperativa e o trabalhador contratado.

A empresa contratante paga o valor bruto da nota fiscal ou da fatura de prestação de serviços.

4.3.11. Contribuição adicional para o financiamento da aposentadoria especial do segurado cooperado que preste serviços à empresa tomados por intermédio de cooperativa de trabalho e de produção (art. 1º, §§ 1º e 2º, da Lei n. 10.666/2003).

Essa contribuição é adicional à contribuição tratada no item supra.

A Lei n. 10.666/2003 garante aposentadoria especial ao segurado filiado ao RGPS, associado de cooperativa de trabalho e de produção, que trabalhe sujeito a condições especiais que prejudiquem sua saúde ou sua integridade física (art. 1º).

Alíquotas:

a) cooperativas de trabalho (§ 1º): as alíquotas variam conforme a atividade do cooperado a serviço do sujeito passivo permita a concessão de aposentadoria especial após 15, 20 ou 25 anos de contribuição: 9% quando o segurado tiver direito à aposentadoria especial com 15 anos de contribuição; 7% quando tiver direito com 20 anos de contribuição; e 5% quando tiver direito com 25 anos de contribuição.

b) cooperativas de produção (§ 2º): as alíquotas também variam entre 12%, 9% ou 6%, incidente sobre a remuneração paga, devida ou creditada ao cooperado filiado, quando o exercício da atividade autorize a concessão de aposentadoria especial após 15, 20 ou 25 anos de contribuição, respectivamente.

4.3.12. Contribuição da associação desportiva que mantém equipe de futebol profissional (art. 22, § 6º, do PCSS)

A associação desportiva que mantém equipe de futebol profissional participa do custeio da seguridade mediante pagamento da contribuição patronal de que trata o § 6º do art. 22, acrescentado pela Lei n. 9.528/97. Essa contribuição substitui a prevista nos incisos I e II do art. 22, isto é, a contribuição sobre a remuneração de empregados e avulsos e o adicional ao SAT.

A associação desportiva que mantém equipe de futebol profissional e que se organize na forma da Lei nº 9.615, de 24.03.1998, bem como a associação desportiva que mantiver outras modalidades de esporte, além de manter equipe de futebol profissional.

As demais associações desportivas, ou seja, as que não mantêm equipe de futebol profissional contribuem na forma dos incisos I e II do art. 22 e do art. 23 do PCSS.

A contribuição é retida na fonte e recolhida pela entidade promotora do espetáculo, pela empresa ou entidade que repassar recursos a título de patrocínio, licenciamento de uso de marcas e símbolos, publicidade, propaganda e transmissão de espetáculos (art. 22, §§ 7º e 9º, do PCSS e arts. 20 e 205, §§ 1º e 3º, do RPS). O valor da contribuição refere-se a receita bruta, inadmitida qualquer dedução, decorrente dos espetáculos desportivos de que participem em todo o território nacional em qualquer modalidade desportiva, inclusive jogos internacionais, e de qualquer forma de patrocínio, licenciamento de uso de marcas e símbolos, publicidade, propaganda e de transmissão de espetáculos desportivos.

4.3.13. Contribuição do produtor rural pessoa física, do segurado especial e do consórcio de produtores rurais.

Financiamento dos benefícios por acidente do trabalho (arts. 25 e 25-A do PCSS)

Não se deve confundir o produtor rural pessoa física com o segurado especial, que trabalha em regime de economia familiar e sem contratar empregados.

O produtor rural pessoa física, nessa hipótese, equipara-se à empresa. Como segurado obrigatório da previdência social, é contribuinte individual (art. 12, V, a, do PCSS).

O art. 25-A equipara o consórcio de produtores rurais, para fins de custeio, ao produtor rural pessoa física.

O consórcio é formado pela união de produtores rurais pessoas físicas, que escolhem um deles, a quem outorgam poderes para contratar, gerir e demitir trabalhadores rurais, na condição de empregados, para prestação de serviços, exclusivamente, aos seus integrantes. O consórcio deve ser matriculado no INSS em nome do consorciado a quem tenham sido outorgados os poderes.

Os integrantes do consórcio são responsáveis solidários em relação às obrigações previdenciárias.

O produtor rural pessoa física, o segurado especial e o consórcio simplificado de produtores rurais só fazem o recolhimento dessa contribuição quando comercializam a produção com adquirente domiciliado no exterior, diretamente, no varejo, a consumidor pessoa física, a outro produtor rural pessoa física ou a outro segurado especial.

A empresa ou cooperativa adquirente, consumidora ou consignatária da produção deve fornecer ao segurado especial cópia do documento fiscal de entrada da mercadoria, para possibilitar a comprovação da operação e o recolhimento da contribuição previdenciária (art. 30, § 7º).

A contribuição será recolhida pelo adquirente, consumidor ou consignatário ou pela cooperativa, levando-se em conta a receita bruta proveniente da comercialização da produção de artigos de origem animal ou vegetal, em estado natural ou submetidos a processos de beneficiamento ou industrialização rudimentar, assim compreendidos, entre outros, os processos de lavagem, limpeza, descaroçamento, pilagem, descascamento, lenhamento, pasteurização, resfriamento, secagem, fermentação, embalagem, cristalização, fundição, carvoejamento, cozimento, destilação, moagem, torrefação, bem como os subprodutos e os resíduos obtidos por meio desses processos; da comercialização da produção obtida em razão de contrato de parceria ou meação de parte do imóvel rural; da comercialização de artigos de artesanato, na forma do art. 12, § 10, VII, do PCSS; de serviços prestados, de equipamentos utilizados e de produtos comercializados no imóvel rural, desde que em atividades turísticas e de entretenimento desenvolvidas no próprio imóvel, inclusive hospedagem, alimentação, recepção, recreação e atividades pedagógicas, bem como taxa de visitação e serviços especiais; do valor de mercado da produção rural dada em pagamento ou que tiver sido trocada por outra, qualquer que seja o motivo ou finalidade; e de atividade artística de que trata o art. 12, § 10, VIII, do PCSS. Ver § 10 do art. 25 e inc. XII do art. 30 da Lei n. 8.212/91, na redação dada pela Lei n. 11.718/2008.

4.3.14. Contribuição da agroindústria. O custeio da aposentadoria especial e dos benefícios por acidente do trabalho (art. 22-A do PCSS)

A contribuição da agroindústria, instituída pelo art. 22-A (incluído pela Lei n. 10.256/2001), substitui as contribuições previstas nos incs. I e II do art. 22.

Agroindústria é o produtor rural pessoa jurídica cuja atividade econômica seja a industrialização de produção própria ou de produção própria e adquirida de terceiros, industrializada ou não (art. 201-A, § 1º, do RPS).

4.4. Contribuição do Empregador Doméstico

O empregador doméstico é “a pessoa ou família que admite a seu serviço, sem finalidade lucrativa, empregado doméstico” (art. 15, II, da Lei 8.212/91).

O empregado doméstico é “aquele que presta serviço de natureza contínua a pessoa ou família, no âmbito residencial desta, em atividades sem fins lucrativos” (art. 11, II, da Lei n. 8.213/91).

O empregador doméstico paga a remuneração a empregado doméstico a seu serviço (art. 24 do PCSS), e recolhe a contribuição deste, ou seja, a contribuição é arrecadada e recolhida pelo empregador doméstico.

Durante o período de gozo de licença-maternidade da empregada doméstica, o empregador doméstico deve fazer apenas o recolhimento da contribuição de que é sujeito passivo; nesse período, a segurada empregada doméstica recebe a cobertura previdenciária de salário-maternidade e, por isso, não está obrigada a contribuir para o custeio da seguridade social (art. 216, VIII, do RPS).

4.5. Contribuição do Segurado

4.5.1. Salário de contribuição

Quando se trata de cobertura previdenciária (recebimento de benefício previdenciário), o segurado é sujeito ativo.

Quando se trata de custeio, o segurado é sujeito passivo da relação jurídica, isto é, devedor da contribuição previdenciária prevista no art. 195, II, da CF.

O segurado está obrigado ao pagamento das contribuições previstas nos arts. 20 e 21 do PCSS, conforme se enquadre como segurado empregado, empregado doméstico e trabalhador avulso (art. 20), bem como segurado contribuinte individual e facultativo.

A base de cálculo da contribuição devida pelo segurado denomina-se salário de contribuição, e será utilizada no cálculo do salário de benefício.

O salário de contribuição dos segurados contribuinte individual e facultativo não pode ser inferior ao valor de um salário mínimo.

Já os segurados empregado, empregado doméstico e trabalhador avulso não podem ter salário de contribuição inferior ao piso salarial legal ou normativo da categoria. Se não existir o piso salarial ou normativo da categoria, o salário de contribuição não pode ser inferior a um salário mínimo mensal, diário ou horário, conforme o ajustado e o tempo de efetivo trabalho durante o mês (art. 28, § 3º, do PCSS e art. 214, § 3º, II, do RPS).

O salário de contribuição de menor aprendiz não pode ser inferior ao valor de sua remuneração mínima prevista em lei (art. 28, § 4º, do PCSS).

4.5.2. Verbas que integram o salário de contribuição: art. 28 do PCSS

O salário de contribuição varia conforme o tipo de segurado.

O art. 7º, XVII, da CF, garante ao trabalhador férias anuais remuneradas com, pelo menos, 1/3 a mais do que o salário normal. Esse adicional à remuneração das férias é salário de contribuição, razão pela qual sobre ele incide a contribuição do segurado (art. 214, § 4º, RPS).

O 13º salário é salário de contribuição, ou seja, sobre ele incide contribuição do segurado, recolhida somente por ocasião do pagamento ou crédito da última parcela, ou quando rescindido o contrato de trabalho. Porém, o 13º salário não será computado no cálculo do salário de benefício (art. 28, § 7º, do PCSS; art. 29, § 3º, do PBPS e art. 214, § 6º, do RPS).

O total das diárias pagas, desde que supere 50% da remuneração mensal, integra o salário de contribuição (art. 28, § 8º, a, do PCSS).

O salário-maternidade é considerado salário de contribuição (art. 28, § 2º, do PCSS).

4.5.2.1. Segurado empregado e trabalhador avulso

Para o segurado empregado e para o trabalhador avulso, o salário de contribuição é a remuneração auferida em uma ou mais empresas, assim entendida a totalidade dos rendimentos pagos, devidos ou creditados a qualquer título, durante o mês, destinados a retribuir o trabalho, qualquer que seja a sua forma, inclusive as gorjetas, os ganhos habituais sob a forma de utilidades e os adiantamentos decorrentes de reajuste salarial, quer pelos serviços efetivamente prestados, quer pelo tempo à disposição do empregador ou tomador de serviços nos termos da lei ou do contrato ou, ainda, de convenção ou acordo coletivo de trabalho ou sentença normativa.

Se, no curso do mês, o empregado for admitido, dispensado, afastado ou faltar ao trabalho, o salário de contribuição será proporcional ao número de dias de trabalho efetivo, na forma estabelecida em regulamento.

4.5.2.2. Segurado empregado doméstico

O salário de contribuição do empregado doméstico é a remuneração registrada na Carteira de Trabalho e Previdência Social, observadas as normas a serem estabelecidas em regulamento para comprovação do vínculo empregatício e do valor da remuneração.

4.5.2.3. Segurado contribuinte individual

Para o contribuinte individual, o salário de contribuição é a remuneração auferida em uma ou mais empresas ou pelo exercício de sua atividade por conta própria, durante o mês, observado o limite máximo.

4.5.2.4. Segurado facultativo

O salário de contribuição do segurado facultativo é o valor por ele declarado, observado o limite máximo.

4.5.3. Verbas que não integram o salário de contribuição

As verbas que não integram o salário de contribuição, ou seja, sobre as quais não incide contribuição previdenciária, estão relacionadas no art. 28, § 9º, do PCSS (as cotas do salário-familia; as ajudas de custo e adicional mensal recebidos pelo aeronauta; a parcela *in natura* recebida de acordo com os programas de alimentação; os abonos de férias não excedentes aos limites da legislação trabalhista; a importância recebida a título de aviso prévio indenizado, férias indenizadas, indenização por tempo de serviço e indenização da demissão sem justa causa; parcela recebida a título de vale-transporte; a ajuda de custo recebida exclusivamente em decorrência de mudança de local de trabalho do empregado; as diárias de viagens, desde que não excedam a 50% da remuneração mensal; a importância recebida a título de bolsa de complementação educacional de estagiário; participação nos lucros ou resultados da empresa), e esse rol está mais detalhado no § 9º do art. 214 do RPS.

O Auxílio-creche não integra o salário de contribuição - Súmula 310 do STJ.

4.5.4. Contribuição do segurado empregado e do segurado trabalhador avulso

Os segurados obrigatórios do Regime Geral de Previdência Social, na condição de empregados, estão relacionados no art. 12, I, do PCSS.

O segurado trabalhador avulso está definido pelo art. 12, VI, do PCSS: quem presta, a diversas empresas, sem vínculo empregatício, serviços de natureza urbana ou rural definidos no regulamento.

Cabe ao empregador descontar, previamente, da remuneração o valor da contribuição do segurado a seu serviço e, após, fazer o respectivo recolhimento, na forma prevista no art. 30, I, a e b, da Lei n. 8.212/91.

Se o segurado especial tiver trabalhadores ao seu serviço, terá a mesma obrigação em relação às contribuições desses segurados, conforme prevê o inc. XIII do art. 30, incluído pela Lei n. 11.718/2008.

O descumprimento dessa obrigação, por parte do empregador, configura infração administrativa e, em alguns casos, infração penal.

O salário de contribuição (art. 28, I, do PCSS, e o art. 214, I, do RPS), é assim definido: remuneração auferida em uma ou mais empresas, entendida como a totalidade dos rendimentos pagos, devidos ou creditados, durante o mês, destinados a retribuir o trabalho, qualquer que seja a sua forma. Incluem-se as gorjetas, os ganhos habituais sob a forma de utilidades e os adiantamentos decorrentes de reajuste salarial. Considera-se essa remuneração tanto em relação aos serviços efetivamente prestados como ao tempo em que o segurado esteve à disposição do empregador ou tomador de serviços, nos termos da lei ou do contrato, ou de convenção ou acordo coletivo de trabalho ou sentença normativa.

Devem ser observados os limites mínimo e máximo do salário de contribuição.

4.5.5. Contribuição do segurado empregado doméstico

Cabe ao empregador doméstico a obrigação do recolhimento da contribuição do empregado doméstico ou segurado empregado doméstico (art. 30,

V do PCCS); desconta-se o respectivo valor por ocasião do pagamento da remuneração ao empregado doméstico a seu serviço.

O salário de contribuição corresponde a remuneração registrada na Carteira de Trabalho e Previdência Social, observados os limites mínimo e máximo do salário de contribuição (art. 28, II, do PCSS).

4.5.6. Contribuição do segurado contribuinte individual

Por ser responsável pelo recolhimento das contribuições, o contribuinte individual, para comprovar tempo de contribuição, deverá apresentar os comprovantes de recolhimento.

O contribuinte individual pode prestar serviços a pessoas físicas e a pessoas jurídicas.

As pessoas jurídicas, para as quais o contribuinte individual presta serviços, estão obrigadas a fazer a retenção e o posterior recolhimento da contribuição desse segurado. Essas empresas são, nesse caso, responsáveis tributárias por substituição, na forma do art. 4º da Lei n. 10.666/2003.

Caso o contribuinte individual preste serviços a diversas empresas durante o mês, deverá verificar a regularidade das retenções e dos recolhimentos em cada uma delas, porque deve obedecer aos valores mínimos e máximo do salário de contribuição. Se o total das retenções tiver considerado valor inferior ao mínimo, o segurado contribuinte individual deverá fazer a devida complementação.

O contribuinte individual deve informar a todas as empresas para as quais preste serviços durante o mês as retenções feitas no período por outras empresas, de modo que seja respeitado o teto máximo do salário de contribuição.

Entretanto, quando o contribuinte individual presta serviços para pessoas físicas, essas não estão obrigadas a fazer a retenção e o recolhimento, obrigações que são do próprio segurado, que deverá observar os limites mínimo e máximo do salário de contribuição.

O contribuinte individual está definido no art. 12, V, do PCSS.

Os §§ 2º e 3º do art. 21 da Lei n. 8.212/91 foram alterados pela Lei Complementar n. 123/2006 e pela Lei n. 12.470/2011, que tiveram por objetivo promover a inclusão previdenciária de pessoas de baixa renda, que, por características de sua condição social e atividade, acabam sem proteção previdenciária (cf. art. 20, §§ 12 e 13, da CF). São o contribuinte individual e o microempreendedor individual, na forma do art. 18-A da Lei Complementar n. 123/2006.

Com as alterações, o art. 21 permite que esses segurados recolham as contribuições previdenciárias com alíquotas reduzidas, desde que optem pela exclusão do direito à aposentadoria por tempo de contribuição.

Caso o segurado que tenha feito a opção pelo recolhimento com alíquota reduzida se arrependa e queira se aposentar por tempo de contribuição, deverá recolher a diferença entre o valor pago e o de 20% do valor do limite mínimo mensal do salário de contribuição, em vigor na competência a ser complementada, acrescido dos juros moratórios, na forma do § 3º do art. 5º da Lei n. 9.430/96.

RELEVANTE:

Com a edição da Lei nº 10.666, de 08 de maio de 2003, ficou extinta a partir de 01 de abril de 2003, a escala transitória de salários-base, utilizada para fins de enquadramento e fixação do salário-de-contribuição dos contribuintes individual e facultativo filiados ao Regime Geral de Previdência Social, estabelecida pela Lei nº 9.876, de novembro de 1999.

Para os contribuintes individuais e facultativos filiados ao RGPS (Regime Geral de Previdência Social), sua contribuição é de 20% sobre o salário-de-contribuição, independentemente da data de inscrição.

E ainda, o contribuinte individual é obrigado a complementar, diretamente, a contribuição até o valor mínimo mensal do salário-de-contribuição, quando a remuneração recebida no mês, por serviços prestados a pessoas jurídicas, for inferior a este.

Para o contribuinte individual (autônomo ou empresário) que prestar serviço a uma ou mais empresas terá, descontado de sua remuneração, o valor referente a 11% , o qual empresa ficará responsável pelo recolhimento, juntamente com as contribuições a seu cargo, até o dia dois do mês seguinte ao da competência.

Com a edição da Lei Complementar n° 123, de 14 de dezembro de 2006, que instituiu o Estatuto Nacional da Microempresa e da Empresa de Pequeno Porte e alterou dispositivos das Leis nos 8.212 e 8.213, ambas de 24 de julho de 1991, foi criada a alíquota de 11% para os segurados contribuinte individual e facultativo, que optarem pela exclusão do direito ao benefício de aposentadoria por tempo de contribuição. Para o contribuinte individual são requisitos:

– Ser contribuinte individual (autônomo) que trabalhe por conta própria (não preste serviço à empresa);

A alíquota de 11% é válida apenas para o segurado que contribui sobre o salário mínimo. Caso o salário-de-contribuição seja superior ao salário mínimo, o percentual é de 20%.

De acordo com a Lei nº 12.470, de 31 de agosto de 2011, microempreendedores individuais (art. 18-A da Lei Complementar no 123, de 14 de dezembro de 2006) e segurados facultativos sem renda própria que se dediquem exclusivamente ao trabalho doméstico no âmbito de sua residência terão a alíquota diferenciada de 5% de contribuição.

4.5.7. Contribuição do segurado facultativo

O segurado facultativo está definido no art. 14 do PCSS: o maior de 14 anos de idade que se filiar ao Regime Geral de Previdência Social, mediante contribuição, na forma do art. 21, desde que não incluído nas disposições do art. 12, isto é, desde que não seja segurado obrigatório.

Assim como o contribuinte individual, o segurado facultativo pode optar pelo recolhimento trimestral caso o salário de contribuição seja igual ao salário mínimo; nesse caso, o vencimento será no dia 15 do mês seguinte ao de cada trimestre civil (art. 216, § 15, do RPS).

O segurado facultativo também pode optar pela exclusão do direito à aposentadoria por tempo de contribuição. Se o fizer, pode contribuir para o custeio na forma prevista no item supra, em razão das alterações introduzidas no art. 21 da Lei n. 8.212/91 pela Lei Complementar n. 123/2006 e pela Lei n. 12.470/2011.

Além de conservar o que já estava garantido pela Lei Complementar nº 123/2006, a Lei n. 12.470/2011, seguindo o mandamento constitucional de inclusão previdenciária das pessoas de baixa renda, trouxe importante previsão que beneficia a "dona de casa", que não tem renda própria e "que se dedique exclusivamente ao trabalho doméstico no âmbito de sua residência, desde que pertencente a família de baixa renda".

A família de baixa renda, nesse caso, deve estar inscrita no Cadastro Único para Programas Sociais do Governo Federal — CadÚnico, com renda mensal de até 2 (dois) salários mínimos.

RELEVANTE:

Podem se inscrever como segurados facultativos de baixa renda, as donas de casa e homens que são donos de casa, desde que a família esteja inscrita no Cadastro Único para Programas Sociais do Governo Federal (CadÚnico). A renda da família não pode ultrapassar a quantia de dois salários mínimos mensais.

A alíquota de 5% passou a vigorar a partir da competência 10/2011.

O recolhimento na alíquota de 5% será feito em Guia da Previdência Social – GPS, com a utilização de códigos de recolhimento criados para esse fim.

Capítulo 5

Os Regimes Previdenciários em Geral

5.1. O Regime Geral de Previdência Social

O Regime Geral de Previdência Social é caracterizado por ser a previdência da grande massa dos trabalhadores brasileiros. É subsidiário em relação aos regimes próprios de previdência. Todos aqueles que não estiverem vinculados a um desses regimes e caso exerça atividade econômica estarão automática e compulsoriamente vinculados ao Regime Geral de Previdência Social.

É o terceiro subsistema da seguridade social, está organizado sob forma de regime geral, é de caráter contributivo, de filiação obrigatória (exceto o segurado facultativo) e deve buscar a observância de critérios que preservem o equilíbrio financeiro e atuarial. Em sede infraconstitucional está regulamentado pela lei 8.212/1991, que trata do custeio e a lei 8.213/1991 que trata do plano de benefícios desse regime.

Os beneficiários do Regime Geral de Previdência Social estão elencados na lei 8.213/91 e são de duas ordens: segurados e dependentes.

Todos aqueles que exerçam atividade econômica e que não estejam ligados a um regime próprio de previdência, obrigatoriamente, estarão vinculados ao RGPS. Diz-se, então, que o vínculo entre o segurado e o Regime Geral é legal e não contratual. A vontade do segurado de pertencer ou não ao regime, salvo o segurado facultativo, é irrelevante. Segundo o art. 11 da lei 8.213/91 os segurados obrigatórios agrupam-se em cinco categorias: a) segurado empregado, b) segurado empregado doméstico, c) segurado trabalhador avulso, d) segurado contribuinte individual e, e) segurado especial.

É preciso lembrar, contudo, que o direito previdenciário detém sua autonomia, e em que pese dialogar com outros ramos do direito, seus institutos, em muitos pontos são diferentes. É o que ocorre, por exemplo, com o conceito de "*segurado empregado*". Nesse caso, não se confunde com "*trabalhador empregado*", cujo conceito encontramos no art. 3º da CLT.- Consolidação das Leis do Trabalho.

Já os segurados trabalhadores avulsos e trabalhadores domésticos coincidem com a definição da legislação trabalhista. Segundo a lei, é segurado obrigatório, como empregado doméstico, aquele que presta serviço de natureza contínua a pessoa ou família, no âmbito residencial desta, em atividades sem fins lucrativos (art. 11, II) e como trabalhador avulso quem presta, a diversas empresas, sem vínculo empregatício, serviço de natureza urbana ou rural definidos no Regulamento (art. 11, VI).

O segurado contribuinte individual é todo aquele que aufere renda e não está elencado nas demais categorias de segurado. É o antigo segurado autônomo.

Por fim, a lei elencou no inciso VII do art. 11 o segurado especial. Essa categoria de segurado foi incluída na lei em caráter de exceção e para dar cumprimento ao princípio da universalidade do sistema previdenciário. Contudo, tem caráter eminentemente assistencialista e não propriamente previdenciário, pois o segurado especial, assim qualificado, fica dispensado de recolher contribuições, contrariando a lógica do sistema.

O artigo 13 da lei 8.213/91 faz alusão ao segurado facultativo, que é aquele que, não estando entre os relacionados nas categorias do artigo 11, queira, mediante contribuição, aderir ao RGPS. Trata-se de exceção à obrigatoriedade de filiação.

São, também, beneficiários os dependentes dos segurados. Nesse caso, o vínculo com regime é subsidiário, somente existe caso exista o vínculo principal, o segurado. O assunto será abordado mais adiante.

Já a proteção previdenciária no âmbito do Regime Geral de Previdência Social é prestada através de benefícios e serviços. São gerenciados e mantidos pelo Instituto Nacional do Seguro Social, o INSS, autarquia federal ligada ao Ministério da Previdência Social. Segundo o art. 201 da Constituição Federal, o sistema deverá cobrir, no mínimo, os riscos sociais relativos eventos de doença, invalidez, morte e idade avançada; proteção à maternidade, especialmente à gestante; proteção ao trabalhador em situação de desemprego involuntário; salário-família e auxílio-reclusão para os dependentes dos segurados de baixa renda e pensão por morte do segurado, homem ou mulher, ao cônjuge ou companheiro e dependentes.

Assim, dando concretude ao dispositivo constitucional, a lei 8.213/91 instituiu os seguintes benefícios: aposentadoria por idade, por tempo de contribuição, por invalidez e especial; auxílio acidente, auxílio-doença e auxílio-reclusão; salário família, salário maternidade e pensão por morte. Criou-se também os serviços de reabilitação profissional e assistência social. Quanto ao seguro desemprego, é tratado por lei especial, a lei 7.998/90 e é custeado com recursos, dentre outros, do FAT – Fundo de Amparo ao Trabalhador.

5.2. Os Regimes Próprios de Previdência

5.2. 1. Previdência do Servidor Público

O artigo 40 da Constituição Federal trata da previdência dos servidores públicos, titulares de cargos efetivos dos entes federados, incluindo as respectivas autarquias e fundações.

É bem similar ao Regime Geral de Previdência Social (art. 201), pois também é organizado com base no sistema de repartição simples, possui caráter contributivo e solidário e deve buscar a preservação do equilíbrio financeiro e atuarial. Mantém-se mediante contribuições dos servidores ativos, inativos e pensionistas.

A lei 9.717/1998 dispõe sobre regras gerais para a organização e o funcionamento dos regimes próprios de previdência social dos servidores públicos da União, dos Estados, do Distrito Federal e dos Municípios, dos militares dos Estados e do Distrito Federal.

Esse Regime sofreu profundas alterações com as reformas introduzidas pelas emendas constitucionais nº 20/1998, 41/2003 e 47/2005.

O Regime de Previdência do Servidor Público deve garantir, no mínimo, a proteção previdenciária relativa à aposentadoria e pensão, e não poderá oferecer benefícios diversos daqueles previstos pelo RGPS. Segundo o dispositivo constitucional a aposentadoria pode ser por invalidez, compulsória ou voluntária.

A aposentadoria por invalidez tem lugar apenas quando tratar-se de incapacidade permanente, sendo os proventos proporcionais ao tempo de contribuição, exceto se decorrente de acidente em serviço, moléstia profissional ou doença grave, contagiosa ou incurável, quando, então, será com proventos integrais.

RELEVANTE:

O Plenário da Câmara dos Deputados aprovou a Proposta de Emenda à Constituição (PEC) 434/14, que garante aposentadoria integral ao servidor público que se aposentar por invalidez, independentemente do motivo A Proposta de Emenda à Constituição (PEC) 434/2014, originada da PEC 170/2012, chegou ao Senado Federal em 17/12/2014, e irá tramitar nessa Casa com a numeração de PEC 56/2014. A proposta encontra-se na Comissão de Constituição, Justiça e Cidadania (CCJ) aguardando a designação de um relator. Caso seja aprovada no âmbito da CCJ, a matéria seguirá para a análise do Plenário em dois turnos de votação.

A aposentadoria compulsória ocorrerá aos setenta anos de idade, independentemente se homem ou mulher, sendo os proventos proporcionais ao tempo de contribuição.

A aposentadoria voluntária depende do preenchimento simultâneo de vários requisitos em relação à idade, tempo de contribuição e tempo de serviço. Poderá ser requerida quando o servidor contar com, no mínimo, dez anos de efetivo exercício no serviço público e cinco anos no cargo efetivo em que se dará a aposentadoria. Deverá, ainda, comprovar sessenta anos de idade e trinta e cinco de contribuição, se homem, e cinquenta e cinco anos de idade e trinta de contribuição, se mulher.

5.2.2. O Regime de Previdência dos Congressistas

O antigo Instituto de Previdência dos Congressistas - IPC, criado pela Lei nº 4.284, de 20 de novembro de 1963, e regido pela Lei nº 7.087, de 29 de dezembro de 1982, foi extinto pela lei 9.506/1997.

A Lei nº 9.506, de 1997, que regula o sistema de seguridade parlamentar, prevê três opções de planos de previdência aos parlamentares:

I - O Plano de Seguridade Social dos Congressistas (PSSC) foi criado especificamente para os membros do Congresso Nacional. Para filiar-se, o Deputado ou Senador deve apresentar Requerimento de Opção Previdenciária, no prazo legal, e submeter-se a exame junto ao Departamento Médico da Câmara dos Deputados (Ato da Mesa nº 115, de 1999);

II - Regime Próprio: a lei também faculta aos parlamentares servidores públicos federais, estaduais ou municipais o direito de permanecerem vinculados aos seus respectivos planos de seguridade social. Nesse caso, o Parlamentar deverá apresentar, juntamente com o Requerimento de Opção Previdenciária, comprovante de manutenção da vinculação ao regime do Plano de Seguridade Social do Servidor Público;

III - Regime Geral de Previdência Social (RGPS): se o parlamentar não apresentar sua opção no prazo legal, será incluído, obrigatoriamente, no RGPS, nos termos do art. 13 da citada lei. Nesse caso, fica vinculado ao INSS.

Valor da Contribuição:

RGPS: o Congressista contribuirá para o INSS, na condição de empregado, pelo teto máximo estabelecido em lei, descontando um percentual de 11% sobre o salário de contribuição;

PSSC: o desconto previdenciário será de 11% sobre o total dos subsídios (alíquota igual à exigida dos servidores públicos federais);

Regime Próprio: a alíquota de contribuição previdenciária será determinada pelo regime de origem e incidirá sobre a remuneração informada pelo órgão de origem do parlamentar.

Os benefícios são idênticos aos concedidos aos Servidores Públicos.

EXCECÃO:

- Quando a invalidez não se enquadrar nas hipóteses acima mencionadas, os proventos serão proporcionais ao tempo de mandato, de acordo com o valor obtido em idêntico cálculo adotado para o servidor público. Contudo, os proventos não serão inferiores a 26% (vinte e seis por cento) da remuneração fixada para os membros do Congresso Nacional;
- O valor mínimo de pensão por morte, aos dependentes, corresponderá a 13% (treze por cento) da remuneração fixada para os membros do Congresso Nacional.

5.2.3. O Regime de Previdência Privada

O regime de Previdência Privada também chamada de Previdência Complementar, é uma forma de seguro contratado para garantir uma renda ao titular ou seu beneficiário. No Brasil, pode ser do tipo aberta ou fechada. A aberta pode ser contratada por qualquer pessoa física ou jurídica, enquanto que a fechada é destinada a grupos, como funcionários de uma empresa ou associados de instituidores.

Ao contrário dos regimes próprios e do regime geral, funda-se no sistema de capitalização em que as contribuições do segurado garantem o seu próprio benefício. Está regulamentado pelas Leis Complementares 108 e 109, ambas de 2001.

Pode-se dizer que é um sistema que acumula recursos que garantem uma renda mensal no futuro, especialmente no período em que se deseja parar de trabalhar. Num primeiro momento, era vista como uma forma uma poupança extra, além da previdência oficial, mas como o benefício do governo tende a ficar cada vez menor, muitos adquirem um plano como forma de garantir uma renda razoável ao fim de sua carreira profissional.

5.2.3.1 - Previdência Complementar Fechada

Os planos de previdências fechados são, necessariamente, destinados a empresas ou associações, onde o grupo de funcionários ou associados, contribui para formação de um fundo de pensão, gerido por entidades sem fins lucrativos. São regulados pelo Conselho Nacional de Previdência Complementar (CNPC) e fiscalizados pela Superintendência de Previdência Privada (PREVIC).

O trabalhador contribui com uma parte mensal do salário e a empresa banca o restante, valor que normalmente é dividido em partes iguais. Algumas empresas, essas mais raras, bancam toda a contribuição.

Uma vantagem imediata é a possibilidade de se deduzir 12% (doze por cento) da renda bruta na declaração anual do Imposto de Renda.

5.2.3.2 - Previdência Complementar Aberta

O sistema de previdência complementar aberta é um plano em que qualquer pessoa (mediante *subscrição do risco* pelo segurador) pode ingressar, individualmente. As empresas de previdência aberta são fiscalizadas pela SUSEP. No Brasil não é mais possível que uma empresa de previdência privada aberta seja sem fins lucrativos.

É oferecida por seguradoras ou por bancos. Um dos principais benefícios dos planos abertos é a sua liquidez, já que os depósitos podem ser sacados a cada dois meses.

Capitulo 6

O Perfil do Sistema de Previdência Social

A Carta Magna de 1988, no seu artigo 6º, garante aos trabalhadores, dentre outros, o direito à Previdência Social.

Ao definir a forma de funcionamento do sistema, nos artigos 201 e 202, já com a nova redação atribuída pela Emenda Constitucional no 20/98, dispõe:

> "*Art. 201 – A previdência social será organizada sob a forma de regime geral, de caráter contributivo e de filiação obrigatória, observados critérios que preservem o equilíbrio financeiro e atuarial, e atenderá, nos termos da lei, a:*
>
> *I – cobertura dos eventos de doença, invalidez, morte e idade avançada;*
>
> *II – proteção à maternidade, especialmente à gestante;*
>
> *III – proteção ao trabalhador em situação de desemprego involuntário;*
>
> *IV – salário-família e auxílio-reclusão para os dependentes dos segurados de baixa renda;*
>
> *V – pensão por morte de segurado, homem ou mulher, ao cônjuge ou companheiro e dependentes, observado o disposto no § 2º.*
>
> *§ 1º – É vedada a adoção de requisitos e critérios diferenciados para a concessão de aposentadoria aos beneficiários do regime geral de previdência social, ressalvados os casos de atividades exercidas sob condições especiais que prejudiquem a saúde ou a integridade física, definidos em lei complementar.*
>
> *§ 2º – Nenhum benefício que substitua o salário de contribuição ou o rendimento do trabalho do segurado terá valor mensal inferior ao salário mínimo.*
>
> *§ 3º – Todos os salários de contribuição considerados no cálculo de benefício serão devidamente atualizados, na forma da lei.*
>
> *§ 4º – É assegurado o reajustamento dos benefícios para preservar lhes, em caráter permanente, o valor real, conforme critérios estabelecidos em lei.*
>
> *§ 5º – É vedada a filiação ao regime geral de previdência social, na qualidade de segurado facultativo, de pessoa participante de regime próprio de previdência.*

§ 6º – A contribuição natalina dos aposentados e pensionistas terá por base o valor dos proventos do mês de dezembro de cada ano.

§ 7º – É assegurada aposentadoria no regime geral de previdência social, nos termos da lei, obedecidas as seguintes condições:

I – Trinta e cinco (35) anos de contribuição, se homem, e trinta (30) anos de contribuição, se mulher;

II – Sessenta e cinco (65) anos de idade, se homem, e sessenta (60) anos de idade, se mulher, reduzido em cinco (5) anos o limite para os trabalhadores rurais de ambos os sexos e para os que exerçam suas atividades em regime de economia familiar, neste incluídos o produtor rural, o garimpeiro e o pescador artesanal.

§ 8º – Os requisitos a que se refere o inciso I do parágrafo anterior serão reduzidos em cinco (5) anos, para o professor que comprove exclusivamente tempo de efetivo exercício das funções de magistério na educação infantil e no ensino fundamental e médio.

§ 9º – Para efeito de aposentadoria, é assegurada a contagem recíproca do tempo de contribuição na administração pública e na atividade privada, rural e urbana, hipótese em que os diversos regimes de previdência social se compensarão financeiramente, segundo critérios estabelecidos em lei.

§ 10 – Lei disciplinará a cobertura do risco de acidente do trabalho, a ser atendida concorrentemente pelo regime geral de previdência social e pelo setor privado.

§ 11 – Os ganhos habituais do empregado, a qualquer título, serão incorporados ao salário, para efeito de contribuição previdenciária e conseqüente repercussão em benefícios, nos casos e na forma da lei.

Art. 202 – O regime de previdência privada, de caráter complementar e organizado de forma autônoma em relação ao regime geral de previdência social, será facultativo, baseado na constituição de reservas que garantam o benefício contratado, e regulado por lei complementar.

§ 1º – A lei complementar de que trata este artigo assegurará ao participante de planos de benefícios de entidades de previdência privada o pleno acesso às informações relativas à gestão de seus respectivos planos.

§ 2º – As contribuições do empregador, os benefícios e as condições contratuais previstas nos estatutos, regulamentos e planos de benefícios das entidades de previdência privada não integram o contrato de trabalho dos participantes, assim como, à exceção dos benefícios concedidos, não integram a remuneração dos participantes, nos termos da lei.

§ 3º – É vedado o aporte de recursos à entidade de previdência privada pela União, Estados, Distrito Federal e Municípios, suas autarquias, fundações, empresas públicas, sociedades de economia mista e outras en-

tidades públicas, salvo na qualidade de patrocinador, situação na qual em hipótese alguma, sua contribuição poderá exceder a do segurado.

§ 4º – Lei complementar disciplinará a relação entre União, Estados, Distrito Federal e Municípios, inclusive suas autarquias, fundações, sociedades de economia mista e empresas controladas direta ou indiretamente, enquanto patrocinadoras de entidades fechadas de previdência privada, e suas respectivas entidades fechadas de previdência privada.

§ 5º – A lei complementar de que trata o parágrafo anterior aplicar se-á, no que couber, às empresas privadas permissionárias ou concessionárias de prestação de serviços públicos, quando patrocinadas por entidades fechadas de previdência privada.

§ 6º – A lei complementar a que se refere o § 4º deste artigo estabelecerá os requisitos para a designação dos membros das diretorias das entidades de previdência privada e disciplinará a inserção dos participantes nos colegiados e instâncias de decisão em que seus interesses sejam objeto de discussão e deliberação".

A mencionada Emenda Constitucional no 20/98, ainda, acrescentou três novos artigos ao texto constitucional, a saber:

"Art. 248 – Os benefícios pagos, a qualquer título, pelo órgão responsável pelo regime geral de previdência social, ainda que à conta do Tesouro Nacional, e os não sujeitos ao limite máximo de valor fixado para os benefícios concedidos por esse regime observarão os limites fixados no art. 37, XI.

Art. 249 – Com o objetivo de assegurar recursos para o pagamento de proventos de aposentadorias e pensões concedidas aos respectivos servidores e seus dependentes, em adição aos recursos dos respectivos tesouros, a União, os Estados, o Distrito Federal e os Municípios poderão constituir fundos integrados pelos recursos provenientes de contribuições e por bens, direitos e ativos de qualquer natureza, mediante lei que disporá sobre a natureza e administração desses fundos.

Art. 250 – Com o objetivo de assegurar recursos para o pagamento dos benefícios concedidos pelo regime geral de previdência social, em adição aos recursos de sua arrecadação, a União poderá constituir fundo integrado por bens, direitos e ativos de qualquer natureza, mediante lei que disporá sobre a natureza e administração desse fundo".

Andou bem o legislador ao emendar a Constituição neste aspecto, pois os textos originais dos artigos 201 e 202 eram confusos e misturavam os regimes, não dando margem a que se visualizasse o *perfil previdenciário*. Com a nova redação ficou clara a existência de dois sistemas distintos: um, *obrigatório*, que contempla o chamado *regime geral*, de previdência social pública, gerido pela União, com características próprias e cobertura definida em lei; outro, *facultativo*, de caráter complementar, gerido pela iniciativa privada e cujas coberturas variam conforme os respectivos contratos.

Para efeito deste Capítulo, vai nos interessar apenas o primeiro.

6.1 – A Finalidade, os Princípios e os Objetivos

Segundo o que está disposto no artigo 1º da Lei no 8.213/91, "*a Previdência Social tem por fim assegurar aos seus beneficiários meios indispensáveis de manutenção, por motivo de incapacidade, idade avançada, tempo de serviço, desemprego involuntário, encargos de família e reclusão ou morte daqueles de quem dependiam economicamente*".

Por outro lado, no artigo 2º da mesma Lei estão delineados os *princípios e objetivos*, a saber:

a) universalidade de participação nos planos previdenciários;

b) uniformidade e equivalência dos benefícios e serviços às populações urbanas e rurais;

c) seletividade e distributividade na prestação dos benefícios;

d) cálculo dos benefícios considerando-se os salários-de--contribuição corrigidos monetariamente;

e) irredutibilidade do valor dos benefícios de forma a preservar--lhes o poder aquisitivo;

f) valor da renda mensal dos benefícios substitutos do salário-de--contribuição ou do rendimento do trabalho do segurado não inferior ao do salário mínimo;

g) previdência complementar facultativa, custeada por contribuição adicional; e

h) caráter democrático e descentralizado da gestão administrativa, com a participação do governo e da comunidade, em especial de trabalhadores em atividade, empregados e aposentados.

Esses dois artigos da Lei no 8.213/91, ainda mantidos com as suas redações originais, carecem, agora, de adaptação à nova conformação previdenciária instituída pela Emenda Constitucional no 20/98.

6.2 – A Estrutura Organizacional

A estrutura do sistema de Previdência Social está *embutida* na do Ministério da Previdência Social (MPS), organizada através de órgãos da *administração direta* e da *administração indireta*, estruturados e colegiados, conforme será visto a seguir.

Não se perca de vista, de início, que a Previdência Social está inserida no contexto de um sistema maior, o da *Seguridade Social*, conforme dispõe o artigo 194 da Carta Magna.

A estrutura organizacional específica do Ministério da Previdência Social funciona da seguinte forma:

6.2.1- Órgãos da Administração Direta

São aqueles pertencentes à estrutura administrativa do próprio Ministério da Previdência e Assistência Social – MPS, a saber: Secretaria Executiva - SE, Consultoria Jurídica - CONJUR, Subsecretaria de Orçamento e Administração – SOAD, Secretaria de Políticas de Previdência Social - SPPS, Secretaria de Políticas de Previdência Complementar – SPPC, Conselho Nacional de Previdência Social – CNPS, Conselho de Recursos da Previdência Social – CRPS, Conselho Nacional de Previdência Complementar – CNPC e Câmara de Recursos da Previdência Complementar - CRPC.

6.2.2. – Entidades vinculadas

São aquelas vinculadas (e não subordinadas) diretamente ao Ministério da Previdência Social, a saber: Instituto Nacional do Seguro Social – INSS, Superintendência Nacional de Previdência Complementar – PREVIC e Empresa de Tecnologia e Informações da Previdência Social – DATAPREV.

6.2.3- Órgãos Colegiados

6.2.3.1- O Conselho Nacional de Previdência Social – CNPS, órgão superior de deliberação colegiada, tem como principal objetivo estabelecer o caráter democrático e descentralizado da administração, em cumprimento ao disposto no art. 194 da Constituição, com a redação dada pela Emenda Constitucional nº 20, que preconiza uma gestão quadripartite, com a participação do Governo, dos trabalhadores em atividade, dos empregadores e dos aposentados. Criado pela Lei nº 8.213, de 24 de julho de 1991, o Conselho de Previdência, ao longo do tempo vem aperfeiçoando sua atuação no acompanhamento e na avaliação dos planos e programas que são realizados pela administração, na busca de melhor desempenho dos serviços prestados à clientela previdenciária.

6.2.3.2- O Conselho Nacional dos Dirigentes de Regimes Próprios de Previdência Social – CONAPREV, criado em outubro de 2001, é uma entidade associativa civil, sem fins lucrativos, composta por representantes de órgãos ou entidades responsáveis pela gestão dos Regimes Próprios de Previdência Social – RPPS da União, dos estados e do Distrito Federal, além de representantes dos municípios. Ele tem o objetivo de servir como espaço de articulação entre essas diferentes instâncias e contribuir para a superação dos problemas decorrentes da implementação dos RPPS. Tem por finalidades essenciais promover o desenvolvimento harmônico e integrado dos Regimes Próprios de Previdência Social, bem como a permanente articulação entre o Ministério da Previdência Social e os órgãos ou entidades gestores de previdência.

Além dos representantes das Secretarias de Políticas de Previdência Social e de Previdência Complementar do MPS, o CONAPREV é composto por representantes da Secretaria de Recursos Humanos do Ministério do Planejamento, Orçamento e Gestão; do Instituto Nacional do Seguro Social (INSS); da Previdência Complementar (PREVIC), da Empresa de Tecnologia e Informações da Previdência Social – (DATAPREV), da Confederação Nacional dos Municípios (CNM); da Associação Brasileira de Instituições de Previdência Estaduais e Municipais (ABIPEM); e da Associação Nacional de Entidades de Previdência Municipal (ANEPREM). Também fazem parte os representantes dos Regimes Próprios de Previdência Social dos 26 estados brasileiros e do Distrito Federal. Os municípios são representados por aqueles que, em cada região, apresentam os maiores regimes próprios, em número de filiados: Curitiba (na região Sul), São Paulo (Sudeste), Fortaleza (Nordeste), Goiânia (Centro-Oeste) e Manaus (Norte).

6.2.3.3- O Conselho de Recursos da Previdência Social – CRPS é um órgão colegiado, integrante da estrutura do Ministério da Previdência Social, que funciona como um tribunal administrativo e tem por função básica mediar os litígios entre segurados e o INSS, conforme dispuser a legislação, e a Previdência Social. É formado por 4 (quatro) Câmaras de Julgamento – CAJ, localizadas em Brasília – DF, que julgam em segunda e última instância matéria de Benefício, e por 29 (vinte e nove) Juntas de Recursos – JR nos diversos estados que julgam matéria de benefício em primeira instância. É presidido por Representante do Governo, com notório conhecimento da legislação previdenciária, nomeado pelo Ministro de Estado da Previdência Social.

6.2.3.4- O Conselho Nacional Previdência Complementar - CNPC é o novo órgão com a função de regular o regime de previdência complementar operado pelas entidades fechadas de previdência complementar, nova denominação do Conselho de Gestão da Previdência Complementar. É presidido pelo Ministro da Previdência Social e composto por representantes da Superintendência Nacional de Previdência Complementar (Previc), da Secretaria de Políticas de Previdência Complementar (SPPC), da Casa Civil da Presidência da República, dos Ministérios da Fazenda e do Planejamento, Orçamento e Gestão, das entidades fechadas de previdência complementar, dos patrocinadores e instituidores de planos de benefícios das entidades fechadas de previdência complementar e dos participantes e assistidos de planos de benefícios das referidas entidades.

6.2.3.5 - A Câmara de Recursos da Previdência Complementar - CRPC, órgão colegiado, que aprecia e julga os recursos interpostos contra decisões da Diretoria Colegiada da Superintendência Nacional de Previdência Complementar (Previc) referentes a autos de infração e aos lançamentos tributários da Taxa de Fiscalização e Controle da Previdência Complementar (Tafic). É composta por quatro servidores titulares de cargos de provimento efetivo, com exercício no Ministério da Previdência Social, na Previc ou no Instituto Nacional do Seguro Social (INSS), por um representante das entidades fechadas de previdência complementar, um dos patrocinadores e instituidores de planos de benefícios das entidades fechadas de previdência complementar e um dos participantes e assistidos de planos de benefícios dessas entidades.

6.3 – O Custeio das Prestações

O *custeio* das prestações oferecidas pelo sistema de Previdência Social engloba duas espécies de receitas, a saber:

- Fundamentais ou Principais:
- contribuição dos segurados;
- contribuição dos empregadores em geral; e
- contribuição da União Federal.
- Subsidiárias:
- as multas, a atualização monetária e os juros moratórios;
- a remuneração recebida por serviços de arrecadação, fiscalização e cobrança prestados a terceiros;
- as receitas provenientes de prestação de outros serviços e de fornecimento ou arrendamento de bens;
- as demais receitas patrimoniais, industriais e financeiras;
- as doações, legados, subvenções e outras receitas eventuais;
- outras rendas extraordinárias.

6.3.1 - Contribuição previdenciária

É a denominação que se dá às contribuições que constituem recurso destinado ao financiamento dos benefícios pagos pela Previdência Social, via Instituto Nacional do Seguro Social – INSS, a quem, na forma do artigo 33 da Lei no 8.212/91, compete arrecadar, fiscalizar, lançar e normatizar o recolhimento das contribuições sociais, cabendo-lhe, ainda, na esfera de sua competência, promover a respectiva cobrança e aplicar as sanções previstas legalmente.

6.3.2 – Filiação

É o vínculo jurídico que o liga ao Regime Geral de Previdência Social, garantindo a tranquilidade e a segurança, para si e seus dependentes, que decorrem da respectiva cobertura. Decorre do exercício de atividade remunerada para os segurados obrigatórios, e da vontade para os facultativos. Esse vínculo é aperfeiçoado pela contribuição, que funciona como um verdadeiro prêmio pago por conta do seguro social.

6.3.3 – Inscrição

É o ato pelo qual o segurado é cadastrado no Regime Geral de Previdência Social, mediante a comprovação dos seus dados pessoais e de outros elementos necessários e úteis à sua caracterização.

6.4 - Contribuintes

6.4.1- Segurados Obrigatórios

I - como empregado:

a) aquele que presta serviço de natureza urbana ou rural a empresa, em caráter não eventual, sob sua subordinação e mediante remuneração, inclusive como diretor empregado;

b) aquele que, contratado por empresa de trabalho temporário, por prazo não superior a três meses, prorrogável, presta serviço para atender a necessidade transitória de substituição de pessoal regular e permanente ou a acréscimo extraordinário de serviço de outras empresas, na forma da legislação própria;

c) o brasileiro ou o estrangeiro domiciliado e contratado no Brasil para trabalhar como empregado no exterior, em sucursal ou agência de empresa constituída sob as leis brasileiras e que tenha sede e administração no País;

d) o brasileiro ou o estrangeiro domiciliado e contratado no Brasil para trabalhar como empregado em empresa domiciliada no exterior com maioria do capital votante pertencente a empresa constituída sob as leis brasileiras, que tenha sede e administração no País e cujo controle efetivo esteja em caráter permanente sob a titularidade direta ou indireta de pessoas físicas domiciliadas e residentes no País ou de entidade de direito público interno;

e) aquele que presta serviço no Brasil a missão diplomática ou a repartição consular de carreira estrangeira e a órgãos a elas subordinados, ou a membros dessas missões e repartições, excluídos o não-brasileiro sem residência permanente no Brasil e o brasileiro amparado pela legislação previdenciária do país da respectiva missão diplomática ou repartição consular;

f) o brasileiro civil que trabalha para a União no exterior, em organismos oficiais internacionais dos quais o Brasil seja membro efetivo, ainda que lá domiciliado e contratado, salvo se amparado por regime próprio de previdência social;

g) o brasileiro civil que presta serviços à União no exterior, em repartições governamentais brasileiras, lá domiciliado e contratado, inclusive o auxiliar local, este desde que, em razão de proibição legal, não possa filiar-se ao sistema previdenciário local;

h) o bolsista e o estagiário que prestam serviços a empresa;

i) o servidor da União, Estado, Distrito Federal ou Município, incluídas suas autarquias e fundações, ocupante, exclusivamente, de cargo em comissão declarado em lei de livre nomeação e exoneração;

j) o servidor do Estado, Distrito Federal ou Município, bem como o das respectivas autarquias e fundações, ocupante de cargo efetivo, desde que, nessa qualidade, não esteja amparado por regime próprio de previdência social;

l) o servidor contratado pela União, Estado, Distrito Federal ou Município, bem como pelas respectivas autarquias e fundações, por tempo determinado, para atender a necessidade temporária de excepcional interesse público;

m) o servidor da União, Estado, Distrito Federal ou Município, incluídas suas autarquias e fundações, ocupante de emprego público;

n) (Revogado pelo Decreto nº 3.265, de 29/11/1999)

o) o escrevente e o auxiliar contratados por titular de serviços notariais e de registro a partir de 21 de novembro de 1994, bem como aquele que optou pelo Regime Geral de Previdência Social;

p) o exercente de mandato eletivo federal, estadual, distrital ou municipal, desde que não amparado por regime próprio de previdência social;

q) o empregado de organismo oficial internacional ou estrangeiro em funcionamento no Brasil, salvo quando coberto por regime próprio de previdência social;

II - como empregado doméstico

aquele que presta serviço de natureza contínua, mediante remuneração, a pessoa ou família, no âmbito residencial desta, em atividade sem fins lucrativos;

III - como contribuinte individual

a) a pessoa física, proprietária ou não, que explora atividade agropecuária ou pesqueira, em caráter permanente ou temporário, diretamente ou por intermédio de prepostos e com auxílio de empregados, utilizados a qualquer título, ainda que de forma não contínua;

b) a pessoa física, proprietária ou não, que explora atividade de extração mineral - garimpo -, em caráter permanente ou temporário, diretamente ou por intermédio de prepostos, com ou sem o auxílio de empregados, utilizados a qualquer título, ainda que de forma não contínua;

c) o ministro de confissão religiosa e o membro de instituto de vida consagrada, de congregação ou de ordem religiosa, quando mantidos pela entidade a que pertencem, salvo se filiados obrigatoriamente à Previdência Social em razão de outra atividade ou a outro regime previdenciário, militar ou civil, ainda que na condição de inativos;

d) o brasileiro civil que trabalha no exterior para organismo oficial internacional do qual o Brasil é membro efetivo, ainda que lá domiciliado e contratado, salvo quando coberto por regime próprio de previdência social;

e) o titular de firma individual urbana ou rural;

f) o diretor não empregado e o membro de conselho de administração na sociedade anônima;

g) todos os sócios, nas sociedades em nome coletivo e de capital e indústria;

h) o sócio gerente e o sócio cotista que recebam remuneração decorrente de seu trabalho na sociedade por cotas de responsabilidade limitada, urbana ou rural;

i) o associado eleito para cargo de direção em cooperativa, associação ou entidade de qualquer natureza ou finalidade, bem como o síndico ou administrador eleito para exercer atividade de direção condominial, desde que recebam remuneração;

j) quem presta serviço de natureza urbana ou rural, em caráter eventual, a uma ou mais empresas, sem relação de emprego;

l) a pessoa física que exerce, por conta própria, atividade econômica de natureza urbana, com fins lucrativos ou não;

m) o aposentado de qualquer regime previdenciário nomeado magistrado classista temporário da Justiça do Trabalho, na forma dos incisos II do §1° do art. 111 ou III do art. 115 ou do parágrafo único do art. 116 da Constituição Federal, ou nomeado magistrado da Justiça Eleitoral, na forma dos incisos II do art. 119 ou III do §1° do art. 120 da Constituição Federal;

Nota: A Emenda Constitucional n° 24, de 10 de dezembro de 1999, ***extinguiu a categoria de magistrado classista temporário da Justiça do Trabalho, entretanto, assegurou o cumprimento dos mandatos dos atuais magistrados.***

IV - como trabalhador avulso

aquele que, sindicalizado ou não, presta serviço de natureza urbana ou rural, a diversas empresas, sem vínculo empregatício, com a intermediação obrigatória do órgão gestor de mão-de-obra, ou do sindicato da categoria, assim considerados:

a) o trabalhador que exerce atividade portuária de capatazia, estiva, conferência e conserto de carga, vigilância de embarcação e bloco;

b) o trabalhador de estiva de mercadorias de qualquer natureza, inclusive carvão e minério;

c) o trabalhador em alvarenga (embarcação para carga e descarga de navios);

d) o amarrador de embarcação;

e) o ensacador de café, cacau, sal e similares;

f) o trabalhador na indústria de extração de sal;

g) o carregador de bagagem em porto;

h) o prático de barra em porto;

i) o guindasteiro; e

j) o classificador, o movimentador e o empacotador de mercadorias em portos; e

V - como segurado especial

o produtor, o parceiro, o meeiro e o arrendatário rurais, o pescador artesanal e seus assemelhados, que exerçam suas atividades, individualmente ou em regime de economia familiar, com ou sem auxílio eventual de terceiros, bem como seus respectivos cônjuges ou companheiros e filhos maiores de dezesseis anos de idade ou a eles equiparados, desde que trabalhem comprovadamente com o grupo familiar respectivo.

VI - segurado facultativo

o maior de dezesseis anos de idade que se filiar ao Regime Geral de Previdência Social, mediante contribuição, na forma do art. 199, desde que não esteja exercendo atividade remunerada que o enquadre como segurado obrigatório da previdência social.

Podem filiar-se facultativamente, entre outros:

a) dona-de-casa;

b) o síndico de condomínio, quando não remunerado;

c) o estudante;

d) o brasileiro que acompanha cônjuge que presta serviço no exterior;

e) aquele que deixou de ser segurado obrigatório da previdência social;

f) o membro de conselho tutelar de que trata o art. 132 da Lei nº 8.069, de 13 de julho de 1990, quando não esteja vinculado a qualquer regime de previdência social;

g) o bolsista e o estagiário que prestam serviços a empresa de acordo com a Lei nº 6.494, de 1977;

h) o bolsista que se dedique em tempo integral a pesquisa, curso de especialização, pós-graduação, mestrado ou doutorado, no Brasil ou no exterior, desde que não esteja vinculado a qualquer regime de previdência social;

i) o presidiário que não exerce atividade remunerada nem esteja vinculado a qualquer regime de previdência social; e

j) o brasileiro residente ou domiciliado no exterior, salvo se filiado a regime previdenciário de país com o qual o Brasil mantenha acordo internacional.

Capítulo 7

Da Filiação ao Sistema de Previdência Social

Cumpre, antes de entrarmos no capítulo destinado à especificação das prestações previdenciárias, fixar alguns conceitos e, também, fazer alusão a determinadas condições necessárias à percepção de *benefícios* e *serviços*.

Conforme o que antes foi visto, pode-se afirmar que, a partir da filiação do segurado ao sistema previdenciário, nasce entre eles uma *relação contratual*, cujo objeto é a proteção do primeiro contra os chamados *riscos sociais*. Trata-se de um *contrato de adesão* típico, onde o segurado *adere* automaticamente (e passa a contribuir) mediante a simples condição de trabalhador ou, excepcionalmente, quando segurado facultativo.

Essa relação se renova a cada mês, através do pagamento da contribuição previdenciária que, assim, é considerada como o verdadeiro *vínculo* que liga segurado e segurador.

Todavia, existem algumas regras a serem observadas, a saber:

7.1 – Inscrição de Segurados e Dependentes

A anotação do contrato de trabalho, na CTPS do empregado e o *carnê* ou guia de pagamento de contribuição de autônomo ou assemelhado, dispensa qualquer registro de inscrição do segurado, valendo, para todos os efeitos, como comprovação de filiação ao regime geral de Previdência Social. No caso de dúvidas, pode ser exigida a apresentação dos documentos que serviram de base para as anotações.

Por outro lado, incumbe ao dependente promover a sua inscrição quando do requerimento do benefício a que estiver habilitado (art. 17, § 1º, Lei nº 8.213/91). Em regra, é feita mediante a anotação, pelo empregador, na CTPS do segurado empregado. No caso do autônomo, assemelhado ou, ainda, do segurado facultativo, a designação será feita junto ao órgão próprio do INSS.

A inscrição do segurado especial será feita de forma a vinculá-lo ao respectivo grupo familiar e conterá, além das informações pessoais, a identificação da propriedade em que desenvolve a atividade e a que título, se nela reside ou o Município onde reside e, quando for o caso, a identificação e inscrição da pessoa responsável pelo grupo familiar.

Anda, o segurado especial integrante de grupo familiar que não seja proprietário ou dono do imóvel rural em que desenvolve sua atividade deverá informar, no ato da inscrição, conforme o caso, o nome do parceiro ou meeiro outorgante, arrendador, comodante ou assemelhado.

7.1.1- Quem pode ser dependente

O rol daqueles que podem ser dependentes do segurado consta do artigo 16 da Lei nº 8.213/91. Estão eles divididos em três classes:

I - o cônjuge, a companheira, o companheiro e o filho não emancipado, de qualquer condição, menor de 21 (vinte e um) anos ou inválido ou que tenha deficiência intelectual ou mental que o torne absoluta ou relativamente incapaz, assim declarado judicialmente;
II - os pais;
III - o irmão não emancipado, de qualquer condição, menor de 21 (vinte e um) anos ou inválido ou que tenha deficiência intelectual ou mental que o torne absoluta ou relativamente incapaz, assim declarado judicialmente;

Entretanto, as disposições acima carecem de interpretação, antes de que se possa definir qual (is) aquele (s) que **realmente** será (ão) dependente(s) do segurado.

Primeiramente, há que se levar em conta os comandos existentes nos parágrafos do referido artigo, de onde de infere que:

a) as classes se excluem, conforme a ordem estabelecida, ou seja: o segurado só poderá ter dependentes da 2ª classe, caso não os tenha na 1ª; e só poderá ter na 3ª se não tiver dependentes na 1ª ou na 2ª;

b) os relacionados na 1ª classe são considerados *dependentes presumidos*, ou seja, a relação de dependência não pode ser questionada, inexistindo sequer a obrigatoriedade do segurado designá-los expressamente. Ao contrário, a designação dos relacionados nas demais classes deve ser *ato de vontade* do segurado e a relação de dependência devidamente comprovada;

c) o *enteado* e o *menor tutelado* pelo segurado podem integrar a 1ª classe, na condição de equiparados aos filhos, mas desde que seja comprovada a dependência econômica e sejam expressamente designados pelo segurado;

d) tanto o *companheiro* como a *companheira* podem ser dependentes do segurado, sendo certo que, para a caracterização dessa condição, devem ser observados os princípios expressos na Lei no 9.278/96.

e) Considera-se companheira ou companheiro a pessoa que, sem ser casada, mantém união estável com o segurado ou com a segurada.

Faz-se ressalva, no entanto, quanto ao cônjuge separado de fato ou judicialmente. Nesse caso, precisa comprovar a dependência econômica, no entanto, essa será novamente presumida se o cônjuge separado estiver recebendo pensão alimentícia.

Em segunda classe, são dependentes os pais, que, ao contrário dos dependentes preferenciais, necessitam provar a dependência econômica.

Em terceira classe, também com a necessidade de comprovar a dependência econômica, estão os irmãos não emancipados, de qualquer condição, menores de 21 (vinte e um) anos ou inválidos.

7.1.2 – O reconhecimento das relações homossexuais

Seguindo a tendência jurisprudencial favorável, o MPS, através de Instrução Normativa, garantiu aos parceiros homossexuais não apenas a concessão de *pensão por morte*, como também o *auxílio-reclusão* decorrente da condição de segurado do *parceiro*.

Verifique-se, portanto, que a situação do *parceiro* será idêntica à dos *companheiros*, ou seja, trata-se de dependente de 1a classe, cuja dependência é *presumida*, desde que atendidos os requisitos necessários ao reconhecimento da união.

A partir daí, nada obsta a que o *parceiro* inscreva o outro na sua relação de dependentes, desde que de mesma classe, conforme antes foi visto. Pode haver, outrossim, o chamado reconhecimento *post mortem*.

Os elementos necessários à comprovação dessa união são os mesmos exigidos para a comprovação da situação de *companheiro* ou *companheira*, por exemplo: mesmo domicílio, conta bancária conjunta, seguros reciprocamente contratados, procurações reciprocamente outorgadas, sociedade em empresas, etc. Enfim, todas as provas em Direito permitidas.

7.1.3- O cancelamento automático da inscrição

Verifique-se que, face ao comando legal de *exclusão e precedência* de classes, pode ocorrer **cancelamento automático** de relação de dependência. Por exemplo, o segurado que contrai núpcias, tem filhos, designa companheiro (a) ou parceiro(a) exclui dessa relação, automaticamente, seus pais ou irmãos porventura antes designados.

7.2 – Perda de qualidade

Conforme antes ficou visto, em regra o segurado adquire esta *qualidade* através da filiação ao regime previdenciário, enquanto que a do dependente acontece pela designação.

Entretanto, situações supervenientes podem ocasionar a *perda de qualidade*, ou seja, o rompimento do vínculo contratual que enseja a cobertura do seguro social. As hipóteses são as que se seguem.

7.2.1 – de segurado

O segurado perde essa *qualidade:*

a) pela **morte,** quando será sucedido na relação contratual pelo *dependente-beneficiário;*

b) pela **inatividade**, quando passa à situação de **beneficiário;** e

c) pelo **não pagamento das contribuições**.

Não é automática, porém, a perda de qualidade por essa falta de pagamento. Ele continua na titularidade dos direitos subjetivos atinentes ao mencionado *contrato de seguro social*, enquanto perdurarem os chamados "*períodos de graça*". O artigo 15 da Lei no 8.213/91 dispõe a respeito:

"Art. 15 – Mantém a qualidade de segurado, independentemente de contribuições:

I – sem limite de prazo, quem está em gozo de benefício;

II – até 12 (doze) meses após a cessação das contribuições, o segurado que deixar de exercer atividade remunerada abrangida pela Previdência Social ou estiver suspenso ou licenciado sem remuneração;

III – até 12 (doze) meses após cessar a segregação, o segurado acometido de doença de segregação compulsória;

IV – até 12 (doze) meses após o livramento, o segurado retido ou recluso;

V – até 3 (três) meses após o licenciamento, o segurado incorporado às Forças Armadas para prestar serviço militar;

VI – até 6 (seis) meses após a cessação das contribuições, o segurado facultativo.

§ 1º – O prazo do inciso II será prorrogado para até 24 (vinte e quatro) meses se o segurado já tiver pago mais de 120 (cento e vinte) contribuições mensais sem interrupção que acarrete a perda de qualidade de segurado.

§ 2º – Os prazos do inciso II ou do § 1o serão acrescidos de 12 (doze) meses para o segurado desempregado, desde que comprovada essa situação pelo registro no órgão próprio do Ministério do Trabalho e da Previdência Social.

§ 3º – Durante os prazos deste artigo, o segurado conserva seus direitos perante a Previdência Social.

§ 4º – A perda de qualidade de segurado ocorrerá no dia seguinte ao do término do prazo fixado no Plano de Custeio da Seguridade Social para recolhimento da contribuição referente ao mês imediatamente posterior ao do final dos prazos fixados neste artigo e seus parágrafos".

7.2.2. – de dependentes

O dependente perde a *qualidade:*

a) pela **morte do segurado**, quando assume a titularidade do direito de receber a prestação correspondente ao evento, já na condição de *beneficiário;*

b) pela sua própria **morte**;

c) pelo **cancelamento da designação**, automaticamente ou por ato de vontade do segurado;

d) pela **perda das condições inerentes à dependência**, por exemplo: a emancipação do filho, a separação dos conviventes, etc.

e) pela **perda de qualidade do segurado** que o designou, quando ocasionada a falta de recolhimento de contribuições.

7.3 – Concorrência entre dependentes

A concorrência entre dependentes ocorrerá, sempre, **dentro da mesma classe**, ou seja: o cônjuge concorrerá com companheiro(a) e filhos que detenham a condição; o pai e a mãe concorrerão entre si; na mesma situação estarão os irmãos não emancipados ou inválidos.

Capítulo 8

As prestações do Regime Geral de Previdência Social

As prestações concernentes ao Regime Geral de Previdência Social, inclusive as decorrentes de acidentes do trabalho, expressas em *benefícios* e *serviços,* encontram-se relacionadas no artigo 18 da Lei nº 8.213/91, a saber:

I – quanto ao segurado:
  a) aposentadoria por invalidez;
  b) aposentadoria por idade;
  c) aposentadoria por tempo de contribuição;
  d) aposentadoria especial;
  e) auxílio-doença;
  f) salário-família;
  g) salário-maternidade;
  h) auxílio-acidente;
II – quanto ao dependente:
  a) pensão por morte;
  b) auxílio-reclusão;
III – quanto ao segurado e dependente:
  a) pecúlios; (Revogada pela Lei nº 9.032, de 1995)
  b) serviço social;
  c) reabilitação profissional.

8.1- Os eventos cobertos

8.1 1- Acidente de trabalho

Acidente do trabalho é o que ocorre pelo exercício do trabalho a serviço da empresa ou pelo exercício do trabalho dos segurados referidos no inciso VII do art. 11 desta Lei, provocando lesão corporal ou perturbação funcional que cause a morte ou a perda ou redução, permanente ou temporária, da capacidade para o trabalho (art. 19 da Lei no 8.213/91).

Consideram-se acidente do trabalho, nos termos do artigo 20, as seguintes entidades mórbidas:

I - doença profissional, assim entendida a produzida ou desencadeada pelo exercício do trabalho peculiar a determinada atividade e constante da respectiva relação elaborada pelo Ministério do Trabalho e da Previdência Social;

II - doença do trabalho, assim entendida a adquirida ou desencadeada em função de condições especiais em que o trabalho é realizado e com ele se relacione diretamente, constante da relação mencionada no inciso I.

Não são consideradas como doença do trabalho: a) a doença degenerativa; b) a inerente a grupo etário; c) a que não produza incapacidade laborativa; d) a doença endêmica adquirida por segurado habitante de região em que ela se desenvolva, salvo comprovação de que é resultante de exposição ou contato direto determinado pela natureza do trabalho.

Em caso excepcional, constatando-se que a doença não incluída na relação prevista nos incisos I e II, resultou das condições especiais em que o trabalho é executado e com ele se relaciona diretamente, a Previdência Social deve considerá-la acidente do trabalho.

Ainda, equiparam-se também ao acidente do trabalho (art. 21 da Lei nº 8.213/91):

I - o acidente ligado ao trabalho que, embora não tenha sido a causa única, haja contribuído diretamente para a morte do segurado, para redução ou perda da sua capacidade para o trabalho, ou produzido lesão que exija atenção médica para a sua recuperação;

II - o acidente sofrido pelo segurado no local e no horário do trabalho, em consequência de: a) ato de agressão, sabotagem ou terrorismo praticado por terceiro ou companheiro de trabalho; b) ofensa física intencional, inclusive de terceiro, por motivo de disputa relacionada ao trabalho; c) ato de imprudência, de negligência ou de imperícia de terceiro ou de companheiro de trabalho; d) ato de pessoa privada do uso da razão; e) desabamento, inundação, incêndio e outros casos fortuitos ou decorrentes de força maior;

III - a doença proveniente de contaminação acidental do empregado no exercício de sua atividade;

IV - o acidente sofrido pelo segurado ainda que fora do local e horário de trabalho: a) na execução de ordem ou na realização de serviço sob a autoridade da empresa; b) na prestação espontânea de qualquer serviço à empresa para lhe evitar prejuízo ou proporcionar proveito; c) em viagem a serviço da empresa, inclusive para estudo quando financiada por esta dentro de seus planos para melhor capacitação da mão-de-obra, independentemente do meio de locomoção utilizado, inclusive veículo de propriedade do segurado; d) no percurso da residência para o local de trabalho ou deste para aquela, qualquer que seja o meio de locomoção, inclusive veículo de propriedade do segurado.

Nos períodos destinados a refeição ou descanso, ou por ocasião da satisfação de outras necessidades fisiológicas, no local do trabalho ou durante este, o empregado é considerado no exercício do trabalho.

Não é considerada agravação ou complicação de acidente do trabalho a lesão que, resultante de acidente de outra origem, se associe ou se superponha às consequências do anterior.

8.2. – Períodos de Carência

O art. 26 as Lei 8.213/91, estabelece que período de carência é o número mínimo de contribuições mensais indispensáveis para que o beneficiário faça jus ao benefício, consideradas a partir do transcurso do primeiro dia dos meses de suas competências.

Havendo perda da qualidade de segurado, as contribuições anteriores a essa data só serão computadas para efeito de carência depois que o segurado contar, a partir da nova filiação à Previdência Social, com, no mínimo, 1/3 (um terço) do número de contribuições exigidas para o cumprimento da carência definida para o benefício a ser requerido.

A concessão das prestações pecuniárias do Regime Geral de Previdência Social depende dos seguintes períodos de carência, ressalvado o disposto no art. 26:

I - auxílio-doença e aposentadoria por invalidez: 12 (doze) contribuições mensais;

II - aposentadoria por idade, aposentadoria por tempo de serviço e aposentadoria especial: 180 contribuições mensais;

III - salário-maternidade para as seguradas de que tratam os incisos V e VII do art. 11 e o art. 13: dez contribuições mensais, respeitado o disposto no parágrafo único do art. 39 dessa Lei.

IV - (Vide Medida Provisória nº 664, de 2014) (Vigência)

Em caso de parto antecipado, o período de carência a que se refere o inciso III será reduzido em número de contribuições equivalente ao número de meses em que o parto foi antecipado.

Independe de carência a concessão das seguintes prestações:

I - pensão por morte, auxílio-reclusão, salário-família e auxílio-acidente; (Vide Medida Provisória nº 664, de 2014) (Vigência)

II - auxílio-doença e aposentadoria por invalidez nos casos de acidente de qualquer natureza ou causa e de doença profissional ou do trabalho, bem como nos casos de segurado que, após filiar-se ao Regime Geral de Previdência Social, for acometido de alguma das doenças e afecções especificadas em lista elaborada pelos Ministérios da Saúde e do Trabalho e da Previdência Social a cada três anos, de acordo com os critérios de estigma, deformação, mutilação, deficiência, ou outro fator que lhe confira especificidade e gravidade que mereçam tratamento particularizado; (Vide Medida Provisória nº 664, de 2014) (Vigência)

III - os benefícios concedidos na forma do inciso I do art. 39, aos segurados especiais referidos no inciso VII do art. 11 desta Lei;

IV - serviço social;

V - reabilitação profissional.

VI – salário-maternidade para as seguradas empregada, trabalhadora avulsa e empregada doméstica;

VII - (Vide Medida Provisória nº 664, de 2014) (Vigência)

Para cômputo do período de carência, serão consideradas as contribuições: I - referentes ao período a partir da data da filiação ao Regime Geral de Previdência Social, no caso dos segurados empregados e trabalhadores avulsos referidos nos incisos I e VI do art. 11; II - realizadas a contar da data do efetivo pagamento da primeira contribuição sem atraso, não sendo consideradas para este fim as contribuições recolhidas com atraso referentes a competências anteriores, no caso dos segurados empregado doméstico, contribuinte individual, especial e facultativo, referidos, respectivamente, nos incisos II, V e VII do art. 11 e no art. 13.

8.3 - Os Benefícios, seus requisitos de concessão e respectivas rendas mensais

8.3.1- Aposentadoria por invalidez

De acordo com o art. 42 e seguintes da Lei 8.213/91, a aposentadoria por invalidez, uma vez cumprida, quando for o caso, a carência exigida, será devida ao segurado que, estando ou não em gozo de auxílio-doença, for considerado incapaz e insusceptível de reabilitação para o exercício de atividade que lhe garanta a subsistência, de acordo com a avaliação da Perícia Médica do INSS, e ser-lhe-á paga enquanto permanecer nesta condição.

Concluindo a perícia médica inicial pela existência de incapacidade total e definitiva para o trabalho, a aposentadoria por invalidez será devida:

a) ao segurado empregado, a contar do décimo sexto dia do afastamento da atividade ou a partir da entrada do requerimento, se entre o afastamento e a entrada do requerimento decorrerem mais de trinta dias; (Vide Medida Provisória nº 664, de 2014) (Vigência)

b) ao segurado empregado doméstico, trabalhador avulso, contribuinte individual, especial e facultativo, a contar da data do início da incapacidade ou da data da entrada do requerimento, se entre essas datas decorrerem mais de trinta dias;

§ 2º Durante os primeiros quinze dias de afastamento da atividade por motivo de invalidez, caberá à empresa pagar ao segurado empregado o salário. (Vide Medida Provisória nº 664, de 2014) (Vigência)

Não tem direito à aposentadoria por invalidez quem ao se filiar na Previdência Social já tiver a doença ou lesão que geraria o benefício, a não ser quando a incapacidade resultar no agravamento da enfermidade.

Para ter direito ao benefício são exigidas 12 (doze) contribuições mensais, exceto na hipótese do art. 26 da Lei 8.213/91, que independe de carência, ou seja, nas hipóteses de acidente de qualquer natureza, de doença profissional ou do trabalho, bem como nos casos de segurado que, após filiar-se ao Regime Geral de Previdência Social, for acometido de alguma das doenças e afecções especificadas em lista elaborada pelos Ministérios da Saúde e do Trabalho e da Previdência Social a cada três anos, de acordo com os critérios de estigma, deformação, mutilação, deficiência, ou outro fator que lhe confira especificidade e gravidade que mereçam tratamento particularizado.

A aposentadoria por invalidez, inclusive a decorrente de acidente do trabalho, consistirá numa renda mensal correspondente a 100% (cem por cento) do salário-de-benefício. O salário de benefício dos trabalhadores inscritos até 28/11/1999 corresponderá à média dos 80% maiores salários de contribuição, corrigidos monetariamente, desde julho de 1994.

Quando o acidentado do trabalho estiver em gozo de auxílio-doença, o valor da aposentadoria por invalidez será igual ao do auxílio-doença se este, por força de reajustamento, for superior ao previsto neste artigo.

Para os inscritos a partir de 29/11/1999, o salário de benefício será a média dos 80% maiores salários de contribuição de todo o período contributivo.

Se o segurado precisar de assistência permanente de outra pessoa, atestada pela perícia médica, o valor da aposentadoria sofrerá acréscimo de 25% sobre o valor da aposentadoria por invalidez, a partir da data do seu pedido. Será devido ainda que o valor da aposentadoria atinja o limite máximo legal, e recalculado quando o benefício que lhe deu origem for reajustado, e cessará com a morte do aposentado, não sendo incorporável ao valor da pensão.

O aposentado por invalidez que retornar voluntariamente à atividade terá sua aposentadoria automaticamente cancelada, a partir da data do retorno.

Verificada a recuperação da capacidade de trabalho do aposentado por invalidez, será observado o seguinte procedimento:

I - quando a recuperação ocorrer dentro de 5 (cinco) anos, contados da data do início da aposentadoria por invalidez ou do auxílio-doença que a antecedeu sem interrupção, o benefício cessará: a) de imediato, para o segurado empregado que tiver direito a retornar à função que desempenhava na empresa quando se aposentou, na forma da legislação trabalhista, valendo como documento, para tal fim, o certificado de capacidade fornecido pela Previdência Social; ou b) após tantos meses quantos forem os anos de duração do auxílio-doença ou da aposentadoria por invalidez, para os demais segurados;

II - quando a recuperação for parcial, ou ocorrer após o período do inciso I, ou ainda quando o segurado for declarado apto para o exercício de trabalho diverso do qual habitualmente exercia, a aposentadoria será mantida, sem prejuízo da volta à atividade: a) no seu valor integral, durante 6 (seis) meses contados da data em que for verificada a recuperação da capacidade; b) com redução de 50% (cinquenta por cento), no período seguinte de 6 (seis) meses; c) com redução de 75% (setenta e cinco por cento), também por igual período de 6 (seis) meses, ao término do qual cessará definitivamente.

8.3.2- Aposentadoria Especial

Para ter direito à aposentadoria especial, o trabalhador deverá comprovar, além do tempo de trabalho, efetiva exposição aos agentes nocivos químicos, físicos, biológicos ou associação de agentes prejudiciais pelo período exigido para a concessão do benefício (15, 20 ou 25 anos).

A aposentadoria especial será devida ao segurado empregado, trabalhador avulso e contribuinte individual, este somente quando cooperado filiado a cooperativa de trabalho ou de produção. Além disso, a exposição aos agentes nocivos deverá ter ocorrido de modo habitual e permanente, não ocasional nem intermitente.

Para ter direito à aposentadoria especial, é necessário também o cumprimento da carência, que corresponde ao número mínimo de contribuições mensais indispensáveis para que o segurado faça jus ao benefício. Os inscritos a partir de 25/07/1991 devem ter, pelo menos, 180 contribuições mensais. Os filiados antes desta data têm que seguir a tabela progressiva. A perda da qualidade de segurado não será considerada para a concessão de aposentadoria especial, segundo a Lei nº 10.666/03.

A comprovação de exposição aos agentes nocivos será feita por formulário denominado Perfil Profissiográfico Previdenciário – PPP, preenchido pela empresa ou seu preposto, com base no Laudo Técnico de Condições Ambientais de Trabalho – LTCAT, expedido por médico do trabalho ou engenheiro de segurança do trabalho.

O segurado que tiver exercido sucessivamente duas ou mais atividades em condições prejudiciais à saúde ou integridade física, sem completar qualquer delas o prazo mínimo para aposentadoria especial, poderá somar os referidos períodos, considerada a atividade preponderante:

Será devido o enquadramento por categoria profissional de atividade exercida sob condições especiais que prejudiquem a saúde ou a integridade física, para períodos trabalhados até 28/04/1995, desde que o exercício tenha ocorrido de modo habitual e permanente, não ocasional nem intermitente.

A aposentadoria especial requerida e concedida a partir de 29/04/1995 será cancelada pelo INSS, caso o beneficiário permaneça ou retorne à atividade que ensejou a concessão desse benefício.

O valor do benefício será a média dos 80% maiores salários de contribuição desde a competência julho/1994 até a data de entrada do requerimento, sem aplicação do fator previdenciário.

8.3.3.- Aposentadoria Por Idade Urbana

Tem direito a aposentadoria por idade os trabalhadores urbanos, desde que, cumprida a carência exigida nesta Lei, completar 65 (sessenta e cinco) anos de idade, se homem, e 60 (sessenta), se mulher.

O início do benefício se dará a partir do desligamento do emprego, quando requerida até 90 dias após o desligamento, ou a partir da data da entrada do requerimento, quando não houver desligamento do emprego ou quando for requerida após 90 dias do desligamento.

A aposentadoria por idade será devida ao segurado empregado, inclusive o doméstico, a partir da data do desligamento do emprego, quando requerida até essa data ou até 90 (noventa) dias depois dela; ou da data do requerimento, quando não houver desligamento do emprego ou quando for requerida após o prazo de 90 dias;

Para os demais segurados, da data da entrada do requerimento.

A aposentadoria por idade, consistirá numa renda mensal de 70% (setenta por cento) do salário-de-benefício, mais 1% (um por cento) deste, por grupo de 12 (doze) contribuições, não podendo ultrapassar 100% (cem por cento) do salário-de-benefício.

A aposentadoria por idade pode ser requerida pela empresa, desde que o segurado empregado tenha cumprido o período de carência e completado 70 (setenta) anos de idade, se do sexo masculino, ou 65 (sessenta e cinco) anos, se do sexo feminino, sendo compulsória, caso em que será garantida ao empregado a indenização prevista na legislação trabalhista, considerada como data da rescisão do contrato de trabalho a imediatamente anterior à do início da aposentadoria.

8.3.4.- Aposentadoria Por Idade Rural

A aposentadoria por idade rural, será devida ao trabalhador rural, a partir de 60 (sessenta) e 55 (cinqüenta e cinco) anos, respectivamente homens e mulheres, desde que comprovem o efetivo exercício de atividade rural, ainda que de forma descontínua, no período imediatamente anterior ao requerimento do benefício, por tempo igual ao número de meses de contribuição correspondente à carência do benefício pretendido, computado o período a que se referem os incisos III a VIII do § 9º do art. 11 desta Lei.

No caso de não atenderem a exigência anterior, mas que satisfaçam essa condição, se forem considerados períodos de contribuição sob outras categorias do segurado, farão jus ao benefício ao completarem 65 (sessenta e cinco) anos de idade, se homem, e 60 (sessenta) anos, se mulher.

8.3.5.- Aposentadoria Por Idade da Pessoa com Deficiência

Trata-se de benefício aprovado pela Lei Complementar nº 142, de 08/05/2013, que incluiu novas regras em relação à redução da idade para a concessão de aposentadoria por idade da pessoa com deficiência.

Considera-se pessoa com deficiência, nos termos da referida Lei Complementar, aquela que tem impedimentos de longo prazo de natureza física, mental, intelectual ou sensorial, os quais, em interação com diversas barreiras, impossibilitem que a pessoa participe de forma plena e efetiva na sociedade, em igualdade de condições com as demais pessoas que não possuem tal impedimento.

Tem direito à aposentadoria por idade, o trabalhador urbano ou rural que cumprir os seguintes requisitos: a) Idade de 60 anos para os homens e 55 anos para as mulheres; b) Carência de 180 meses de contribuição ou atividade rural, conforme o caso; c) 15 anos de tempo de contribuição na condição de pessoa com deficiência; e d) Comprovação da condição de pessoa com deficiência na data da entrada do requerimento ou da implementação dos requisitos para o benefício.

Para a concessão da aposentadoria por idade da pessoa com deficiência, o segurado deve contar com no mínimo 15 anos de tempo de contribuição, não importando se filiado antes ou depois de 24/07/1991.

O período contributivo mínimo de 15 anos deve ser simultâneo com a condição de pessoa com deficiência independentemente do grau. Não se aplicará a conversão do tempo de contribuição cumprido nos diferentes graus de deficiência para fins de obtenção do tempo mínimo.

A constatação da deficiência será realizada por meio de avaliação médica e funcional a ser realizada por perícia do INSS, para fins de definição da deficiência e do grau, que pode ser leve, moderada ou grave, conforme definido no art. 3º da LC nº 142/2013 e o art. 70-A do Decreto nº 8.145/2013.

8.3.6- Aposentadoria por Tempo de Contribuição Previdenciária

Para ter direito à Aposentadoria por Tempo de Contribuição Previdenciária, é necessário comprovar carência e tempo mínimo de contribuição, exigidos pela Lei nº 8.213/90, podendo ser integral ou proporcional.

O início do benefício se dará a partir do desligamento do emprego, quando requerida até 90 dias após o desligamento, ou a partir da datada entrada do requerimento, quando não houver desligamento do emprego ou quando requerida após 90 dias do desligamento.

O término do benefício ocorrerá com a morte do segurado.

8.3.7- Aposentadoria Por Tempo de Contribuição da Pessoa com Deficiência

Trata-se de benefício aprovado pela Lei Complementar nº 142, de 08/05/2013, que incluiu novas regras em relação à redução da idade para a concessão de aposentadoria por idade da pessoa com deficiência.

Considera-se pessoa com deficiência, nos termos da referida Lei Complementar, aquela que tem impedimentos de longo prazo de natureza física, mental, intelectual ou sensorial, os quais, em interação com diversas barreiras, impossibilitem que a pessoa participe de forma plena e efetiva na sociedade, em igualdade de condições com as demais pessoas que não possuem tal impedimento.

Tem direito a Aposentadoria por Tempo de Contribuição da Pessoa com Deficiência, o segurado empregado, inclusive o doméstico, trabalhador avulso, contribuinte individual e facultativo, e ainda aos segurados especiais que contribuam facultativamente, observadas as seguintes condições:

a) Aos 25 anos de tempo de contribuição na condição de deficiente, se homem, e 20 anos, se mulher, no caso de segurado com deficiência grave;

b) Aos 29 anos de tempo de contribuição na condição de deficiente, se homem, e 24 anos, se mulher, no caso de segurado com deficiência moderada;

c) Aos 33 anos de tempo de contribuição na condição de deficiente, se homem, e 28 anos, se mulher, no caso de segurado com deficiência leve;

d) Carência de 180 meses de contribuição;

e) Comprovação da condição de pessoa com deficiência na data da entrada do requerimento ou na da implementação dos requisitos para o benefício.

A constatação da deficiência será realizada por meio de avaliação médica e funcional a ser realizada por perícia do INSS, para fins de definição da deficiência e do grau, que pode ser leve, moderada ou grave, conforme definido no art. 3º da LC nº 142/2013.

Não será admitida a conversão do tempo de contribuição na condição de pessoa com deficiência para fins de concessão da aposentadoria especial de que trata o art. 57 da Lei nº 8.213/90.

O grau de deficiência preponderante será definido como sendo aquele no qual o segurado cumpriu maior tempo de contribuição, antes da conversão, que servirá como parâmetro para definir o tempo mínimo necessário para a aposentadoria por tempo de contribuição do deficiente, bem como para a conversão.

O segurado que contribuiu com 5% ou 11% do salário mínimo, terá que complementar a diferença da contribuição sobre os 20% para ter direito à Aposentadoria por Tempo de Contribuição da Pessoa com Deficiência.

8.3.8- Aposentadoria Por Tempo de Contribuição Previdenciária de Professor

Para ter direito à Aposentadoria por Tempo de Contribuição de professor, é necessário comprovar o efetivo exercício em função de magistério, de 30 anos de contribuição, se homem, e de 25 anos de contribuição, se mulher.

8.3.9- Auxílio-acidente

É um benefício pago ao trabalhador que sofreu um acidente e ficou com sequelas que reduzem sua capacidade de trabalho. É concedido ao segurado que recebia auxílio-doença acidentário ou previdenciário.

Tem direito ao auxílio-acidente o trabalhador empregado, o trabalhador avulso e o segurado especial. O empregado doméstico, o contribuinte individual e o facultativo não possuem direito ao benefício.

Para concessão do auxílio-acidente não é exigido tempo mínimo de contribuição, mas o trabalhador deve ter qualidade de segurado e comprovar a impossibilidade de continuar desenvolvendo as mesmas atividades, por meio de exame da perícia médica da Previdência Social.

O auxílio-acidente, por ter caráter de indenização, pode ser acumulado com outros benefícios pagos pela Previdência Social, exceto auxilio doença decorrente da mesma lesão e aposentadoria. O benefício deixa de ser pago quando o trabalhador se aposenta ou quando solicita Certidão de Tempo de Contribuição-CTC do tempo de vinculação ao Regime Geral da Previdência Social para contagem em Regime Próprio de Previdência Social.

O benefício começa a ser pago a partir do dia seguinte em que cessa o auxílio doença. O valor corresponde a 50% do salário do benefício que deu origem ao auxilio doença.

8.3.10- Auxílio-doença Previdenciário

O auxílio-doença será devido ao segurado empregado a contar do décimo sexto dia do afastamento da atividade, e, no caso dos demais segurados, a contar da data do início da incapacidade e enquanto ele permanecer incapaz. (Vide Medida Provisória nº 664, de 2014) (Vigência)

Durante os primeiros quinze dias consecutivos ao do afastamento da atividade por motivo de doença, incumbirá à empresa pagar ao segurado empregado o seu salário integral. (Vide Medida Provisória nº 664, de 2014) (Vigência)

A empresa que dispuser de serviço médico, próprio ou em convênio, terá a seu cargo o exame médico e o abono das faltas correspondentes ao período referido no § 3º, somente devendo encaminhar o segurado à perícia médica da Previdência Social quando a incapacidade ultrapassar 15 (quinze) dias. (Vide Medida Provisória nº 664, de 2014) (Vigência)

O INSS a seu critério e sob sua supervisão, poderá, na forma do regulamento, realizar perícias médicas: I - por convênio ou acordo de cooperação técnica com empresas; e II - por termo de cooperação técnica firmado com órgãos e entidades públicos, especialmente onde não houver serviço de perícia médica do INSS. (Incluído pela Medida Provisória nº 664, de 2014)

Não será devido auxílio-doença ao segurado que se filiar ao Regime Geral de Previdência Social já portador da doença ou da lesão invocada como causa para o benefício, salvo quando a incapacidade sobrevier por motivo de progressão ou agravamento dessa doença ou lesão. (Incluído pela Medida Provisória nº 664, de 2014)

O auxílio-doença, inclusive o decorrente de acidente do trabalho, consistirá numa renda mensal correspondente a 91% (noventa e um por cento) do salário-de-benefício, observado o disposto na Seção III, especialmente no art. 33 desta Lei.

O segurado em gozo de auxílio-doença, insusceptível de recuperação para sua atividade habitual, deverá submeter-se a processo de reabilitação profissional para o exercício de outra atividade. Não cessará o benefício até que seja dado como habilitado para o desempenho de nova atividade que lhe garanta a subsistência ou, quando considerado não-recuperável, for aposentado por invalidez.

O segurado empregado em gozo de auxílio-doença será considerado pela empresa como licenciado.

A empresa que garantir ao segurado licença remunerada ficará obrigada a pagar-lhe durante o período de auxílio-doença a eventual diferença entre o valor deste e a importância garantida pela licença.

O auxílio-doença cessa: a) pela recuperação da capacidade para o trabalho (alta médica); b) pela transformação em Aposentadoria por Invalidez ou Auxílio-doença Previdenciário decorrente de Acidente de Trabalho de qualquer natureza ou causa; c) pelo falecimento do segurado; d) pela concessão de aposentadoria de qualquer espécie; e) pelo retorno voluntário ao trabalho sem prévia perícia médica (alta antecipada).

8.3.11- Auxilio-reclusão

O benefício de auxilio reclusão é devido aos dependentes do segurado das áreas urbana e rural. O benefício é pago enquanto o segurado estiver recolhido à prisão e enquanto nesta permanecer, em regime fechado ou semiaberto, ainda que não prolatada a sentença condenatória.

Equipara-se à condição de recolhido à prisão, a situação do segurado com idade entre 16 a 18 anos que tenha sido internado em estabelecimento educacional ou congênere, sob custódia do Juizado de Infância e da Juventude.

É necessário que o cidadão, na data do recolhimento à prisão, possua qualidade de segurado. Para ter direito ao benefício, o último salário-de-contribuição do segurado, tomado em seu valor mensal, deverá ser igual ou inferior ao valor de R$ 1.025,81, independentemente da quantidade de contratos e de atividades exercidas.

Os filhos nascidos durante o recolhimento do segurado à prisão possuem direito a partir da data do seu nascimento.

Havendo realização de casamento durante o recolhimento do segurado à prisão, o auxilio reclusão não será devido, tendo em vista a dependência posterior ao fato gerador.

Existindo mais de um dependente, o auxilio reclusão será rateada entre todos, em partes iguais, revertendo em favor dos demais à parte daquele cujo direito cessar.

8.3.12 - Benefício Assistencial ao Idoso

O Benefício Assistencial ao Idoso – BPC/LOAS corresponde à garantia de um salário mínimo, na forma de benefício assistencial de prestação continuada mensal, devido à pessoa idosa com 65 anos ou mais, que comprove não possuir meios de prover a própria manutenção e também não possa ser provida por sua família.

Tem direito o brasileiro nato ou naturalizado, idoso, residente e domiciliado no Brasil, que não receba qualquer outro benefício no âmbito da seguridade social ou de outro regime, inclusive o seguro-desemprego, salvo o de assistência médica e pensão especial de natureza indenizatória.

Somente possuem direito ao benefício aqueles cuja renda familiar ou grupo familiar mensal per capita seja inferior a ¼ do salário mínimo.

O Benefício Assistencial ao Idoso já concedido a um membro da família, não inibe a concessão de um novo benefício de Amparo Assistencial ao Idoso por outro membro da família.

O idoso acolhido em instituições de longa permanência, assim entendido como hospital, abrigo ou instituição congênere, tem direito ao recebimento ao Benefício Assistencial ao Idoso.

O Benefício assistencial é intransferível, portanto, não gera pensão aos dependentes, além de não receber o abono anual (13º salário) e não estar sujeito a descontos de qualquer natureza.

8.3.13- Benefício Assistencial à Pessoa com Deficiência

O Benefício Assistencial à Pessoa com Deficiência – BPC/LOAS corresponde à garantia de um salário mínimo, mensal, devido à pessoa com deficiência, que comprove não possuir meios de prover a própria manutenção e também não possa ser provida por sua família.

Tem direito ao benefício à pessoa com deficiência que tenha impedimentos de longo prazo de natureza física, mental, intelectual ou sensorial os quais, em interação com diversas barreiras, podem obstruir sua participação plena e efetiva na sociedade, em igualdade de condições com as demais pessoas, que produza efeitos pelo prazo mínimo de dois anos.

O requerente deve ser brasileiro nato ou naturalizado, residente e domiciliado no Brasil, que não receba qualquer outro benefício no âmbito da seguridade social ou de outro regime, nacional ou estrangeiro, inclusive o seguro-desemprego, salvo o da assistência médica e a pensão especial de natureza indenizatória.

Somente possuem direito ao benefício aqueles cuja renda familiar ou grupo familiar mensal per capita seja inferior a ¼ do salário mínimo.

A condição de acolhimento em instituições de longa permanência, assim entendido como hospital, abrigo ou instituição congênere, tem direito ao recebimento ao Benefício Assistencial à pessoa com Deficiência.

O Benefício assistencial é intransferível, portanto, não gera pensão aos dependentes, além de não receber o abono anual (13° salário) e não estar sujeito a descontos de qualquer natureza.

Suspende-se o benefício pelo exercício de atividade remunerada, pela pessoa com deficiência, inclusive na condição de microempreendedor individual.

8.3.14 -Benefício de Pensão Especial - Hanseníase

O Benefício de pensão especial – Hanseníase, corresponde a uma pensão mensal vitalícia destinada somente as pessoas atingidas pela hanseníase e que foram submetidas a isolamento e internação compulsória, em hospitais-colônias, até 31 de dezembro de 1986.

Esse direito foi reconhecido pelo Governo Federal, que sancionou a Medida Provisória n° 373/2007, convertida na lei n° 11.520/2007, e regulamentada pelo Decreto n° 6.168, de 24/07/2007.

O requerimento deve ser protocolado na Secretaria Especial dos Direitos Humanos da Presidência da República, e a análise do pedido será realizada pela Comissão Interministerial de Avaliação. Ao INSS compete a manutenção e o pagamento do benefício.

O valor é de R$ 750,00 (setecentos e cinquenta reais) mensais, retroativos a data da publicação da Medida Provisória.

8.3.15- Pensão Por Morte Urbana

O benefício de Pensão por Morte Urbana é destinado aos dependentes do segurado que ao falecer, era aposentado ou trabalhador que exercia atividade urbana, e é devido a contar:

I – do óbito, quando requerida até trinta dias da morte do titular;
II – do requerimento, quando ultrapassar os 30 dias;
III – da decisão judicial, em caso de morte presumida.

A concessão da pensão por morte não será protelada pela falta de habilitação de outro possível dependente, e qualquer inscrição ou habilitação posterior que importe em exclusão ou inclusão de dependente só produzirá efeito a contar da data da inscrição ou habilitação.

O cônjuge ausente não exclui do direito à pensão por morte o companheiro ou a companheira, que somente fará jus ao benefício a partir da data de sua habilitação e mediante prova de dependência econômica.

O cônjuge divorciado ou separado judicialmente ou de fato que recebia pensão de alimentos concorrerá em igualdade de condições com os dependentes referidos no inciso I do art. 16 desta Lei.

A pensão por morte, havendo mais de um pensionista, será rateada entre todos em parte iguais.

Segue, abaixo discriminadas, as principais alterações propostas pela Medida Provisória nº 664/2014

- Tempo mínimo de 2 anos de contribuição para acesso à pensão previdenciária por morte;
- Exceção para casos de acidente de trabalho e doença profissional ou do trabalho Tempo mínimo de 2 anos de casamento ou união estável;
- Exceção para casos de acidentes de trabalho depois do casamento ou para cônjuge/ companheiro incapaz/inválido.
- Concessão do benefício vitalício para cônjuges a partir de 44 anos;
- Fim do benefício vitalício para cônjuges jovens;
- O critério será a expectativa de sobrevida em anos (projeção do IBGE);
- Exceção para cônjuge inválido, que terá direito à pensão vitalícia independentemente da sua expectativa de vida.
- O menor valor pago continua sendo de um salário mínimo;
- Atualmente, 57,4% das pensões correspondem a um salário mínimo e não sofrerão alteração;
- Exclusão do direito à pensão para dependente condenado pela prática de crime doloso que tenha resultado na morte do segurado.
- Estabelecer cota fixa familiar de 50% e individual de 10% por dependente (garante benefício mínimo de 60%). Até o limite de 100%

- A cota individual de 10% não será redistribuída com o fim da dependência;
- Exceção para órfãos de pai e mãe.

A pensão por Morte pode ser acumulado com: seguro desemprego; pensão por morte de cônjuge ou companheiro, com óbito ocorrido anterior a 29/04/1995; auxilio doença; aposentadoria, e salário maternidade.

E não pode ser acumulada com: renda mensal vitalícia; benefícios de prestação continuada – PBC/LOAS; Pensão Mensal Vitalícia de Seringueiro, Auxilio reclusão, e outra pensão por morte de conjugue ou companheiro, com início a partir de 29/04/1995, ressalvado o direito a opção pela mais vantajosa.

A Pensão por Morte de companheiro ou cônjuge poderá ser acumulada com a Pensão por morte de filho.

A pensão por morte será devida pela morte presumida do segurado, declarada pela autoridade judicial competente, depois de 6 (seis) meses de ausência, será concedida pensão provisória: a) mediante prova do desaparecimento do segurado em consequência de acidente, desastre ou catástrofe, seus dependentes farão jus à pensão provisória independentemente da declaração e do prazo estabelecido; b) verificado o reaparecimento do segurado, o pagamento da pensão cessará imediatamente, desobrigados os dependentes da reposição dos valores recebidos, salvo má-fé.

8.3.16- Salário-família

Salário-família é o benefício pago na proporção do respectivo número de filhos ou equiparados de qualquer condição, até a idade de 14 anos ou inválido de qualquer idade, independente de carência e desde que o salário-de-contribuição seja inferior ou igual ao limite máximo permitido.

São equiparados aos filhos os enteados e os tutelados, desde que não possuam bens suficientes para o próprio sustento, devendo a dependência econômica de ambos serem comprovada.

O valor do salário-família corresponde a R$ 35,00, por filho de até 14 anos incompletos ou inválido, para quem ganha até R$ 682,50. Já para o trabalhador que recebe de R$ 682,51 até 1.025,81 o valor do salário-familia por filho até 14 anos de idade ou inválido de qualquer natureza, será de R$ 24,66 (Portaria Ministerial MPS/MF nº 19, de 10/01/2014).

Para a concessão do salário-família, não exige tempo mínimo de contribuição.

Os desempregados, contribuintes individuais, facultativos e segurados especiais não possuem direito ao benefício.

8.3.17- Salário-maternidade – Urbano e Rural

Salário maternidade é o benefício pago à segurada empregada, a trabalhadora avulsa, a empregada doméstica, a segurada especial, a contribuinte individual, facultativa e a segurada desempregada, que se encontra afastada de sua atividade laboral cotidiana por motivo de parto, aborto não criminoso, adoção ou guarda judicial para fins de adoção.

No caso de adoção, o pagamento é realizado pelo INSS.

O pagamento do salário-maternidade das gestantes empregadas, exceto as domésticas, é realizado diretamente pelas empresas, que são ressarcidas pela Previdência Social.

No caso de empregos concomitantes ou de atividade simultânea na condição de segurada empregada com contribuinte individual ou doméstica, a segurada fará jus ao salário-maternidade relativo a cada emprego ou atividade.

O início do benefício será fixado na data do atestado médico, a partir do 8º mês de gestação, ou 28 dias antes do parto, ou na data do parto (regra geral). Para a segurada desempregada, será considerado a data do nascimento da criança (parto).

O salário-maternidade será devido ao adotante do sexo masculino, para adoção ou guarda para fins de adoção ocorrida a partir de 25/10/2013 (data da publicação da Lei nº 12.873/13).

No caso de adoção ou guarda judicial para fins de adoção, o início do benefício será na data da sentença da adoção ou guarda judicial.

Em situações de adoção de mais de uma criança, simultaneamente, a segurada terá direito somente ao pagamento de uma salário-maternidade.

8.4 – Dos Serviços

8.4.1 – Do Serviço Social

O Serviço Social está disciplinado no art. 88 da Lei nº 8.213/91.

Compete ao Serviço Social esclarecer junto aos beneficiários seus direitos sociais e os meios de exercê-los e estabelecer conjuntamente com eles o processo de solução dos problemas que emergirem da sua relação com a Previdência Social, tanto no âmbito interno da instituição como na dinâmica da sociedade.

Será dada prioridade aos segurados em benefício por incapacidade temporária e atenção especial aos aposentados e pensionistas.

O Serviço Social, considerando a universalização da Previdência Social, prestará assessoramento técnico aos Estados e Municípios na elaboração e implantação de suas propostas de trabalho.

8.4.2 – Da Habilitação e da Reabilitação Profissional

A habilitação e a reabilitação profissional e social deverão proporcionar ao beneficiário incapacitado parcial ou totalmente para o trabalho, e às pessoas portadoras de deficiência, os meios para a (re) educação e de (re) adaptação profissional e social indicados para participar do mercado de trabalho e do contexto em que vive.

A reabilitação profissional compreende: a) o fornecimento de aparelho de prótese, órtese e instrumentos de auxílio para locomoção quando a perda ou redução da capacidade funcional puder ser atenuada por seu uso e dos equipamentos necessários à habilitação e reabilitação social e profissional; b) a reparação ou a substituição dos aparelhos mencionados no inciso anterior, desgastados pelo uso normal ou por ocorrência estranha à vontade do beneficiário; c) o transporte do acidentado do trabalho, quando necessário.

A prestação do serviço é devida em caráter obrigatório aos segurados, inclusive aposentados e, na medida das possibilidades do órgão da Previdência Social, aos seus dependentes.

Será concedido, no caso de habilitação e reabilitação profissional, auxílio para tratamento ou exame fora do domicílio do beneficiário, conforme dispuser o Regulamento.

Concluído o processo de habilitação ou reabilitação social e profissional, a Previdência Social emitirá certificado individual, indicando as atividades que poderão ser exercidas pelo beneficiário, nada impedindo que este exerça outra atividade para a qual se capacitar.

A empresa com 100 (cem) ou mais empregados está obrigada a preencher de 2% (dois por cento) a 5% (cinco por cento) dos seus cargos com beneficiários reabilitados ou pessoas portadoras de deficiência, habilitadas.

A dispensa de trabalhador reabilitado ou de deficiente habilitado ao final de contrato por prazo determinado de mais de 90 (noventa) dias, e a imotivada, no contrato por prazo indeterminado, só poderá ocorrer após a contratação de substituto de condição semelhante.

Capítulo 9

A Previdência Social nas Instâncias Administrativa e Judicial

9.1 – Instância Recursal Previdenciária

A Previdência Social possui, dentro da sua estrutura administrativa, um sistema de controle jurisdicional interno, composto por órgãos colegiados, que tem o seu funcionamento regulado pela Lei nº 8.213/91 e pelo Decreto no 3.048/99.

Assim, das decisões das autoridades administrativas, de interesse de segurados ou dependentes, cabe, em primeiro grau, recurso para a *Junta de Recursos da Previdência Social – JRPS* que exerça jurisdição no domicílio do interessado.

A competência das *JRPS* é restrita, sendo de sua competência somente a apreciação das demandas administrativas relativas às prestações (benefícios e serviços) ou situação jurídica de segurados e dependentes (aquisição ou perda da filiação ou qualidade), vez que a recente modificação introduzida pelo Decreto no 3.048/99 subtraiu-lhes a apreciação das demandas que digam respeito à parte fiscal.

Os recursos para as *Juntas* serão interpostos no prazo de 15 dias, contados do recebimento da notificação, pelo interessado, da decisão administrativa.

Das decisões proferidas pelas *Juntas de Recursos* e que digam respeito à situação de segurados e dependentes, ou, ainda, aquelas que infrinjam lei, regulamento, enunciado ou ato normativo ministerial, cabe recurso para uma das *Câmaras* do *Conselho de Recursos da Previdência Social*, no prazo de 15 dias contados igualmente do recebimento da notificação.

Caso o apelo tenha como objeto a discussão de crédito previdenciário de *pessoa jurídica*, o recurso específico só terá seguimento se o recorrente instruí-lo com o comprovante de depósito, em favor do INSS, de valor correspondente a 30% da exigência fiscal. Se, entretanto, tratar-se de *pessoa física*, tal depósito é facultativo. Ocorrendo o depósito, tanto num como noutro caso, se o julgamento for favorável ao contribuinte, o depósito lhe será devolvido; caso seja desfavorável, o valor depositado reverterá em favor do INSS, convertido em parte do pagamento do débito.

Registre-se, ainda sob este item, que o artigo 307 do Decreto no 3.048/99 dispõe sobre a renúncia *tácita* do recurso administrativo, caso o beneficiário ou contribuinte ingresse com pedido idêntico na via judicial.

9.1.1 – Avocatória

Avocar significa chamar para si a responsabilidade ou as funções originariamente atribuídas a inferior hierárquico. É o poder que tem o agente público sobre o subordinado, derivando justamente do *princípio da hierarquia*, um dos que balizam o funcionamento do serviço público.

Portanto, pela avocação o superior hierárquico abarca a competência do subordinado, substituindo-o, o que de certa forma se constitui num desprestígio, daí a recomendação de que o expediente seja usado de maneira parcimoniosa e quando houver motivos relevantes para tal substituição.

Dentro dessa ótica, o artigo 309 do mencionado Decreto contempla o instituto da *avocatória,* ao prever que, mesmo depois do julgamento nos colegiados, o Ministro da Previdência e Social pode avocar e rever *de ofício* ato ou decisão proferida no contencioso administrativo, nas seguintes hipóteses:

a) violação de lei ou ato normativo;

b) julgamento ***ultra*** ou ***extra petita***;

c) conflito entre órgãos de Ministério da Previdência Social ou de entidades vinculadas;

d) questão previdenciária ou de relevante interesse público ou social.

9.2 – A Previdência Social em Juízo

Consoante as disposições do artigo 109, I, da Constituição da República, o Ministério da Previdência Social (representado pela União Federal), a sua autarquia – o INSS, e a sua empresa pública – a DATAPREV, quando ingressam ou são demandadas em juízo, têm direito ao foro privilegiado da Justiça Federal, ressalvadas as exceções depois comentadas.

Assim, em regra, essas entidades litigam, em primeira instância, nas Varas da Justiça Federal. Em segunda instância, os recursos são apreciados pelos Tribunais Regionais Federais. Nas hipóteses de cabimento de *recurso especial* ou *recurso extraordinário,* a competência será, respectivamente, do Superior Tribunal de Justiça ou Supremo Tribunal Federal.

9.2.1. – Privilégios Processuais

O MPS e o INSS, este último como desmembramento do Poder Público, além do foro e juízo gozam, ainda, dos mesmos privilégios processuais da Fazenda Pública, dentre os quais se destacam: execução fiscal de seus créditos (Lei no 6.830/80 e art. 578 do CPC); prescrição qüinqüenal de suas dívidas passivas (DL. no 4.597/72); ação regressiva contra servidores culpados por danos a terceiros (art. 37, § 6o da CF); recurso *de ofício* nas sentenças que os condenarem (art. 475, III, do CPC); prazo em quádruplo para contestar e prazo em dobro para recorrer (art. 188 do CPC); pagamento de custas só ao final e quando vencidos (art. 27 do CPC); não sujeição ao concurso de credores ou à habilitação de créditos em falência, concordata ou inventário, para cobrança de seus créditos, exceto para estabelecer preferência entre as Fazendas Públicas (art. 1.571 do CC e art. 60, § único, do DL. no 960/38); não sujeição à execução forçada (art. 100 da CF); e dispensa de exibição de instrumento de mandato em juízo pelos seus procuradores, para os atos *ad juditia*.

9.2.2 – As Ações Previdenciárias

Chamamos de *ações previdenciárias* aquelas que dizem respeito a concessão, manutenção ou revisão de benefícios (exceto *acidentes do trabalho)*, inclusive as relacionadas com a existência ou não do vínculo obrigacional entre beneficiários e a Previdência Social, ou seja, a *qualidade* de segurados e dependentes.

A regra geral, como antes foi visto, é que o INSS seja demandado na Justiça Federal. Todavia, o § 3º do artigo 109 da CF excepciona a respeito, ao estabelecer:

"Serão processadas e julgadas na justiça estadual, no foro do domicílio dos segurados e beneficiários, as causas em que forem parte instituição de previdência social e segurado, sempre que a comarca não seja sede de vara do juízo federal, e, se verificada essa condição, a lei poderá permitir que outras causas sejam também processadas e julgadas pela justiça estadual".

A exceção – que, aliás, já existia no texto constitucional de 1967 (§3º do art. 125), visa a reduzir o encargo do beneficiário que pretenda reivindicar direitos previdenciários, que fica dispensado da obrigação de deslocar-se para as sedes onde haja juízo da vara federal.

Portanto, o entendimento de tais disposições é o seguinte: havendo vara da Justiça Federal no domicílio do beneficiário, aplicar-se-á a *regra geral,* ou seja, a ação será processada e julgada pela Justiça Federal. Não havendo, a distribuição será feita para a Justiça Estadual, que recebe a *competência residual* estabelecida na Carta Magna.

Todavia, não se perca de vista que, seja o feito julgado na Justiça Federal ou na Justiça Estadual, o recurso será apreciado pelo competente Tribunal Regional Federal (art. 109, § 4o, CF).

Com relação às ações que digam respeito a *acidentes do trabalho,* a competente é a Justiça estadual, independentemente da existência ou não de representação da Justiça Federal. Neste caso, o recurso será apreciado pelo Tribunal de Justiça do Estado onde aconteceu o julgamento (art. 109, I, CF e Lei no 8.213/91).

9.2.3 – As Ações Fiscais

As *ações fiscais* podem constituir-se em: execuções fiscais, anulatórias de débito em geral, de compensação de créditos, ou, ainda, de repetição de indébito.

No caso das *execuções fiscais,* a regra é a mesma das *ações previdenciárias*, ou seja: existindo vara da Justiça Federal no domicílio do executado, para ela será distribuída a execução; caso não haja, esta correrá na vara da Justiça estadual competente. Em qualquer das hipóteses, os recursos relativos aos Embargos serão apreciados pelo competente Tribunal Regional Federal. O rito processual é aquele definido na Lei no 6.830/80.

As demais *ações fiscais*, que obedecerão em regra o *rito ordinário* (art. 282 e seguintes do CPC), nas quais o INSS será réu, serão propostas, obrigatoriamente, na comarca onde está localizada a sua sede – Brasília – ou nas comarcas onde estejam as sedes das suas Superintendências Regionais, sempre em varas da Justiça Federal (art. 109, I, CF).

9.2.4 – *Decadência* e *Prescrição*

Não se perca de vista, *ab initio*, a diferença entre os dois institutos: enquanto a *decadência* faz caducar o direito em si, a *prescrição* fulmina o direito de agir para fazer valer uma pretensão. A contagem do prazo de *decadência* jamais é interrompida; o prazo de *prescrição* pode ser interrompido, voltando a correr do dia em que aconteceu a interrupção.

Em 19 de dezembro de 2008, os artigos 45 e 45 da Lei 8.212/91, foram revogados pela Lei Complementar n. 128 e atualmente as contribuições sociais são consideradas tributos e a elas aplicam-se as regras de prescrição e de decadência previstas no CTN.

É de dez anos o prazo de decadência de todo e qualquer direito ou ação do segurado ou beneficiário para a revisão do ato de concessão de benefício, a contar do dia primeiro do mês seguinte ao do recebimento da primeira prestação ou, quando for o caso, do dia em que tomar conhecimento da decisão indeferitória definitiva no âmbito administrativo.

São abundantes, na legislação previdenciária, os dispositivos que tratam do instituto da ***prescrição.*** Como se sabe, ela fulmina o chamado *direito de agir*, cujo efeito é a subtração do instrumento (a ação) que teria a parte para fazer valer o seu direito.

A primeira hipótese, relevante, diz respeito à *prescrição* da ação de cobrança das dívidas dos contribuintes inadimplentes. Essa cobrança dos créditos previdenciários já constituídos, ordinariamente é feita através de *execuções fiscais.*

Registre-se que só se considera constituído o crédito previdenciário, quando sobre o levantamento do débito do contribuinte não penderem recursos administrativos ou judiciais.

Constituído o crédito e vencido o prazo de *prescrição* assinalado sem que tenha sido instaurada a respectiva cobrança, o INSS já não mais poderá iniciar a ação contra o devedor.

Outro caso de *prescrição* é o constante do artigo 103, em seu parágrafo único da Lei no 8.213/91.

"Prescreve em cinco anos, a contar da data em que deveriam ter sido pagas, toda e qualquer ação para haver prestações vencidas ou quaisquer restituições ou diferenças devidas pela Previdência Social, salvo o direito dos menores, incapazes e ausentes, na forma do Código Civil".

O direito da Previdência Social de anular os atos administrativos de que decorram efeitos favoráveis para os seus beneficiários decai em dez anos, contados da data em que foram praticados, salvo comprovada má-fé.

Finalmente, as ações referentes à prestação por acidente do trabalho prescrevem em 5 (cinco) anos, observado o disposto no art. 103 desta Lei, contados da data do acidente, quando dele resultar a morte ou a incapacidade temporária, verificada esta em perícia médica a cargo da Previdência Social; ou em que for reconhecida pela Previdência Social, a incapacidade permanente ou o agravamento das seqüelas do acidente.

Observe-se que a incapacidade permanente ou temporária do segurado deverá ser verificada através de perícia médica, em princípio a cargo da Previdência Social. Todavia, a contagem do prazo prescricional será feita da mesma forma, caso a incapacidade seja reconhecida através de perícia feita pela Justiça.

Capítulo 10

DESAPOSENTAÇÃO: CONSTITUCIONAL OU INCONSTITUCIONAL?

A chamada ***Desaposentação*** significa a possibilidade do aposentado, que continuou trabalhando após a concessão, contribuindo para o INSS. Segundo a tese, o aposentado teria o direito a renunciar á renda da atual aposentadoria, para reverter as contribuições anteriores, pagas depois de aposentado, em um considerável aumento do benefício recebido. O *teto* seria o limite do benefício pago pela Previdência.

As milhares ações distribuídas chegaram à nossa Corte Maior.

Assim, em outubro de 2014, o Plenário do STF começou a julgar os recursos extraordinários (RE) que discutem a possibilidade de *desaposentação* de beneficiários do Regime Geral de Previdência Social (RGPS). Na sessão do dia 9 daquele mês, o ministro Luís Roberto Barroso, relator dos REs 661256 (com repercussão geral) e RE 827833, considerou válida a *desaposentação*, sob o argumento de que a legislação é omissa em relação ao tema, não havendo qualquer proibição expressa a que um aposentado do RGPS que tenha continuado a trabalhar pleiteie novo benefício. Propôs ainda que, como não há norma legal sobre o assunto, a orientação passe a ser aplicada somente 180 dias após publicação do acórdão do Supremo, com o objetivo de possibilitar que os Poderes Legislativo e Executivo, se o desejarem, tenham a possibilidade de regulamentar a matéria. Após o voto do relator, a sessão foi suspensa.

Vinte dias depois, o tema voltou à pauta do Plenário. Votaram os ministros Dias Toffoli e Teori Zavascki, tendo ambos entendido que a legislação não assegura o direito ao recálculo do benefício, com base nas contribuições dos aposentados que continuaram no mercado de trabalho. O julgamento dos recursos foi suspenso por pedido de vista da ministra Rosa Weber.

O Instituto Nacional do Seguro Social (INSS) não reconhece a *desaposentação* e defende a ilegalidade da revisão, de acordo com o Artigo 18 da Lei 9.528/97. "O aposentado pelo Regime Geral de Previdência Social que permanecer em atividade sujeita a esse regime, ou a ele retornar, não fará jus à prestação alguma da Previdência Social, em decorrência do exercício da atividade, exceto ao salário-família e à reabilitação profissional, quando empregado."

Um dos recursos aguardando a decisão no STF, é o de um aposentado, que pediu ao Instituto Nacional do Seguro Social (INSS) a interrupção do pagamento da atual aposentadoria por tempo de serviço e a concessão de novo benefício por tempo de contribuição, com base nos pagamentos que voltou a fazer quando retornou ao trabalho.

Até a data da entrega do livro à Editora, o STF não havia decido a matéria.

Capítulo 11

Jurisprudência dos Tribunais

11.1 - SUPREMO TRIBUNAL FEDERAL

AI 860073 AgR / RS - RIO GRANDE DO SUL . AG.REG. NO AGRAVO DE INSTRUMENTO. Relator(a): Min. CÁRMEN LÚCIA. Julgamento: 24/02/2015 Órgão Julgador: Segunda Turma. Publicação ACÓRDÃO ELETRÔNICO. DJe-042 DIVULG 04-03-2015 PUBLIC 05-03-2015. Parte(s) AGTE.(S) : RUY OSCAR RITTER. ADV.(A/S) : ISABEL CRISTINA TRAPP FERREIRA E OUTRO(A/S). AGDO.(A/S) : INSTITUTO NACIONAL DO SEGURO SOCIAL – INSS. PROC.(A/S)(ES) : PROCURADOR--GERAL FEDERAL. EMENTA: AGRAVO REGIMENTAL NO AGRAVO DE INSTRUMENTO. PREVIDENCIÁRIO.BENEFÍCIO PREVIDENCIÁRIO. REVISÃO. IMPOSSIBILIDADE DE ANÁLISE DE LEGISLAÇÃO INFRACONSTITUCIONAL. OFENSA CONSTITUCIONAL INDIRETA. AGRAVO REGIMENTAL AO QUAL SE NEGA PROVIMENTO. Decisão: A Turma, por votação unânime, negou provimento ao agravo regimental, nos termos do voto da Relatora. Não participou, justificadamente, deste julgamento, o Senhor Ministro Gilmar Mendes. 2ª Turma, 24.02.2015.

***

ARE 858284 AgR / RJ - RIO DE JANEIRO. AG.REG. NO RECURSO EXTRAORDINÁRIO COM AGRAVO. Relator(a): Min. CÁRMEN LÚCIA. Julgamento: 24/02/2015 Órgão Julgador: Segunda Turma. Publicação PROCESSO ELETRÔNICO. DJe-042 DIVULG 04-03-2015 PUBLIC 05-03-2015. Parte(s) AGTE.(S) : FUNDACAO PETROBRAS DE SEGURIDADE SOCIAL PETROS. ADV.(A/S) : LÚCIA PORTO NORONHA E OUTRO(A/S). AGDO.(A/S) : ILMA EOLINA DO NASCIMENTO DE OLIVEIRA. ADV.(A/S) : EDISON DA SILVA MONTEIRO. AGDO.(A/S) : JANAÍNA PEREIRA LEITE. PROC.(A/S)(ES) : DEFENSOR PÚBLICO--GERAL DO ESTADO DO RIO DE JANEIRO. EMENTA: AGRAVO REGIMENTAL NO RECURSO EXTRAORDINÁRIO COM AGRAVO. DIREITOPREVIDENCIÁRIO. PREVIDÊNCIA PRIVADA. DECISÃO FUNDAMENTADA NAS PROVAS DOS AUTOS. SÚMULA N. 279 DO SUPREMO TRIBUNAL FEDERAL. AGRAVO REGIMENTAL AO QUAL SE NEGA PROVIMENTO. Decisão: A Turma, por votação unânime, negou provimento ao agravo regimental, nos termos do voto da Relatora. Não participou, justificadamente, deste julgamento, o Senhor Ministro Gilmar Mendes. 2ª Turma, 24.02.2015.

***

ARE 852094 AgR / PE – PERNAMBUCO. AG.REG. NO RECURSO EXTRAORDINÁRIO COM AGRAVO. Relator(a): Min. CÁRMEN LÚCIA. Julgamento: 24/02/2015 Órgão Julgador: Segunda Turma. Publicação PROCESSO ELETRÔNICO. DJe-043 DIVULG 05-03-2015 PUBLIC 06-03-2015. Parte(s) AGTE.(S) : FUNDAÇÃO DE APOSENTADORIAS E PENSÕES DOS SERVIDORES DO ESTADO DE PERNAMBUCO – FUNAPE. PROC.(A/S)(ES) : PROCURADOR-GERAL DO ESTADO DE PERNAMBUCO. AGDO.(A/S) : RAFAELLA PATRICIA NEIVA DE OLIVEIRA. ADV.(A/S) : MANOEL FERREIRA DE PONTES E OUTRO(A/S). EMENTA: AGRAVO REGIMENTAL NO RECURSO EXTRAORDINÁRIO COM AGRAVO. PREVIDENCIÁRIO. PRORROGAÇÃO DE PENSÃO POR MORTE. PRÉVIA ANÁLISE DA LEGISLAÇÃO INFRACONSTITUCIONAL LOCAL: SÚMULA N. 280 DO SUPREMO TRIBUNAL FEDERAL. OFENSA CONSTITUCIONAL INDIRETA. AGRAVO REGIMENTAL AO QUAL SE NEGA PROVIMENTO. Decisão: A Turma, por votação unânime, negou provimento ao agravo regimental, nos termos do voto da Relatora. Não participou, justificadamente, deste julgamento, o Senhor Ministro Gilmar Mendes. 2ª Turma, 24.02.2015.

***

RE 747736 AgR / SC - SANTA CATARINA. AG.REG. NO RECURSO EXTRAORDINÁRIO. Relator(a): Min. LUIZ FUX. Julgamento: 24/02/2015 Órgão Julgador: Primeira Turma. Publicação ACÓRDÃO ELETRÔNICO. DJe-045 DIVULG 09-03-2015 PUBLIC 10-03-2015. Parte(s) AGTE.(S) : CARLOS MENOSSO E OUTRO(A/S). ADV.(A/S) : SILVIO LUIZ DE COSTA E OUTRO(A/S). AGDO.(A/S) : INSTITUTO NACIONAL DO SEGURO SOCIAL – INSS. PROC.(A/S)(ES) : PROCURADOR-GERAL FEDERAL. Ementa: AGRAVO REGIMENTAL NO RECURSO EXTRAORDINÁRIO. ADMINISTRATIVO. ATUALIZAÇÃO MONETÁRIA. INCONSTITUCIONALIDADE DO ART. 5° DA LEI Nº 11.960/2009 QUE CONFERIU NOVA REDAÇÃO AO ART. 1º-F DA LEI Nº 9.494/1997. MODULAÇÃO DE EFEITOS DA DECISÃO PROFERIDA NAS ADIs 4.357 E 4.425. PENDÊNCIA DE APRECIAÇÃO POR ESTA CORTE. MANUTENÇÃO DO SISTEMA EM VIGOR. PRECEDENTES. 1. O art. 1º-F da Lei nº 9.494/1997, com redação dada pela Lei nº 11.960/2009, ao reproduzir as regras da EC nº 62/2009 quanto à atualização monetária e à fixação de juros moratórios de créditos inscritos em precatórios, incorre nos mesmos vícios de juridicidade que inquinam o art. 100, § 12, da Constituição Federal, razão pela qual se revela inconstitucional por arrastamento. 2. A atualização monetária dos débitos fazendários segundo o índice oficial de remuneração da caderneta de poupança continuará em vigor enquanto não for decidido pelo Plenário o pedido de modulação dos efeitos das declarações de inconstitucionalidade proferidas nas ADIs 4.357 e 4.425. Precedentes: RE 836.411-AgR, Rel. Min. Carmen Lúcia, Segunda Turma, DJe de 20/11/2014; e ARE 753.860-AgR, Rel. Min. Gilmar Mendes, Segunda Turma, DJe de 8/10/2014. 3. In casu, o acórdão recorrido assentou: "AGRAVO DE INSTRUMENTO. PREVIDENCIÁRIO. EXECUÇÃO. APLICAÇÃO DA TR COMO INDEXADOR UTILIZADO NA ATUALIZAÇÃO DE PRECATÓRIOS. EMENDA 62/09. LEI Nº 11.960/2009. CONSTITUCIONALIDADE. JUROS DE MORA. CORREÇÃO MONETÁRIA.". 4. Agravo regimental DESPROVIDO. Decisão: A Turma negou provimento ao agravo regimental, nos termos do voto do Relator. Unânime. Ausentes, justificadamente, os Senhores Ministros Dias Toffoli e Roberto Barroso. Presidência da Senhora Ministra Rosa Weber. 1ª Turma, 24.2.2015.

***

RE 747703 AgR / SC - SANTA CATARINA. AG.REG. NO RECURSO EXTRAORDINÁRIO. Relator(a): Min. LUIZ FUX. Julgamento: 24/02/2015 Órgão Julgador: Primeira Turma. Publicação ACÓRDÃO ELETRÔNICO. DJe-045 DIVULG 09-03-2015 PUBLIC 10-03-2015. Parte(s) AGTE.(S) : IDEMAR ZANELLA. AGTE.(S) : SL DE COSTA, SAVARIS E ADVOGADOS ASSOCIADOS. ADV.(A/S) : SILVIO LUIZ DE COSTA E OUTRO(A/S). AGDO.(A/S) : INSTITUTO NACIONAL DO SEGURO SOCIAL – INSS. PROC.(A/S)(ES) : PROCURADOR-GERAL FEDERAL. Ementa: AGRAVO REGIMENTAL NO RECURSO EXTRAORDINÁRIO. ADMINISTRATIVO. ATUALIZAÇÃO MONETÁRIA. INCONSTITUCIONALIDADE DO ART. 5° DA LEI Nº 11.960/2009 QUE CONFERIU NOVA REDAÇÃO AO ART. 1º-F DA LEI Nº 9.494/1997. MODULAÇÃO DE EFEITOS DA DECISÃO PROFERIDA NAS ADIs 4.357 E 4.425. PENDÊNCIA DE APRECIAÇÃO POR ESTA CORTE. MANUTENÇÃO DO SISTEMA EM VIGOR. PRECEDENTES. 1. O art. 1º-F da Lei nº 9.494/1997, com redação dada pela Lei nº 11.960/2009, ao reproduzir as regras da EC nº 62/2009 quanto à atualização monetária e à fixação de juros moratórios de créditos inscritos em precatórios, incorre nos mesmos vícios de juridicidade que inquinam o art. 100, § 12, da Constituição Federal, razão pela qual se revela inconstitucional por arrastamento. 2. A atualização monetária dos débitos fazendários segundo o índice oficial de remuneração da caderneta de poupança continuará em vigor enquanto não for decidido pelo Plenário o pedido de modulação dos efeitos das declarações de inconstitucionalidade proferidas nas ADIs 4.357 e 4.425. Precedentes: RE 836.411-AgR, Rel. Min. Cármen Lúcia, Segunda Turma, DJe de 20/11/2014; e ARE 753.860-AgR, Rel. Min. Gilmar Mendes, Segunda Turma, DJe de 8/10/2014. 3. In casu, o acórdão recorrido assentou: "PREVIDENCIÁRIO. AGRAVO DE INSTRUMENTO. LEI Nº 11.960/09. CONSTITUCIONAL. INCIDÊNCIA IMEDIATA AOS PROCESSOS EM ANDAMENTO." 4. Agravo regimental DESPROVIDO. Decisão: A Turma negou provimento ao agravo regimental, nos termos do voto do Relator. Unânime. Ausentes, justificadamente, os Senhores Ministros Dias Toffoli e Roberto Barroso. Presidência da Senhora Ministra Rosa Weber. 1ª Turma, 24.2.2015.

***

RE 413405 AgR / RS - RIO GRANDE DO SUL. AG.REG. NO RECURSO EXTRAORDINÁRIO. Relator(a): Min. LUIZ FUX. Julgamento: 24/02/2015 Órgão Julgador: Primeira Turma. Publicação ACÓRDÃO ELETRÔNICO. DJe-045 DIVULG 09-03-2015 PUBLIC 10-03-2015. Parte(s) AGTE.(S) : JÚLIO SÉRGIO DE LIMA APPEL E OUTRO(A/S). ADV.(A/S) : CÉSAR PEREIRA LIMA LOPES E OUTRO(A/S). AGDO.(A/S) : ESTADO DO RIO GRANDE DO SUL. PROC.(A/S)(ES) : PROCURADOR-GERAL DO ESTADO DO RIO GRANDE DO SUL. Ementa: AGRAVO REGIMENTAL NO RECURSO EXTRAORDINÁRIO. CONSTITUCIONAL E PREVIDENCIÁRIO. OCUPANTES DE CARGO COMISSIONADO. EC Nº 20/1998. FILIAÇÃO AO REGIME GERAL DE PREVIDÊNCIA SOCIAL. INEXISTÊNCIA DE DIREITO ADQUIRIDO A REGIME JURÍDICO, INCLUSIVE PREVIDENCIÁRIO. PRECEDENTES. AGRAVO A QUE SE NEGA PROVIMENTO. 1. É pacífica a jurisprudência desta Corte de que não há direito adquirido a regime jurídico, inclusive o previdenciário, aplicando-se à aposentadoria a norma vigente à época do preenchimento dos requisitos para a sua concessão.. 2. In casu, acertada a decisão agravada ao reformar o acórdão recorrido, o qual afirmava a irretroatividade da norma constitucional, visto que tal entendimento é dissonante do que tem afirmado este Tribunal. 3. Agravo regimental DESPROVIDO. Decisão: A Turma negou provimento ao agravo regimental, nos termos do voto do Relator. Unânime. Ausentes, justificadamente, os Senhores Ministros Dias Toffoli e Roberto Barroso. Presidência da Senhora Ministra Rosa Weber. 1ª Turma, 24.2.2015.

***

ARE 815838 AgR / PE – PERNAMBUCO. AG.REG. NO RECURSO EXTRAORDINÁRIO COM AGRAVO. Relator(a): Min. ROSA WEBER.

Julgamento: 24/02/2015 Órgão Julgador: Primeira Turma. Publicação ACÓRDÃO ELETRÔNICO. DJe-045 DIVULG 09-03-2015 PUBLIC 10-03-2015. Parte(s) AGTE.(S) : ALBENE CORREIA DA ROCHA. ADV. (A/S) : HELDER COSTA DA CÂMARA E OUTRO(A/S). AGDO.(A/S) : INSTITUTO NACIONAL DO SEGURO SOCIAL – INSS. PROC.(A/S)(ES) : PROCURADOR-GERAL FEDERAL. EMENTA: DIREITO CONSTITUCIONAL E PREVIDENCIÁRIO. REVISÃO DE BENEFÍCIOS. PRAZO DECADENCIAL. AGRAVO REGIMENTAL. INSURGÊNCIA VEICULADA CONTRA A APLICAÇÃO DA SISTEMÁTICA DA REPERCUSSÃO GERAL (ARTS. 543-B DO CPC E 328 DO RISTF). ACÓRDÃO RECORRIDO PUBLICADO EM 04.11.2012. Exaustivamente examinados os argumentos veiculados no agravo regimental, porque adequada à espécie, merece manutenção a sistemática da repercussão geral aplicada (arts. 543-B do CPC e 328 do RISTF). Agravo regimental conhecido e não provido. Decisão: A Turma negou provimento ao agravo regimental, nos termos do voto da Relatora. Unânime. Ausentes, justificadamente, os Senhores Ministros Dias Toffoli e Roberto Barroso. Presidência da Senhora Ministra Rosa Weber. 1ª Turma, 24.2.2015.

***

ARE 844212 AgR / RS - RIO GRANDE DO SUL. AG.REG. NO RECURSO EXTRAORDINÁRIO COM AGRAVO. Relator(a): Min. ROSA WEBER. Julgamento: 24/02/2015 Órgão Julgador: Primeira Turma. Publicação PROCESSO ELETRÔNICO. DJe-046 DIVULG 10-03-2015 PUBLIC 11-03-2015. Parte(s) AGTE.(S) : VALDOLINO PEREIRA DA ROSA. ADV.(A/S) : DAISSON SILVA PORTANOVA E OUTRO(A/S). AGDO.(A/S) : INSTITUTO NACIONAL DO SEGURO SOCIAL – INSS. PROC.(A/S)(ES) : PROCURADOR-GERAL FEDERAL. EMENTA: DIREITO PREVIDENCIÁRIO. REVISÃO DE BENEFÍCIO. DECADÊNCIA. CONSONÂNCIA DA DECISÃO RECORRIDA COM A JURISPRUDÊNCIA CRISTALIZADA NO SUPREMO TRIBUNAL FEDERAL. RECURSO EXTRAORDINÁRIO QUE NÃO MERECE TRÂNSITO. ALEGAÇÃO DE OFENSA AO ART. 5º, XXXVI, DA CONSTITUIÇÃO FEDERAL. ATO JURÍDICO PERFEITO, COISA JULGADA E DIREITO ADQUIRIDO. DEBATE DE ÂMBITO INFRACONSTITUCIONAL. EVENTUAL VIOLAÇÃO REFLEXA DA CONSTITUIÇÃO DA REPÚBLICA NÃO VIABILIZA O MANEJO DE RECURSO EXTRAORDINÁRIO. ACÓRDÃO RECORRIDO PUBLICADO EM 21.8.2014. O entendimento adotado pela Corte de origem, nos moldes do que assinalado na decisão agravada, não diverge da jurisprudência firmada no âmbito deste Supremo Tribunal Federal. O exame da alegada ofensa ao art. 5º, XXXVI, da Lei Maior, nos moldes com que solvida a controvérsia pelas instâncias de origem, bem como observados os limites com que devolvida a matéria à apreciação deste Supremo Tribunal Federal demandaria vedada incursão na legislação infraconstitucional aplicada ao caso (art. 102 da Constituição da República). As razões do agravo regimental não se mostram aptas a infirmar os fundamentos que lastrearam a decisão agravada, mormente no que se refere à ausência de ofensa direta e literal a preceito da Constituição da República. Agravo regimental conhecido e não provido. Decisão: A Turma negou provimento ao agravo regimental, nos termos do voto da Relatora. Unânime. Ausentes, justificadamente, os Senhores Ministros Dias Toffoli e Roberto Barroso. Presidência da Senhora Ministra Rosa Weber. 1ª Turma, 24.2.2015.

***

RE 762466 AgR / PR – PARANÁ. AG.REG. NO RECURSO EXTRAORDINÁRIO. Relator(a): Min. LUIZ FUX. Julgamento: 24/02/2015 Órgão Julgador: Primeira Turma. Publicação PROCESSO ELETRÔNICO. DJe-047 DIVULG 11-03-2015 PUBLIC 12-03-2015. Parte(s) AGTE.(S) : NATANIEL DOS SANTOS. ADV.(A/S) : CLÁUDIA SALLES VILELA VIANNA E OUTRO(A/S). AGDO.(A/S) : INSTITUTO NACIONAL DO SEGURO SOCIAL – INSS. PROC.(A/S)(ES) : PROCURADOR-GERAL FEDERAL. Ementa: AGRAVO REGIMENTAL NO RECURSO EXTRAORDINÁRIO. PREVIDENCIÁRIO. REVISÃO DE APOSENTADORIA. ÍNDICE DE CORREÇÃO. MATÉRIA COM REPERCUSSÃO GERAL REJEITADA PELO PLENÁRIO DO STF NO ARE 685.029-RG. CONTROVÉRSIA DE ÍNDOLE INFRACONSTITUCIONAL. 1. Os índices aplicáveis para o reajuste do teto do salário-de-contribuição, em relação aos meses de junho de 1999 (Portaria nº 5.188/1999) e maio de 2004 (Decreto nº 5.061/2004), para fins de revisão da renda mensal de benefício previdenciário, nos termos das Emendas Constitucionais nº 20/98 e nº 41/03, devido à sua natureza infraconstitucional, não revelam repercussão geral apta a tornar o apelo extremo admissível, consoante decidido pelo Plenário Virtual do STF, na análise do ARE 685.029, da Relatoria do Min. Cezar Peluso, Redator para o acórdão Min. Luiz Fux. 2. In casu, o acórdão recorrido manteve a sentença, por seus próprios fundamentos, a qual julgou improcedente pedido de revisão do benefício previdenciário com a utilização dos mesmos índices aplicados para o reajuste do limite de cobertura previdenciária, relativamente aos meses de junho de 1999 e maio de 2004. 3. Agravo regimental DESPROVIDO. Decisão: A Turma negou provimento ao agravo regimental, nos termos do voto do Relator. Unânime. Ausentes, justificadamente, os Senhores Ministros Dias Toffoli e Roberto Barroso. Presidência da Senhora Ministra Rosa Weber. 1ª Turma, 24.2.2015.

***

RE 592622 AgR / DF - DISTRITO FEDERAL. AG.REG. NO RECURSO EXTRAORDINÁRIO. Relator(a): Min. ROSA WEBER. Julgamento: 24/02/2015. **Órgão Julgador: Primeira Turma**. Publicação ACÓRDÃO ELETRÔNICO. DJe-047 DIVULG 11-03-2015 PUBLIC 12-03-2015. Parte(s) AGTE.(S) : UNIÃO. ADV.(A/S) : ADVOGADO-GERAL DA UNIÃO. AGDO.(A/S) : ASSOCIAÇÃO DOS OFICIAIS DE JUSTIÇA DO DISTRITO FEDERAL – AOJUS. ADV.(A/S) : FRANCISCO JACINTO GOMES DE FREITAS JÚNIOR E OUTRO(A/S). EMENTA: DIREITO PREVIDENCIÁRIO. CONTRIBUIÇÃO SOCIAL. FUNÇÃO COMISSIONADA. CONSONÂNCIA DA DECISÃO RECORRIDA COM A JURISPRUDÊNCIA CRISTALIZADA NO SUPREMO TRIBUNAL FEDERAL. RECURSO EXTRAORDINÁRIO QUE NÃO MERECE TRÂNSITO. ACÓRDÃO RECORRIDO PUBLICADO EM 15.02.2007. O entendimento do Tribunal a quo está em consonância com a jurisprudência desta Corte, no sentido de afastar a incidência da contribuição social sobre parcela que não repercute nos cálculos dos proventos da aposentadoria. Precedentes. As razões do agravo regimental não se mostram aptas a infirmar os fundamentos que lastrearam a decisão agravada, a inviabilizar o trânsito do recurso extraordinário. Agravo regimental conhecido e não provido. Decisão: A Turma negou provimento ao agravo regimental, nos termos do voto da Relatora. Unânime. Ausentes, justificadamente, os Senhores Ministros Dias Toffoli e Roberto Barroso. Presidência da Senhora Ministra Rosa Weber. 1ª Turma, 24.2.2015.

***

AI 861084 AgR-ED / DF - DISTRITO FEDERAL. EMB.DECL. NO AG.REG. NO AGRAVO DE INSTRUMENTO. Relator(a): Min. LUIZ FUX. Julgamento: 10/02/2015. **Órgão Julgador: Primeira Turma**. Publicação ACÓRDÃO ELETRÔNICO. DJe-043 DIVULG 05-03-2015 PUBLIC 06-03-2015. Parte(s) EMBTE.(S) : PEDRO ANTONIO DE FARIA FILHO. ADV.(A/S) : MARIA APARECIDA GUIMARÃES SANTOS E OUTRO(A/S). EMBDO.(A/S) : FUNDAÇÃO DE PREVIDÊNCIA DA COMPANHIA DE SANEAMENTO DO DISTRITO FEDERAL – FUNDIÁGUA. ADV.(A/S) : ADRIANO MADEIRA XIMENES E OUTRO(A/S). Ementa: EMBARGOS DE DECLARAÇÃO NO AGRAVO REGIMENTAL NO AGRAVO DE INSTRUMENTO. PREVIDENCIÁRIO E PROCESSUAL CIVIL. PREVIDÊNCIA PRIVADA. COMPLEMENTAÇÃO DE APOSENTADORIA. EXTINÇÃO DO CONTRATO DE TRABALHO. PRELIMINAR FORMAL DE REPERCUSSÃO GERAL. AUSÊNCIA DE FUNDAMENTAÇÃO. OMISSÃO. INEXISTÊNCIA. EFEITOS INFRINGENTES. IMPOSSIBILIDADE.

REJEIÇÃO. 1. A omissão, contradição ou obscuridade, quando inocorrentes, tornam inviável a revisão em sede de embargos de declaração, em face dos estreitos limites do art. 535 do CPC. 2. O magistrado não está obrigado a rebater, um a um, os argumentos trazidos pela parte, desde que os fundamentos utilizados tenham sido suficientes para embasar a decisão. 3. A revisão do julgado, com manifesto caráter infringente, revela-se inadmissível, em sede de embargos. (Precedentes: AI 799.509-AgR-ED, Relator o Ministro Marco Aurélio, 1ª Turma, DJe de 8/9/2011; e RE 591.260-AgR-ED, Relator o Ministro Celso de Mello, 2ª Turma, DJe de 9/9/2011). 4. In casu, o acórdão originariamente recorrido assentou: "DIREITO PROCESSUAL CIVIL. INDEFERIMENTO DE PROVA IRRELEVANTE PARA O JULGAMENTO DA CAUSA. CERCEAMENTO DE DEFESA NÃO CONFIGURADO. PREVIDÊNCIA PRIVADA. COMPLEMENTAÇÃO DOS PROVENTOS DA APOSENTADORIA. SUJEIÇÃO AO ESTATUTO DA ENTIDADE DE PREVIDÊNCIA PRIVADA." 5. Embargos de declaração REJEITADOS. Decisão: A Turma rejeitou os embargos de declaração, nos termos do voto do Relator. Unânime. Presidência da Senhora Ministra Rosa Weber. 1ª Turma, 10.2.2015.

***

RE 798793 AgR / ES - ESPÍRITO SANTO. AG.REG. NO RECURSO EXTRAORDINÁRIO. Relator(a): Min. LUIZ FUX. Julgamento: 10/02/2015 Órgão Julgador: Primeira Turma. Publicação ACÓRDÃO ELETRÔNICO. DJe-043 DIVULG 05-03-2015 PUBLIC 06-03-2015. Parte(s) AGTE.(S) : INSTITUTO NACIONAL DO SEGURO SOCIAL – INSS. PROC.(A/S)(ES) : PROCURADOR-GERAL FEDERAL. AGDO.(A/S) : AURECYL DALLA BERNARDINA. ADV.(A/S) : RICARDO LEÃO DE CALAIS ROLDÃO E OUTRO(A/S). Ementa: AGRAVO REGIMENTAL NO RECURSO EXTRAORDINÁRIO. PREVIDENCIÁRIO. PARCELAS RECEBIDAS EM RAZÃO DA ANTECIPAÇÃO DOS EFEITOS DA TUTELA. VALORES RECEBIDOS DE BOA-FÉ. RESTITUIÇÃO. MATÉRIA COM REPERCUSSÃO GERAL REJEITADA PELO PLENÁRIO VIRTUAL NO JULGAMENTO DO AI 841.473. MATÉRIA DE ORDEM INFRACONSTITUCIONAL. 1. O dever do beneficiário de boa-fé em restituir aos cofres públicos os valores que lhe foram concedidos mediante decisão judicial ou pagos indevidamente pela Administração Pública, devido à sua natureza infraconstitucional, não revela repercussão geral apta a tornar o apelo extremo admissível, consoante decidido pelo Plenário Virtual do STF na análise do AI 841.473–RG, Relator Min. Cezar Peluso, DJe de 31/8/2011. 2. In casu, o acórdão recorrido assentou: "EMBARGOS DE DECLARAÇÃO. ACÓRDÃO QUE DEU PROVIMENTO AO RECURSO DO INSS, PARA PRONUNCIAR A DECADÊNCIA DO DIREITO DA PARTE AUTORA, RESSALVANDO QUE EVENTUAIS

PARCELAS RECEBIDAS EM RAZÃO DA ANTECIPAÇÃO DOS EFEITOS DA TUTELA NÃO SERIAM REPETIDAS, DIANTE DA NATUREZA ALIMENTAR DO BENEFÍCIO." 3. Agravo regimental DESPROVIDO. Decisão: A Turma negou provimento ao agravo regimental, nos termos do voto do Relator. Unânime. Presidência da Senhora Ministra Rosa Weber. 1ª Turma, 10.2.2015.

***

ARE 805570 AgR / RS - RIO GRANDE DO SUL. AG.REG. NO RECURSO EXTRAORDINÁRIO COM AGRAVO. Relator(a): Min. CÁRMEN LÚCIA. Julgamento: 03/02/2015 Órgão Julgador: Segunda Turma. Publicação ACÓRDÃO ELETRÔNICO. DJe-030 DIVULG 12-02-2015 PUBLIC 13-02-2015. Parte(s) AGTE.(S) : ILCA GONÇALVES REDU. ADV.(A/S) : MARÍLIA PINHEIRO MACHADO BUCHABQUI E OUTRO(A/S). AGDO.(A/S) : ESTADO DO RIO GRANDE DO SUL. PROC.(A/S)(ES) : PROCURADOR-GERAL DO ESTADO DO RIO GRANDE DO SUL. EMENTA: AGRAVO REGIMENTAL NO RECURSO EXTRAORDINÁRIO COM AGRAVO. ADMINISTRATIVO E PREVIDENCIÁRIO. SERVIDOR PÚBLICO. APOSENTADORIA POR INVALIDEZ. REVISÃO DE PROVENTOS. FORMA DE CÁLCULO. INEXISTÊNCIA DE DIREITO ADQUIRIDO A REGIME JURÍDICO. IMPOSSIBILIDADE DE REEXAME DE PROVAS. SÚMULA N. 279 DO SUPREMO TRIBUNAL FEDERAL. AGRAVO REGIMENTAL AO QUAL SE NEGA PROVIMENTO. Decisão: A Turma, por votação unânime, negou provimento ao agravo regimental, nos termos do voto da Relatora. 2ª Turma, 03.02.2015.

***

RE 851247 AgR / PE – PERNAMBUCO. AG.REG. NO RECURSO EXTRAORDINÁRIO. Relator(a): Min. ROSA WEBER. Julgamento 16/12/2014 Órgão Julgador: Primeira Turma. Publicação PROCESSO ELETRÔNICO. DJe-029 DIVULG 11-02-2015 PUBLIC 12-02-2015. Parte(s) AGTE.(S) : HELOINA CAMARA DOS SANTOS E OUTRO(A/S). ADV.(A/S) : ANNA PAULA MOREIRA ALVES E OUTRO(A/S). AGDO.(A/S) : INSTITUTO NACIONAL DO SEGURO SOCIAL – INSS. PROC.(A/S)(ES) : PROCURADOR-GERAL FEDERAL. EMENTA: DIREITO PREVIDENCIÁRIO. MILITAR. CUMULAÇÃO DA PENSÃO ESPECIAL COM BENEFÍCIO PREVIDENCIÁRIO. CONDIÇÃO DE EX-COMBATENTE. EVENTUAL OFENSA REFLEXA NÃO VIABILIZA O MANEJO DO RECURSO EXTRAORDINÁRIO. ART. 102 DA LEI MAIOR. ACÓRDÃO RECORRIDO PUBLICADO EM 17.4.2009. A controvérsia, a teor do que já asseverado na decisão guerreada, não alcança estatura constitucional. Não há falar, nesse compasso, em afronta aos preceitos constitucionais indicados nas razões recursais, porquanto compreender de modo diverso exigiria análise da legislação infraconstitucional encampada na decisão prolatada pela Corte de origem, o que torna oblíqua e reflexa eventual ofensa, insuscetível, portanto, de viabilizar o conhecimento do recurso extraordinário. Desatendida a exigência do art. 102, III, "a", da Lei Maior, nos termos da remansosa jurisprudência desta Corte. As razões do agravo regimental não se mostram aptas a infirmar os fundamentos que lastrearam a decisão agravada. Agravo regimental conhecido e não provido. Decisão: A Turma negou provimento ao agravo regimental, nos termos do voto da relatora. Unânime. Ausente, justificadamente, o Senhor Ministro Luiz Fux. Presidência do Senhor Ministro Marco Aurélio. Primeira Turma, 16.12.2014.

***

ARE 843328 AgR / RS - RIO GRANDE DO SUL. AG.REG. NO RECURSO EXTRAORDINÁRIO COM AGRAVO. Relator(a): Min. CÁRMEN LÚCIA. Julgamento: 09/12/2014. **Órgão Julgador: Segunda Turma**. Publicação PROCESSO ELETRÔNICO. DJe-249 DIVULG 17-12-2014 PUBLIC 18-12-2014. Parte(s) AGTE.(S) : INSTITUTO NACIONAL DO SEGURO SOCIAL – INSS. PROC.(A/S)(ES) : PROCURADOR-GERAL FEDERAL. AGDO.(A/S) : ALCEU NICOLAU NOEDEL. ADV.(A/S) : SANDRA HELENA BETIOLLO E OUTRO(A/S). EMENTA: AGRAVO REGIMENTAL NO RECURSO EXTRAORDINÁRIO COM AGRAVO.PREVIDENCIÁRIO. APOSENTADORIA ESPECIAL. USO DE EQUIPAMENTO DE PROTEÇÃO INDIVIDUAL – EPI. SÚMULA N. 279 DO SUPREMO TRIBUNAL FEDERAL. EXPOSIÇÃO A RUÍDO ACIMA DOS LIMITES LEGAIS. PRECEDENTES. AGRAVO REGIMENTAL AO QUAL SE NEGA PROVIMENTO. Decisão: A Turma, por votação unânime, negou provimento ao agravo regimental, nos termos do voto da Relatora. Ausente, justificadamente, o Senhor Ministro Celso de Mello. 2ª Turma, 09.12.2014.

***

RE 847584 AgR / MG - MINAS GERAIS.AG.REG. NO RECURSO EXTRAORDINÁRIO. Relator(a): Min. CÁRMEN LÚCIA. Julgamento: 09/12/2014. **Órgão Julgador: Segunda Turma**. Publicação PROCESSO ELETRÔNICO. DJe-249 DIVULG 17-12-2014 PUBLIC 18-12-2014. Parte(s) AGTE.(S) : ROSALVO FELIX RABELO. ADV.(A/S) : MAYRA RODRIGUES GUALBERTO E OUTRO(A/S). AGDO.(A/S) : ESTADO DE MINAS GERAIS. PROC.(A/S)(ES) : ADVOGADO-GERAL DO ESTADO DE MINAS GERAIS. EMENTA: AGRAVO REGIMENTAL NO RECURSO EXTRAORDINÁRIO. CONSTITUCIONAL EPREVIDENCIÁRIO. REVI-

SÃO DE APOSENTADORIA. ATO COMPLEXO. CONTROLE EXTERNO PELO TRIBUNAL DE CONTAS. INAPLICABILIDADE DA DECADÊNCIA PREVISTA NO ART. 54 DA LEI N. 9.784/1999. IMPOSSIBILIDADE DE REEXAME DE PROVAS. SÚMULA N. 279 DO SUPREMO TRIBUNAL FEDERAL. AGRAVO REGIMENTAL AO QUAL SE NEGA PROVIMENTO. Decisão: A Turma, por votação unânime, negou provimento ao agravo regimental, nos termos do voto da Relatora. Ausente, justificadamente, o Senhor Ministro Celso de Mello. 2ª Turma, 09.12.2014.

***

ARE 845209 AgR / PR – PARANÁ.AG.REG. NO RECURSO EXTRAORDINÁRIO COM AGRAVO. Relator(a): Min. MARCO AURÉLIO. Julgamento: 09/12/2014 Órgão Julgador: Primeira Turma. Publicação PROCESSO ELETRÔNICO. DJe-021 DIVULG 30-01-2015 PUBLIC 02-02-2015. Parte(s) AGTE.(S) : MARIA DO ROCIO GUSSO FERNANDES. ADV.(A/S) : WILLYAN ROWER SOARES. AGDO.(A/S) : INSTITUTO NACIONAL DO SEGURO SOCIAL – INSS. PROC.(A/S)(ES) : PROCURADOR-GERAL FEDERAL. Ementa : DECADÊNCIA – PRAZO – BENEFÍCIO PREVIDENCIÁRIO – REVISÃO. É constitucional a fixação de prazo decadencial por meio de medida provisória. Precedente: Recurso Extraordinário nº 626.489/SE, Pleno, relator ministro Luís Roberto Barroso. Decisão: A Turma negou provimento ao agravo regimental, nos termos do voto do relator. Unânime. Não participaram, justificadamente, deste julgamento, os Senhores Ministros Dias Toffoli e Luiz Fux. Presidência do Senhor Ministro Marco Aurélio. Primeira Turma, 9.12.2014.

***

ARE 664335 / SC - SANTA CATARINA. RECURSO EXTRAORDINÁRIO COM AGRAVO. Relator(a): Min. LUIZ FUX. Julgamento: 04/12/2014 Órgão Julgador: Tribunal Pleno. Publicação ACÓRDÃO ELETRÔNICO. DJe-029 DIVULG 11-02-2015 PUBLIC 12-02-2015. Parte(s) RECTE.(S) : INSTITUTO NACIONAL DO SEGURO SOCIAL – INSS. PROC.(A/S)(ES) : PROCURADOR-GERAL FEDERAL. RECDO.(A/S): ANTONIO FAGUNDES. ADV.(A/S) : LUIZ HERMES BRESCOVICI. AM. CURIAE.: CONFEDERAÇÃO BRASILEIRA DE APOSENTADOS E PENSIONISTAS – COBAP. ADV.(A/S) : GABRIEL DORNELLES MARCOLIN E OUTRO(A/S). AM. CURIAE. : UNIÃO. PROC.(A/S)(ES) : ADVOGADO-GERAL DA UNIÃO. AM. CURIAE.: INSTITUTO BRASILEIRO DE DIREITO PREVIDENCIÁRIO – IBDP. ADV.(A/S) : GISELE LEMOS KRAVCHYCHYN AM. CURIAE.: SINDICATO DOS TRABALHADORES NAS INDÚSTRIAS SIDERÚRGICAS, METALÚRGICAS, MECÂNICAS, DE MATE-

RIAL ELÉTRICO E ELETRÔNICO E INDÚSTRIA NAVAL DE CUBATÃO, SANTOS, S.VICENTE, GUARUJÁ, PRAIA GRANDE, BERTIOGA, MONGAGUÁ, ITANHAÉM, PERUÍBE E S.SEBASTIÃO ADV.(A/S) : SERGIO HENRIQUE PARDAL BACELLAR FREUDENTHAL E OUTRO(A/S). AM. CURIAE: SINDICATO DOS TRABALHADORES NO COMERCIO DE MINERIOS, DERIVADOS DE PETROLEO E COMBUSTIVEIS DE SANTOS E REGIÃO. ADV.(A/S): FERNANDO GONÇALVES DIAS AM. CURIAE.: SINDICATO DOS TRABALHADORES NAS INDUSTRIAS DO PAPEL, PAPELÃO E CORTIÇA DE MOGI DAS CRUES, SUZANO, POÁ E FERRAZ DE VASCONCELOS. ADV.(A/S) : FERNANDO GONÇALVES DIAS. Ementa: RECURSO EXTRAORDINÁRIO COM AGRAVO. DIREITO CONSTITUCIONAL PREVIDENCIÁRIO. APOSENTADORIA ESPECIAL. ART. 201, § 1º, DA CONSTITUIÇÃO DA REPÚBLICA. REQUISITOS DE CARACTERIZAÇÃO. TEMPO DE SERVIÇO PRESTADO SOB CONDIÇÕES NOCIVAS. FORNECIMENTO DE EQUIPAMENTO DE PROTEÇÃO INDIVIDUAL - EPI. TEMA COM REPERCUSSÃO GERAL RECONHECIDA PELO PLENÁRIO VIRTUAL. EFETIVA EXPOSIÇÃO A AGENTES NOCIVOS À SAÚDE. NEUTRALIZAÇÃO DA RELAÇÃO NOCIVA ENTRE O AGENTE INSALUBRE E O TRABALHADOR. COMPROVAÇÃO NO PERFIL PROFISSIOGRÁFICO PREVIDENCIÁRIO PPP OU SIMILAR. NÃO CARACTERIZAÇÃO DOS PRESSUPOSTOS HÁBEIS À CONCESSÃO DE APOSENTADORIA ESPECIAL. CASO CONCRETO. AGENTE NOCIVO RUÍDO. UTILIZAÇÃO DE EPI. EFICÁCIA. REDUÇÃO DA NOCIVIDADE. CENÁRIO ATUAL. IMPOSSIBILIDADE DE NEUTRALIZAÇÃO. NÃO DESCARACTERIZAÇÃO DAS CONDIÇÕES PREJUDICIAIS. BENEFÍCIO PREVIDENCIÁRIO DEVIDO. AGRAVO CONHECIDO PARA NEGAR PROVIMENTO AO RECURSO EXTRAORDINÁRIO. 1. Conduz à admissibilidade do Recurso Extraordinário a densidade constitucional, no aresto recorrido, do direito fundamental à previdência social (art. 201, CRFB/88), com reflexos mediatos nos cânones constitucionais do direito à vida (art. 5º, caput, CRFB/88), à saúde (arts. 3º, 5º e 196, CRFB/88), à dignidade da pessoa humana (art. 1º, III, CRFB/88) e ao meio ambiente de trabalho equilibrado (arts. 193 e 225, CRFB/88). 2. A eliminação das atividades laborais nocivas deve ser a meta maior da Sociedade - Estado, empresariado, trabalhadores e representantes sindicais -, que devem voltar-se incessantemente para com a defesa da saúde dos trabalhadores, como enuncia a Constituição da República, ao erigir como pilares do Estado Democrático de Direito a dignidade humana (art. 1º, III, CRFB/88), a valorização social do trabalho, a preservação da vida e da saúde (art. 3º, 5º, e 196, CRFB/88), e o meio ambiente de trabalho equilibrado (art. 193, e 225, CRFB/88). 3. A aposentadoria especial prevista no artigo 201, § 1º, da Constituição da República, significa que poderão ser adotados, para concessão de aposentadorias aos beneficiários do regime geral de previdência social, requisitos e critérios diferenciados nos "casos de atividades exercidas sob condições especiais que prejudiquem a saúde ou a integridade física, e quando se tratar de segurados portadores de deficiência, nos termos definidos em lei complementar". 4. A aposentadoria especial possui nítido caráter preventivo e impõe-se para aqueles trabalhadores que laboram expostos a agentes prejudiciais à saúde e a fortiori possuem um desgaste naturalmente maior, por que não se lhes pode exigir o cumprimento do mesmo tempo de contribuição que aqueles empregados que não se encontram expostos a nenhum agente nocivo. 5. A norma inscrita no art. 195, § 5º, CRFB/88, veda a criação, majoração ou extensão de benefício sem a correspondente fonte de custeio, disposição dirigida ao legislador ordinário, sendo inexigível quando se tratar de benefício criado diretamente pela Constituição. Deveras, o direito à aposentadoria especial foi outorgado aos seus destinatários por norma constitucional (em sua origem o art. 202, e atualmente o art. 201, § 1º, CRFB/88). Precedentes: RE 151.106 AgR/SP, Rel. Min. Celso de Mello, julgamento em 28/09/1993, Primeira Turma, DJ de 26/11/93; RE 220.742, Rel. Min. Néri da Silveira, julgamento em 03/03/98, Segunda Turma, DJ de 04/09/1998. 6. Existência de fonte de custeio para o direito à aposentadoria especial antes, através dos instrumentos tradicionais de financiamento da previdência social mencionados no art. 195, da CRFB/88, e depois da Medida Provisória nº 1.729/98, posteriormente convertida na Lei nº 9.732, de 11 de dezembro de 1998. Legislação que, ao reformular o seu modelo de financiamento, inseriu os §§ 6º e 7º no art. 57 da Lei n.º 8.213/91, e estabeleceu que este benefício será financiado com recursos provenientes da contribuição de que trata o inciso II do art. 22 da Lei nº 8.212/91, cujas alíquotas serão acrescidas de doze, nove ou seis pontos percentuais, conforme a atividade exercida pelo segurado a serviço da empresa permita a concessão de aposentadoria especial após quinze, vinte ou vinte e cinco anos de contribuição, respectivamente. 7. Por outro lado, o art. 10 da Lei nº 10.666/2003, ao criar o Fator Acidentário de Prevenção-FAP, concedeu redução de até 50% do valor desta contribuição em favor das empresas que disponibilizem aos seus empregados equipamentos de proteção declarados eficazes nos formulários previstos na legislação, o qual funciona como incentivo para que as empresas continuem a cumprir a sua função social, proporcionando um ambiente de trabalho hígido a seus trabalhadores. 8. O risco social aplicável ao benefício previdenciário da aposentadoria especial é o exercício de atividade em condições prejudiciais à saúde ou à integridade física (CRFB/88, art. 201, § 1º), de forma que torna indispensável que o indivíduo trabalhe exposto a uma nocividade notadamente capaz de ensejar o referido dano, porquanto a tutela legal considera a exposição do segurado pelo risco presumido presente na relação entre agente nocivo e o trabalhador. 9. A interpretação do instituto da aposentadoria especial mais consentânea com o texto constitucional é aquela que conduz a uma proteção efetiva do trabalhador, considerando o benefício da aposentadoria especial excepcional, destinado ao segurado que efetivamente exerceu suas atividades laborativas em "condições especiais que prejudiquem a saúde ou a integridade física". 10. Consectariamente, a primeira tese objetiva que se firma é: o direito à aposentadoria especial pressupõe a efetiva exposição do trabalhador a agente nocivo à sua saúde, de modo que, se o EPI for realmente capaz de neutralizar a nocividade não haverá respaldo constitucional à aposentadoria especial. 11. A Administração poderá, no exercício da fiscalização, aferir as informações prestadas pela empresa, sem prejuízo do inafastável judicial review. Em caso de divergência ou dúvida sobre a real eficácia do Equipamento de Proteção Individual, a premissa a nortear a Administração e o Judiciário é pelo reconhecimento do direito ao benefício da aposentadoria especial. Isto porque o uso de EPI, no caso concreto, pode não se afigurar suficiente para descaracterizar completamente a relação nociva a que o empregado se submete. 12. In casu, tratando-se especificamente do agente nocivo ruído, desde que em limites acima do limite legal, constata-se que, apesar do uso de Equipamento de Proteção Individual (protetor auricular) reduzir a agressividade do ruído a um nível tolerável, até no mesmo patamar da normalidade, a potência do som em tais ambientes causa danos ao organismo que vão muito além daqueles relacionados à perda das funções auditivas. O benefício previsto neste artigo será financiado com os recursos provenientes da contribuição de que trata o inciso II do art. 22 da Lei no 8.212, de 24 de julho de 1991, cujas alíquotas serão acrescidas de doze, nove ou seis pontos percentuais, conforme a atividade exercida pelo segurado a serviço da empresa permita a concessão de aposentadoria especial após quinze, vinte ou vinte e cinco anos de contribuição, respectivamente. O benefício previsto neste artigo será financiado com os recursos provenientes da contribuição de que trata o inciso II do art. 22 da Lei no 8.212, de 24 de julho de 1991, cujas alíquotas serão acrescidas de doze, nove ou seis pontos percentuais, conforme a atividade exercida pelo segurado a serviço da empresa permita a concessão de aposentadoria especial após quinze, vinte ou vinte e cinco anos de contribuição, respectivamente. 13. Ainda que se pudesse aceitar que o problema causado pela exposição ao ruído relacionasse apenas à perda das funções auditivas, o que indubitavelmente não é o caso, é certo que não se pode garantir uma eficácia real na eliminação dos efeitos do agente nocivo ruído com a simples utilização de EPI, pois são inúmeros os fatores que influenciam na sua efetividade, dentro dos quais muitos são impassíveis de um controle efetivo, tanto pelas empresas, quanto pelos trabalhadores. 14. Desse modo, a segunda tese fixada neste Recurso Extraordinário é a seguinte: na hipótese de exposição do trabalhador a ruído acima dos limites legais de tolerância, a declaração do empregador, no âmbito do Perfil Profissiográfico **Previdenciário (PPP), no sentido da eficácia do Equipamento de Proteção Individual - EPI, não descaracteriza o tempo de serviço especial para aposentadoria. 15. Agravo conhecido para negar provimento ao Recurso Extraordinário.** Decisão: Preliminarmente, o Tribunal, por unanimidade, deu provimento ao agravo para o processamento do recurso extraordinário. Em seguida, após o voto do Ministro Luiz Fux (Relator), dando provimento ao recurso, pediu vista dos autos o Ministro Roberto Barroso. Falaram, pelo recorrido Antonio Fagundes, o Dr. Luiz Hermes Brescovici, OAB/SC nº 3683; pelo amicus curiae Confederação Brasileira de Aposentados e Pensionistas - COBAP, o Dr. Gabriel Dornelles Marcolin; pelo amicus curiae Instituto Brasileiro de Direito Previdenciário - IBDP, a Dra. Gisele Lemos Kravchychyn; pelo amicus curiae Sindicato dos Trabalhadores nas Indústrias Siderúrgicas, Metalúrgicas, Mecânicas, de Material Elétrico e Eletrônico e Indústria Naval de Cubatão, Santos, S.Vicente, Guarujá, Praia Grande, Bertioga, Mongaguá, Itanhaém, Peruíbe e S.Sebastião, o Dr. Sérgio Pardal Freudenthal; pelo amicus curiae Sindicato dos Trabalhadores no Comércio de Minérios, Derivados de Petroleo e Combustiveis de Santos e Região e pelo *amicus curiae* Sindicato dos Trabalhadores nas Indústrias do Papel, Papelão e Cortiça de Mogi das Cruzes, Suzano, Poá e Ferraz de Vasconcelos, o Dr. Fernando Gonçalves Dias. Presidência do Ministro Ricardo Lewandowski, Vice-Presidente no exercício da Presidência. Plenário, 03.09.2014. Decisão: O Tribunal, por unanimidade, negou provimento ao recurso extraordinário. Reajustou o voto o Ministro Luiz Fux (Relator). O Tribunal, por maioria, vencido o Ministro Marco Aurélio, que só votou quanto ao desprovimento do recurso, assentou a tese segundo a qual o direito à aposentadoria especial pressupõe a efetiva exposição do trabalhador a agente nocivo a sua saúde, de modo que, se o Equipamento de Proteção Individual (EPI) for realmente capaz de neutralizar a nocividade, não haverá respaldo constitucional à aposentadoria especial. O Tribunal, também por maioria, vencidos os Ministros Marco Aurélio e Teori Zavascki, assentou ainda a tese de que, na hipótese de exposição do trabalhador a ruído acima dos limites legais de tolerância, a declaração do empregador, no âmbito do Perfil Profissiográfico Previdenciário (PPP), da eficácia do Equipamento de Proteção Individual (EPI), não descaracteriza o tempo de serviço especial para aposentadoria. Ausente, justificadamente, o Ministro Dias Toffoli. Presidiu o julgamento o Ministro Ricardo Lewandowski. Plenário, 04.12.2014.

***

ARE 847215 AgR / **SP - SÃO PAULO**. AG.REG. NO RECURSO EXTRAORDINÁRIO COM AGRAVO. Relator(a): Min. CÁRMEN LÚCIA.

Julgamento: 02/12/2014 Órgão Julgador: Segunda Turma. Publicação PROCESSO ELETRÔNICO. DJe-244 DIVULG 11-12-2014 PUBLIC 12-12-2014. Parte(s) AGTE.(S) : JOSE ELOI BISPO. ADV.(A/S) : ENIO RODRIGUES DE LIMA E OUTRO(A/S). AGDO.(A/S) : INSTITUTO NACIONAL DO SEGURO SOCIAL – INSS. PROC.(A/S)(ES) : PROCURADOR-GERAL FEDERAL. EMENTA: AGRAVO REGIMENTAL NO RECURSO EXTRAORDINÁRIO COM AGRAVO. PREVIDENCIÁRIO. BASE DE CÁLCULO DO SALÁRIO DE BENEFÍCIO. INCLUSÃO DO DÉCIMO TERCEIRO SALÁRIO. AUSÊNCIA DE REPERCUSSÃO GERAL. AGRAVO REGIMENTAL AO QUAL SE NEGA PROVIMENTO. Decisão: A Turma, por votação unânime, negou provimento ao agravo regimental, nos termos do voto da Relatora. Não participou, justificadamente, deste julgamento, o Senhor Ministro Gilmar Mendes. 2ª Turma, 02.12.2014.

***

AG.REG. NO RECURSO EXTRAORDINÁRIO COM AGRAVO. Relator(a): Min. GILMAR MENDES. Julgamento: 02/12/2014 Órgão Julgador: Segunda Turma. Publicação ACÓRDÃO ELETRÔNICO. DJe-249 DIVULG 17-12-2014 PUBLIC 18-12-2014. Parte(s) AGTE.(S) : REGIANE ROSSI SARAIVA. ADV.(A/S) : ROBERTO XAVIER DA SILVA E OUTRO(A/S). AGDO.(A/S) : SÃO PAULO PREVIDÊNCIA – SPPREV. PROC.(A/S)(ES) : PROCURADOR-GERAL DO ESTADO DE SÃO PAULO. Ementa: Agravo regimental em recurso extraordinário com agravo. 2. Previdenciário. 3. Requisitos para concessão de benefício previdenciário. Dependência econômica. Enunciado 279 da Súmula do STF. Discussão de índole infraconstitucional. Ofensa reflexa. Precedente: ARE-RG 821.296. 4. Ausência de argumentos capazes de infirmar a decisão agravada. 5. Agravo regimental a que se nega provimento. Decisão: A Turma, por votação unânime, negou provimento ao agravo regimental, nos termos do voto do Relator. 2ª Turma, 02.12.2014.

11.2 - SUPERIOR TRIBUNAL DE JUSTIÇA

AgRg no AREsp 585002 / SP. AGRAVO REGIMENTAL NO AGRAVO EM RECURSO ESPECIAL. 2014/0227628-0. Relator: Ministro SÉRGIO KUKINA (1155). Órgão Julgador T1 - PRIMEIRA TURMA. Data do Julgamento 05/03/2015. Data da Publicação/Fonte DJe 13/03/2015. Ementa: PREVIDENCIÁRIO. BENEFÍCIO ASSISTENCIAL. ACÓRDÃO QUE APONTA A AUSÊNCIA DE DEMONSTRAÇÃO DA INCAPACIDADE OU DEFICIÊNCIA DA PARTE AUTORA. IMPOSSIBILIDADE DE REEXAME DE PROVAS. SÚMULA 7/STJ. INCIDÊNCIA. 1. O Tribunal de origem, com base no conjunto fático-probatório dos autos (laudo médico), concluiu pela ausência de comprovação da incapacidade ou deficiência, para fins de concessão do benefício assistencial à pessoa portadora de deficiência (art. 20, caput e parágrafos, da Lei 8.742/93). 2. Assim, a alteração das conclusões adotadas pela Corte de origem, tal como colocada a questão nas razões recursais, demandaria, necessariamente, novo exame do acervo fático-probatório constante dos autos, providência vedada em recurso especial, conforme o óbice previsto na Súmula 7/STJ. 3. Não cabe ao Superior Tribunal de Justiça, ainda que para fins de prequestionamento, examinar na via especial suposta violação a dispositivo constitucional, sob pena de usurpação da competência do Supremo Tribunal Federal. 4. Agravo regimental a que se nega provimento. Acórdão: Vistos, relatados e discutidos estes autos, acordam os Ministros da PRIMEIRA TURMA do Superior Tribunal de Justiça, por unanimidade, negar provimento ao agravo regimental, nos termos do voto do Sr. Ministro Relator. Os Srs. Ministros Regina Helena Costa, Marga Tessler (Juíza Federal convocada do TRF 4ª Região) e Benedito Gonçalves votaram com o Sr. Ministro Relator. Ausente, justificadamente, o Sr. Ministro Napoleão Nunes Maia Filho.

***

AgRg no REsp 1488863 / RS. AGRAVO REGIMENTAL NO RECURSO ESPECIAL 2014/0267173-0. Relator(a) Ministro SÉRGIO KUKINA (1155). Órgão Julgador T1 - PRIMEIRA TURMA. Data do Julgamento 10/03/2015. Data da Publicação/Fonte DJe 13/03/2015. Ementa: PREVIDENCIÁRIO. AGRAVO REGIMENTAL NO RECURSO ESPECIAL. EXAME DE DISPOSITIVOS CONSTITUCIONAIS. INVIABILIDADE. JUROS MORATÓRIOS. DATA DE ELABORAÇÃO DE CÁLCULOS E EFETIVO PAGAMENTO DO PRECATÓRIO. NÃO INCIDÊNCIA. ENTENDIMENTO FIRMADO NO RESP 1.143.677/RS, JULGADO PELO RITO DO ART. 543-C DO CPC. 1. Não cabe ao Superior Tribunal de Justiça examinar na via especial suposta violação a dispositivos constitucionais, sob pena de usurpação da competência do Supremo Tribunal Federal. 2. A Corte Especial do STJ, no julgamento do REsp 1.143.677/RS, sob o rito do art. 543-C do CPC, firmou entendimento no sentido de que os juros moratórios não incidem entre a data da elaboração da conta de liquidação e o efetivo pagamento do precatório, desde que satisfeito o débito no prazo constitucional para seu cumprimento. 3. Agravo regimental a que se nega provimento. Acórdão: Vistos, relatados e discutidos estes autos, acordam os Ministros da PRIMEIRA TURMA do Superior Tribunal de Justiça, por unanimidade, negar provimento ao agravo regimental, nos termos do voto do Sr. Ministro Relator. Os Srs. Ministros Regina Helena Costa, Marga Tessler (Juíza Federal convocada do TRF 4ª Região), Napoleão Nunes Maia Filho (Presidente) e Benedito Gonçalves votaram com o Sr. Ministro Relator.

***

AgRg no AREsp 583299 / SP AGRAVO REGIMENTAL NO AGRAVO EM RECURSO ESPECIAL 2014/0224321-0. Relator(a) Ministra REGINA HELENA COSTA (1157). Órgão Julgador T1 - PRIMEIRA TURMA. Data do Julgamento 05/03/2015. Data da Publicação/Fonte DJe 13/03/2015. Ementa: PROCESSUAL CIVIL. PREVIDENCIÁRIO. AGRAVO REGIMENTAL NO AGRAVO EM RECURSO ESPECIAL. SIMPLES REITERAÇÃO DAS ALEGAÇÕES VEICULADAS NO RECURSO ANTERIOR. PENSÃO POR MORTE. AUSÊNCIA DE DEMONSTRAÇÃO DE DEPENDÊNCIA ECONÔMICA. REVISÃO. IMPOSSIBILIDADE. SÚMULA 7/STJ. INCIDÊNCIA. DISSÍDIO JURISPRUDENCIAL. AUSÊNCIA DE COTEJO ANALÍTICO. I - In casu, rever o entendimento do Tribunal de origem que consignou não estar devidamente comprovada a dependência econômica entre a Agravante e o de cujus, demandaria necessário revolvimento de matéria fática, o que é inviável em sede de recurso especial, à luz do óbice contido na Súmula 7/STJ. II - É entendimento pacífico dessa Corte que a parte deve proceder ao cotejo analítico entre os arestos confrontados e transcrever os trechos dos acórdãos que configurem o dissídio jurisprudencial, sendo insuficiente, para tanto, a mera transcrição de ementas. III - A Agravante não apresenta argumentos capazes de desconstituir a decisão agravada, apenas reiterando as alegações veiculadas no recurso anterior. IV - Agravo regimental improvido. Acórdão: Vistos, relatados e discutidos estes autos, os Ministros da PRIMEIRA Turma do Superior Tribunal de Justiça acordam, na conformidade dos votos e das notas taquigráficas a seguir, por unanimidade, negar provimento ao agravo regimental, nos termos do voto da Sra. Ministra Relatora. Os Srs. Ministros Marga Tessler (Juíza Federal convocada do TRF 4ª Região), Benedito Gonçalves e Sérgio Kukina (Presidente) votaram com a Sra. Ministra Relatora. Ausente, justificadamente, o Sr. Ministro Napoleão Nunes Maia Filho.

***

AgRg no AREsp 645474 / SP AGRAVO REGIMENTAL NO AGRAVO EM RECURSO ESPECIAL 2015/0011869-4. Relator(a) Ministro HUMBERTO MARTINS (1130). Órgão Julgador T2 - SEGUNDA TURMA. Data do Julgamento 10/03/2015. Data da Publicação/Fonte DJe 13/03/2015. Ementa: AGRAVO REGIMENTAL. PREVIDENCIÁRIO. PROCESSUAL CIVIL. APOSENTADORIA POR IDADE. TRABALHADOR RURAL. CARÊNCIA. MODALIDADE HÍBRIDA. POSSIBILIDADE. 1. Os trabalhadores rurais que não satisfazem a condição para a aposentadoria prevista no art. 48, §§ 1° e 2°, da Lei de Benefícios podem computar períodos urbanos, pelo art. 48, § 3°, que autoriza a carência híbrida. 2. Por essa nova modalidade, os trabalhadores rurais podem somar, para fins de apuração da carência, períodos de contribuição sob outras categorias de segurado, hipótese em que não haverá a redução de idade em cinco anos, à luz do art. 48, § 3º, da Lei n. 8.213/91. 3. A jurisprudência da Segunda Turma desta Corte tem decidido que o segurado especial que comprove a condição de rurícola, mas não consiga cumprir o tempo rural de carência exigido na tabela de transição prevista no artigo 142 da Lei 8.213/1991 e que tenha contribuído sob outras categorias de segurado, poderá ter reconhecido o direito ao benefício aposentadoria por idade híbrida, desde que a soma do tempo rural com o de outra categoria implemente a carência necessária contida na Tabela, não ocorrendo, por certo, a diminuição da idade" (REsp 1.497.837/RS Rel. Min. Mauro Campbell Marques, Segunda Turma, DJe de 26/11/2014). 4. O Tribunal de origem decidiu que a segurada comprovou os requisitos da idade, bem como tempo de labor rural e urbano apto à concessão do benefício de aposentadoria por idade no valor mínimo, nos termos dos arts. 48, § 3º, e 143 da Lei de Benefícios. Agravo regimental desprovido. Acórdão: "A Turma, por unanimidade, negou provimento ao agravo regimental, nos termos do voto do(a) Sr(a). Ministro(a)-Relator(a)." Os Srs. Ministros Herman Benjamin, Og Fernandes, Mauro Campbell Marques (Presidente) e Assusete Magalhães votaram com o Sr. Ministro Relator.

***

AgRg no AREsp 636841 / RS AGRAVO REGIMENTAL NO AGRAVO EM RECURSO ESPECIAL 2014/0317602-6. Relator(a) Ministro HUMBERTO MARTINS (1130). Órgão Julgador T2 - SEGUNDA TURMA. Data do Julgamento 10/03/2015. Data da Publicação/Fonte. DJe 13/03/2015. Ementa: PROCESSUAL CIVIL E PREVIDENCIÁRIO. TEMPO DE SERVIÇO ESPECIAL. ANÁLISE DE DISPOSITIVOS CONSTITUCIONAIS. IMPOSSIBILIDADE. COISA JULGADA. EXISTÊNCIA. SÚMULA 7/STJ. 1. O Tribunal de origem, soberano na análise das circunstâncias fáticas e probatórias da causa, entendeu que "os períodos de 01/05/1993 a 30/04/1994 e 06/03/1997 a 28/05/1998 não se enquadravam como de atividades exercidas em condições especiais, após análise dos documentos juntados aos autos, tendo a ação já transitado em julgado" (fl. 505, e-STJ). 2. Modificar o acórdão recorrido, como pretende o recorrente – no sentido de se flexibilizar a coisa julgada por entender que não houve provas para o reconhecimento da atividade especial demandaria o reexame dos documentos dos presentes autos e mesmo os do processo anterior, o que é defeso a esta Corte, tendo em vista o óbice da Súmula 7/STJ. Precedentes. Agravo regimental improvido. Acórdão: "A Turma, por unanimidade, negou provimento ao agravo regimental, nos termos do voto do(a) Sr(a). Ministro(a)-Relator(a)." Os Srs. Ministros Herman Benjamin, Og Fernandes, Mauro Campbell Marques (Presidente) e Assusete Magalhães votaram com o Sr. Ministro Relator.

***

AgRg no AREsp 437994 / MG AGRAVO REGIMENTAL NO AGRAVO EM RECURSO ESPECIAL 2013/0389909-9. Relator(a) Ministra ASSUSETE MAGALHÃES (1151). Órgão Julgador. T2 - SEGUNDA TURMA. Data do Julgamento 05/03/2015. Data da Publicação/Fonte DJe 12/03/2015. Ementa: PREVIDENCIÁRIO. PENSÃO POR MORTE. SENTENÇA HOMOLOGATÓRIA DE ACORDO TRABALHISTA. INEXISTÊNCIA DE ELEMENTOS QUE EVIDENCIEM O PERÍODO TRABALHADO E A FUNÇÃO EXERCIDA. QUALIDADE DE SEGURADO NÃO COMPROVADA. PRECEDENTES DO STJ. AGRAVO REGIMENTAL IMPROVIDO. I. "A jurisprudência desta Corte é firme no sentido de que a sentença trabalhista homologatória de acordo só pode ser considerada como início de prova material se fundada em elementos que demonstrem o labor exercido na função e os períodos alegados pelo trabalhador, sendo, dessa forma, apta a comprovar o tempo de serviço enunciado no art. 55, § 3º, da Lei n. 8.213/91. Na hipótese dos autos, contudo, segundo consta no acórdão recorrido, não houve instrução probatória, nem exame de mérito da demanda trabalhista que demonstre o efetivo exercício da atividade laboral." (STJ, AgRg no REsp 1.402.671/PE, Rel. Ministro HUMBERTO MARTINS, SEGUNDA TURMA, DJe de 25/10/2013). Em igual sentido: STJ, AgRg no AREsp 333.094/CE, Rel. Ministro NAPOLEÃO NUNES MAIA FILHO, PRIMEIRA TURMA, DJe de 20/03/2014. II. No caso, registrou o acórdão do Tribunal de origem que "o vínculo empregatício do marido da requerente foi reconhecido em audiência de conciliação na justiça trabalhista, sem que tenha havido a produção de qualquer prova. Sobreleva ressaltar que a prova testemunhal produzida restou absolutamente inócua, na medida em que, não tendo a parte demandante sequer produzido início de prova material, não há falar em necessidade de posterior confirmação por outros meios de prova. Por fim, impõe-se destacar que não há como se acolher a tese de que, na hipótese, a aceitação do recolhimento das contribuições previdenciárias também implique anuência com a existência do vínculo empregatício, na medida em que os documentos juntados pela autora somente evidenciam que o empregador teria, deliberadamente, assumido essa contrapartida no acordo trabalhista como forma de pôr fim ao conflito. Disso, contudo, não se pode concluir que a existência do vínculo empregatício tenha sido suficientemente comprovada se a questão não foi objeto de apreciação judicial." III. Agravo Regimental improvido. Acórdão: Vistos, relatados e discutidos os autos em que são partes as acima indicadas, acordam os Ministros da SEGUNDA Turma do Superior Tribunal de Justiça, por unanimidade, negar provimento ao agravo regimental, nos termos do voto da Sra. Ministra-Relatora. Os Srs. Ministros Humberto Martins, Herman Benjamin, Og Fernandes e Mauro Campbell Marques (Presidente) votaram com a Sra. Ministra Relatora.

***

AgRg no REsp 1452001 / SP AGRAVO REGIMENTAL NO RECURSO ESPECIAL 2014/0102489-6. Relator(a) Ministro SÉRGIO KUKINA (1155). Órgão Julgador T1 - PRIMEIRA TURMA. Data do Julgamento 05/03/2015. Data da Publicação/Fonte. DJe 12/03/2015. Ementa: PREVIDENCIÁRIO. AGRAVO REGIMENTAL. RURAL. INÍCIO DE PROVA MATERIAL. VALIDADE DOS DOCUMENTOS EM NOME DO CÔNJUGE, DESDE QUE COMPLEMENTADA COM ROBUSTA PROVA TESTEMUNHAL. EFICÁCIA PROBATÓRIA DOS DOCUMENTOS APRESENTADOS. PERÍODO ANTERIOR E POSTERIOR. VALORAÇÃO DO CONJUNTO PROBATÓRIO POSSIBILIDADE. ÓBICE DA SÚMULA 7/STJ AFASTADO. 1. O labor campesino, para fins de percepção de aposentadoria rural por idade, deve ser demonstrado por início de prova material e ampliado por prova testemunhal, ainda que de maneira descontínua, no período imediatamente anterior ao requerimento, pelo número de meses idêntico à carência. 2. São aceitos, como início de prova material, os documentos em nome do cônjuge que o qualifiquem como lavrador, mesmo após seu falecimento, desde que a prova documental seja complementada com robusta e idônea prova testemunhal, atestando a continuidade da atividade rural. 3. No julgamento do Resp 1.348.633/SP, da relatoria do Ministro Arnaldo Esteves Lima, submetido ao rito do art. 543-C do CPC, esta Corte, examinando a matéria concernente à possibilidade de reconhecimento do período de trabalho rural anterior ao documento mais antigo apresentado, consolidou o entendimento de que a prova material juntada aos autos possui eficácia probatória tanto para o período anterior quanto para o posterior à data do documento, desde que corroborado por robusta prova testemunhal. 4. O juízo acerca da validade e eficácia dos documentos apresentados como o início de prova material do labor campesino não enseja reexame de prova, vedado pela Súmula 7/STJ, mas sim valoração do conjunto probatório existente (AgRg no REsp 1.309.942/MG, Rel. Ministro NAPOLEÃO NUNES MAIA FILHO, PRIMEIRA TURMA, julgado em 20/03/2014, DJe 11/04/2014). 5. Agravo regimental a que se nega provimento. Acórdão: Vistos, relatados e discutidos estes autos, acordam os Ministros da PRIMEIRA TURMA do Superior Tribunal de Justiça, por unanimidade, negar provimento ao agravo regimental, nos termos do voto do Sr. Ministro Relator. Os Srs. Ministros Regina Helena Costa, Marga Tessler (Juíza Federal convocada do TRF 4ª Região) e Benedito Gonçalves votaram com o Sr. Ministro Relator. Ausente, justificadamente, o Sr. Ministro Napoleão Nunes Maia Filho.

***

EDcl no AgRg no REsp 1331258 / RS EMBARGOS DE DECLARAÇÃO NO AGRAVO REGIMENTAL NO RECURSO ESPECIAL 2012/0120431-8. Relator(a) Ministro OG FERNANDES (1139). Órgão Julgador T2 - SE-

GUNDA TURMA. Data do Julgamento 05/03/2015. Data da Publicação/Fonte DJe 12/03/2015. Ementa: PREVIDENCIÁRIO E PROCESSUAL CIVIL. EMBARGOS DE DECLARAÇÃO EM AGRAVO REGIMENTAL. PRÉVIO REQUERIMENTO ADMINISTRATIVO. NECESSIDADE. TEMA FIRMADO EM REPERCUSSÃO GERAL PELO STF. ALINHAMENTO DE ENTENDIMENTO EM SEDE DE RECURSO REPETITIVO. RESISTÊNCIA DA AUTARQUIA. MANTIDA A NEGATIVA DE SEGUIMENTO DO RECURSO ESPECIAL. 1. O Supremo Tribunal Federal julgou o tema em sede de repercussão geral (RE 631.240/MG). 2. Este Superior Tribunal, em sede de recurso especial repetitivo (RESP 1.369.384/MG), alinhou-se ao entendimento firmado pela Suprema Corte, devendo-se aplicá-lo em conformidade com os vários contextos processuais nele definidos. 3. É possível a utilização dos embargos de declaração para alinhamento do julgado a novo entendimento firmado em sede de recurso repetitivo. Precedente. 4. No caso, houve contestação de mérito na qual a autarquia opunha resistência à concessão do benefício pleiteado, razão de se ter como satisfeito o requisito do interesse de agir, nos termos do entendimento firmado pelo Supremo Tribunal. Esse é o motivo de não prosperar o pedido de extinção do feito por ausência desse requisito. 5. Embargos de declaração a que se acolhe apenas para alinhamento do julgado ao novo entendimento, mantida, entretanto, a negativa de seguimento ao recurso especial. Acórdão: Vistos, relatados e discutidos os autos em que são partes as acima indicadas, acordam os Ministros da Segunda Turma do Superior Tribunal de Justiça, por unanimidade, acolher os embargos de declaração,nos termos do voto do Sr. Ministro-Relator. Os Srs. Ministros Mauro Campbell Marques (Presidente), Assusete Magalhães, Humberto Martins e Herman Benjamin votaram com o Sr. Ministro Relator.

***

AgRg no REsp 1315396 / PE AGRAVO REGIMENTAL NO RECURSO ESPECIAL 2012/0074253-2. Relator(a) Ministro BENEDITO GONÇALVES (1142). Órgão Julgador T1 - PRIMEIRA TURMA. Data do Julgamento 05/03/2015. Data da Publicação/Fonte DJe 12/03/2015. Ementa: PROCESSUAL CIVIL E PREVIDENCIÁRIO. AGRAVO REGIMENTAL NO RECURSO ESPECIAL. EX-COMBATENTE. PENSÃO. BENEFÍCIO CONCEDIDO COM FUNDAMENTO NO ART. 5º, I, DA LEI N. 8.059/90. REVERSÃO DE COTA-PARTE. IMPOSSIBILIDADE. SÚMULA 83/STJ. 1. No caso dos autos, o benefício de pensão de ex-combatente foi concedido com fulcro no art. 5º, inciso I, da Lei n. 8.059/90, que não possibilita a reversão da cota-parte em proveito dos demais beneficiários quando o direito de um extingue-se. Incidência da Súmula 83/STJ. Precedentes: AgRg no REsp 1349583/PE, Rel. Ministro Arnaldo Esteves Lima, Primeira Turma, DJe

01/07/2013; AgRg no REsp 1266656/SC, Desta Relatoria, Primeira Turma, DJe 02/08/2012. 2. Agravo regimental não provido. Acórdão: Vistos, relatados e discutidos os autos em que são partes as acima indicadas, acordam os Ministros da PRIMEIRA Turma do Superior Tribunal de Justiça, por unanimidade, negar provimento ao agravo regimental, nos termos do voto do Sr. Ministro Relator. Os Srs. Ministros Sérgio Kukina (Presidente), Regina Helena Costa e Marga Tessler (Juíza Federal convocada do TRF 4ª Região) votaram com o Sr. Ministro Relator. Ausente, justificadamente, o Sr. Ministro Napoleão Nunes Maia Filho.

***

AgRg no REsp 1503059 / PE AGRAVO REGIMENTAL NO RECURSO ESPECIAL 2014/0306610-0. Relator(a) Ministro HUMBERTO MARTINS (1130). Órgão Julgador T2 - SEGUNDA TURMA. Data do Julgamento 05/03/2015. Data da Publicação/Fonte DJe 11/03/2015. Ementa: PROCESSUAL CIVIL. PREVIDENCIÁRIO. ACIDENTE DE TRABALHO. AÇÃO REGRESSIVA. ART. 120 DA LEI N. 8.213/1991. INSTÂNCIAS ORDINÁRIAS QUE NÃO RECONHECEM A NEGLIGÊNCIA DA EMPRESA EMPREGADORA. PRETENSÃO DE REEXAME DE PROVAS. SÚMULA 7/STJ. 1. Discute-se nos autos se a empresa recorrida incorreu em negligência de modo a caracterizar a sua responsabilidade civil, assim como possibilitar a ação regressiva da autarquia previdenciária em busca de ressarcimento das parcelas do auxílio-doença pagas ao segurado em virtude de acidente de trabalho. 2. A legitimidade para propositura da ação regressiva pela autarquia previdenciária diz diretamente com a comprovação de que a conduta culposa da empresa gerou o dano ocasionado ao segurado. O conjunto fático-probatório dos autos em nada contribuiu para aferição da negligência da empresa agravada, o que, por si só, exclui do INSS a pertinência subjetiva da ação regressiva. 3. Rever a conclusão do Tribunal de origem quanto à responsabilidade do empregador pelo acidente é pretensão inviável nesta seara recursal, ante o óbice contido na Súmula 7/STJ. Agravo regimental improvido. Acórdão: "A Turma, por unanimidade, negou provimento ao agravo regimental, nos termos do voto do(a) Sr(a). Ministro(a)-Relator(a)." Os Srs. Ministros Herman Benjamin, Og Fernandes, Mauro Campbell Marques (Presidente) e Assusete Magalhães votaram com o Sr. Ministro Relator.

***

AgRg no REsp 1502460 / PR AGRAVO REGIMENTAL NO RECURSO ESPECIAL 2014/0327686-7. Relator(a) Ministro HUMBERTO MARTINS (1130). Órgão Julgador T2 - SEGUNDA TURMA. Data do Julgamento 05/03/2015. Data da Publicação/Fonte DJe 11/03/2015. Ementa: PREVI-

DENCIÁRIO. CONCESSÃO DE PENSÃO POR MORTE. BENEFÍCIO DE RENDA MENSAL VITALÍCIA CONCEDIDO ERRONEAMENTE PELA ADMINISTRAÇÃO ANTES DA MEDIDA PROVISÓRIA. TRIBUNAL CONSIDEROU CORRETA A CONCESSÃO DE APOSENTADORIA POR INVALIDEZ. DECADÊNCIA NÃO CONFIGURADA. 1. Caracterizado o benefício previdenciário como de caráter eminentemente alimentar, constituindo obrigação periódica e de trato sucessivo, não admite a pretendida prescrição do fundo do direito, mas tão somente das parcelas vencidas há mais de cinco anos, consoante já fixado pela Súmula 85/STJ. 2. O caput do art. 103 da Lei 8.213/1991 está voltado tão somente para o ato revisional de concessão do benefício. Não há que falar em prescrição do fundo de direito quando se trata de concessão de benefício previdenciário, inserido no rol dos direitos fundamentais. 3. O Tribunal de origem, mediante análise das provas dos autos, acolheu a argumentação da autora de que seu falecido cônjuge fazia jus à aposentadoria por invalidez, e não à Renda Mensal Vitalícia. Agravo regimental improvido. Acórdão: "A Turma, por unanimidade, negou provimento ao agravo regimental, nos termos do voto do(a) Sr(a). Ministro(a)-Relator(a)." Os Srs. Ministros Herman Benjamin, Og Fernandes, Mauro Campbell Marques (Presidente) e Assusete Magalhães votaram com o Sr. Ministro Relator.

***

REsp 1352996 / RS RECURSO ESPECIAL 2012/0236102-8. Relator(a) Ministro BENEDITO GONÇALVES (1142). Órgão Julgador T1 - PRIMEIRA TURMA. Data do Julgamento 05/03/2015. Data da Publicação/Fonte DJe 11/03/2015. Ementa: PROCESSUAL CIVIL E ADMINISTRATIVO. RECURSO ESPECIAL. NOTÁRIOS E REGISTRADORES. ATIVIDADE DESENVOLVIDA EM CARÁTER PRIVADO APÓS A CF/88. VINCULAÇÃO DE TABELIÃES A REGIME PREVIDENCIÁRIO PRÓPRIO DOS SERVIDORES PÚBLICOS. IMPOSSIBILIDADE. DIREITO ADQUIRIDO NÃO CONFIGURADO. 1. A equiparação dos notários e registradores a servidores públicos somente ocorreu na vigência da EC n. 20/1998 e somente para fins de incidência da regra de aposentadoria compulsória, não havendo falar em direito adquirido à manutenção em regime de previdência próprio dos servidores públicos. Precedentes: AgRg no REsp 1.439.998/SC, Rel. Ministro Humberto Martins, Segunda Turma, DJe 19/5/2014; AgRg no REsp 1.430.365/SC, Rel. Ministro Og Fernandes, Segunda Turma, DJe 20/5/2014; AgRg no REsp 1.331.893/RS, Rel. Ministro Benedito Gonçalves, Primeira Turma, DJe 21/10/2014; AgRg no AREsp 545.071/RS, Rel. Ministro Mauro Campbell Marques, Segunda Turma, DJe 20/10/2014. 2. Recurso especial provido. Acórdão: Vistos, relatados e discutidos os autos em que são partes as acima indicadas, acordam os Ministros da PRIMEIRA Turma do Superior

Tribunal de Justiça, por unanimidade, dar provimento ao recurso especial, nos termos do voto do Sr. Ministro Relator. Os Srs. Ministros Sérgio Kukina (Presidente), Regina Helena Costa e Marga Tessler (Juíza Federal convocada do TRF 4ª Região) votaram com o Sr. Ministro Relator. Ausente, justificadamente, o Sr. Ministro Napoleão Nunes Maia Filho.

***

AgRg no REsp 1404570 / SC. AGRAVO REGIMENTAL NO RECURSO ESPECIAL 2013/0314751-1. Relator(a) Ministra ASSUSETE MAGALHÃES (1151). Órgão Julgador T2 - SEGUNDA TURMA. Data do Julgamento 03/03/2015. Data da Publicação/Fonte DJe 10/03/2015. Ementa: PREVIDENCIÁRIO. AUXÍLIO-ACIDENTE. REQUISITOS. ART. 86, CAPUT, DA LEI 8.213/91. INEXISTÊNCIA DE REDUÇÃO DA CAPACIDADE PARA O TRABALHO HABITUAL, À LUZ DO LAUDO PERICIAL. AGRAVO REGIMENTAL IMPROVIDO. I. Conforme expressa previsão do art. 86, caput, da Lei 8.213/91, "o auxílio-acidente será concedido, como indenização, ao segurado quando, após consolidação das lesões decorrentes de acidente de qualquer natureza, resultarem seqüelas que impliquem redução da capacidade para o trabalho que habitualmente exercia". II. No caso específico dos autos, conforme o laudo pericial, expressamente referido na sentença de improcedência da ação, apesar da lesão, inexiste redução da capacidade laborativa da parte autora para o exercício de sua atividade profissional habitual, requisito necessário à concessão de auxílio-acidente. III. Agravo Regimental improvido. Acórdão: Vistos, relatados e discutidos os autos em que são partes as acima indicadas, acordam os Ministros da SEGUNDA Turma do Superior Tribunal de Justiça, por unanimidade, negar provimento ao agravo regimental, nos termos do voto da Sra. Ministra-Relatora. Os Srs. Ministros Humberto Martins, Herman Benjamin e Mauro Campbell Marques (Presidente) votaram com a Sra. Ministra Relatora. Ausente, justificadamente, o Sr. Ministro Og Fernandes.

***

AgRg no REsp 1224752 / PR. AGRAVO REGIMENTAL NO RECURSO ESPECIAL 2010/0217571-2. Relator(a) Ministra ASSUSETE MAGALHÃES (1151). Órgão Julgador T2 - SEGUNDA TURMA. Data do Julgamento 03/03/2015. Data da Publicação/Fonte DJe 10/03/2015. Ementa: PROCESSUAL CIVIL. AGRAVO REGIMENTAL NO RECURSO ESPECIAL. DECISÃO AGRAVADA EM CONSONÂNCIA COM O ENTENDIMENTO SUFRAGADO NO RECURSO ESPECIAL 1.353.826/SP, JULGADO SOB O RITO DO ART. 543-C DO CPC. HONORÁRIOS ADVOCATÍCIOS. FIXAÇÃO DEVIDA, EM CASO DE DESISTÊNCIA DOS EMBARGOS À

EXECUÇÃO FISCAL DO INSS, PARA INGRESSO EM PROGRAMA DE PARCELAMENTO FISCAL, PREVISTO NA LEI 11.941/2009. ACÓRDÃO DO RESP 1.353.826/SP, QUE FIXOU ORIENTAÇÃO NO SENTIDO DE QUE, RESSALVADA A APLICAÇÃO ESPECÍFICA DA SÚMULA 168 DO EXTINTO TRIBUNAL FEDERAL DE RECURSOS AOS EMBARGOS À EXECUÇÃO FISCAL DA UNIÃO, A DISPENSA DOS HONORÁRIOS DE ADVOGADO, EM FACE DA DESISTÊNCIA DOS EMBARGOS À EXECUÇÃO OU DE AÇÃO EM CURSO, E DE RENÚNCIA SOBRE O DIREITO SOBRE O QUAL ELES SE FUNDAM, PARA ADESÃO AO PARCELAMENTO DA LEI 11.941/2009, OCORRE SOMENTE NO CASO EM QUE O DEVEDOR REQUER O RESTABELECIMENTO DE SUA OPÇÃO OU A SUA REINCLUSÃO EM OUTROS PARCELAMENTOS. PRECEDENTES DO STJ. AGRAVO REGIMENTAL IMPROVIDO. I. Ressalvada a aplicação específica da Súmula 168/TFR aos Embargos à Execução Fiscal da União, a Primeira Seção do STJ, ao apreciar o Recurso Especial 1.353.826/SP (Rel. Ministro HERMAN BENJAMIN, DJe de 17/10/2013), sob o rito do art. 543-C do CPC, proclamou que a dispensa de pagamento de honorários advocatícios, com base no art. 6º, § 1º, da Lei 11.941/2009, somente pode ser aplicada ao devedor que desistir da ação ou renunciar ao direito sobre o qual esta se funda, com a finalidade de restabelecer sua opção ou ser reincluído em outro programa de parcelamento tributário, não se estendendo ao sujeito passivo que requer, pela primeira vez, a inclusão no Programa de Recuperação Fiscal da Lei 11.941/2009. II. Em se tratando de Embargos de Devedor, opostos à Execução Fiscal ajuizada pelo INSS, para cobrança de créditos previdenciários inscritos em Dívida Ativa antes da Lei 11.457, de 16/03/2007 – que criou a Super Receita e transferiu, para a Secretaria da Receita Federal do Brasil, as atividades de tributação, fiscalização, arrecadação, cobrança e recolhimento de contribuições previdenciárias (art. 2º da Lei 11.457/2007) -, não se aplica a Súmula 168 do extinto Tribunal Federal de Recursos, de vez que não incide, na hipótese, o encargo de 20%, do Decreto-lei 1.025/69. III. Nos presentes autos, em que se trata de Embargos de Devedor, opostos, em 16/05/2007, à Execução Fiscal ajuizada pelo INSS, para cobrança de créditos previdenciários, cuja inscrição em Dívida Ativa ocorreu antes da vigência da Lei 11.457/2007 - não incluindo o débito, pois, o encargo do Decreto-lei 1.025/69 -, verifica-se que a decisão agravada está em consonância com o que ficou decidido no Recurso Especial 1.353.826/SP, submetido ao rito do art. 543-C do CPC, e apreciado pela 1ª Seção desta Corte, em 12/06/2013. IV. Agravo Regimental improvido. Acórdão: Vistos, relatados e discutidos os autos em que são partes as acima indicadas, acordam os Ministros da SEGUNDA Turma do Superior Tribunal de Justiça, por unanimidade, negar provimento ao agravo regimental, nos termos do voto da Sra. Ministra-Relatora. Os Srs. Ministros Humberto

Martins, Herman Benjamin e Mauro Campbell Marques (Presidente) votaram com a Sra. Ministra Relatora. Ausente, justificadamente, o Sr. Ministro Og Fernandes.

***

AgRg no REsp 1431779 / PR. AGRAVO REGIMENTAL NO RECURSO ESPECIAL 2014/0016040-3. Relator(a) Ministro MAURO CAMPBELL MARQUES (1141). Órgão Julgador T2 - SEGUNDA TURMA. Data do Julgamento 03/03/2015. Data da Publicação/Fonte DJe 10/03/2015. Ementa: PROCESSUAL CIVIL. AGRAVO REGIMENTAL NO RECURSO ESPECIAL. TRIBUTÁRIO. CONTRIBUIÇÃO PREVIDENCIÁRIA A CARGO DA EMPRESA. REGIME GERAL DA PREVIDÊNCIA SOCIAL. INCIDÊNCIA SOBRE A VERBA PAGA A TÍTULO DE SALÁRIO MATERNIDADE E PATERNIDADE, FÉRIAS GOZADAS E LICENÇA ELEIÇÃO. 1. A Primeira Seção/STJ, ao apreciar o REsp 1.230.957/RS (Rel. Min. Mauro Campbell Marques, DJe de 18.3.2014), aplicando a sistemática prevista no art. 543-C do CPC, pacificou orientação no sentido de que incide contribuição previdenciária (RGPS) sobre o salário- maternidade e paternidade. 2. O pagamento de férias gozadas possui natureza remuneratória e salarial, nos termos do art. 148 da CLT, e integra o salário de contribuição (AgRg nos EAREsp 138.628/AC, 1ª Seção, Rel. Min. Sérgio Kukina, DJe de 18.8.2014; AgRg nos EREsp 1.355.594/PB, 1ª Seção, Rel. Min. Mauro Campbell Marques, DJe de 17.9.2014). 3. 'Partindo de premissa já ressaltada no REsp 1230957/RS, acima colacionado e submetido ao rito dos recursos repetitivos, a licença eleição "constitui ônus da empresa, ou seja, não se trata de benefício previdenciário", legitimando sua incidência por constituir parcela de natureza salarial.' (REsp 1455089/RS, Rel. Ministro HUMBERTO MARTINS, SEGUNDA TURMA, julgado em 16/09/2014, DJe 23/09/2014). 4. Agravo regimental não provido. Acórdão: Vistos, relatados e discutidos esses autos em que são partes as acima indicadas, acordam os Ministros da SEGUNDA TURMA do Superior Tribunal de Justiça, na conformidade dos votos e das notas taquigráficas, o seguinte resultado de julgamento: "A Turma, por unanimidade, negou provimento ao agravo regimental, nos termos do voto do(a) Sr(a). Ministro(a)-Relator(a)." A Sra. Ministra Assusete Magalhães, os Srs. Ministros Humberto Martins e Herman Benjamin votaram com o Sr. Ministro Relator. Ausente, justificadamente, o Sr. Ministro Og Fernandes. Presidiu o julgamento o Sr. Ministro Mauro Campbell Marques.

***

AgRg no AREsp 90544 / MG. AGRAVO REGIMENTAL NO AGRAVO EM RECURSO ESPECIAL 2011/0283605-0. Relator(a) Ministro JOÃO

OTÁVIO DE NORONHA (1123). Órgão Julgador T3 - TERCEIRA TURMA. Data do Julgamento 03/03/2015. Data da Publicação/Fonte DJe 10/03/2015. Ementa: AGRAVO REGIMENTAL. AGRAVO EM RECURSO ESPECIAL. PREVIDÊNCIA PRIVADA. RESTITUIÇÃO DE RESERVA DE POUPANÇA. EXPURGOS INFLACIONÁRIOS. PRESCRIÇÃO QUINQUENAL. TERMO INICIAL. DEVOLUÇÃO A MENOR. RECURSO REPETITIVO. 543-C. PERCENTUAL DOS EXPURGOS. INOVAÇÃO RECURSAL. 1. "A prescrição quinquenal prevista na Súmula do STJ/291 incide não apenas na cobrança de parcelas de complementação de aposentadoria, mas, também, por aplicação analógica, na pretensão a diferenças de correção monetária incidentes sobre restituição da reserva de poupança, cujo termo inicial é a data em que houver a devolução a menor das contribuições pessoais recolhidas pelo associado ao plano previdenciário." (Segunda Seção, REsp n. 1.111.973/SP, submetido à sistemática dos recursos repetitivos, DJe de 6/11/2009). 2. É inadmissível, em agravo em recurso especial, a apresentação de teses não expostas no recurso especial, visto importar em inovação recursal. 3. Agravo regimental desprovido. Acórdão: Vistos, relatados e discutidos estes autos em que são partes as acima indicadas, acordam os Ministros da TERCEIRA TURMA do Superior Tribunal de Justiça, na conformidade dos votos e das notas taquigráficas a seguir, por unanimidade, negar provimento ao agravo regimental, nos termos do voto do Sr. Ministro Relator. Os Srs. Ministros Paulo de Tarso Sanseverino, Ricardo Villas Bôas Cueva (Presidente), Marco Aurélio Bellizze e Moura Ribeiro votaram com o Sr. Ministro Relator.

***

AgRg no AREsp 436056 / RS. AGRAVO REGIMENTAL NO AGRAVO EM RECURSO ESPECIAL. 2013/0387725-2. Relator(a) Ministra ASSUSETE MAGALHÃES (1151). Órgão Julgador T2 - SEGUNDA TURMA. Data do Julgamento 03/03/2015. Data da Publicação/Fonte DJe 10/03/2015. Ementa: PREVIDENCIÁRIO E PROCESSUAL CIVIL. RENÚNCIA À APOSENTADORIA PARA OBTENÇÃO DE NOVO BENEFÍCIO, MAIS VANTAJOSO. POSSIBILIDADE. DESNECESSIDADE DE RESTITUIÇÃO DOS VALORES PERCEBIDOS. PRECEDENTES DO STJ. CARÁTER PERSONALÍSSIMO. AGRAVO REGIMENTAL IMPROVIDO. I. Na forma da pacífica jurisprudência do STJ, por se tratar de direito patrimonial disponível, o segurado pode renunciar à sua aposentadoria, com o propósito de obter benefício mais vantajoso, no Regime Geral de Previdência Social ou em regime próprio de Previdência, mediante a utilização de seu tempo de contribuição, sendo certo, ainda, que tal renúncia não implica a devolução de valores percebidos (REsp 1.334.488/SC, julgado sob o rito do art. 543-C do CPC). II. Contudo, faz-se necessário destacar que o aludido direito é personalíssimo do segurado aposentado, pois não se trata de mera revisão do benefício de aposentadoria, mas sim, de renúncia, para que novo e posterior benefício, mais vantajoso, seja-lhe concedido. Dessa forma, os sucessores não têm legitimidade para pleitear direito personalíssimo, não exercido pelo instituidor da pensão (renúncia e concessão de outro benefício), o que difere da possibilidade de os herdeiros pleitearem diferenças pecuniárias de benefício já concedido em vida ao instituidor da pensão (art. 112 da Lei 8.213/91). Precedentes do STJ: REsp 1.222.232/PR, Rel. Ministro SEBASTIÃO REIS JÚNIOR, DJe de 20/11/2013; AgRg no REsp 1.270.481/RS, Rel. Ministro MARCO AURÉLIO BELLIZZE, QUINTA TURMA, DJe de 26/08/2013; AgRg no REsp 1.241.724/PR, Rel. Ministro MARCO AURELIO BELLIZZE, QUINTA TURMA, DJe de 22/08/2013; AgRg no REsp 1.107.690/SC, Rel. Ministra ALDERITA RAMOS DE OLIVEIRA (Desembargadora Convocada do TJ/PE), SEXTA TURMA, DJe de 13/06/2013. III. Agravo Regimental improvido. Acórdão: Vistos, relatados e discutidos os autos em que são partes as acima indicadas, acordam os Ministros da SEGUNDA Turma do Superior Tribunal de Justiça, por unanimidade, negar provimento ao agravo regimental, nos termos do voto da Sra. Ministra-Relatora. Os Srs. Ministros Humberto Martins, Herman Benjamin e Mauro Campbell Marques (Presidente) votaram com a Sra. Ministra Relatora. Ausente, justificadamente, o Sr. Ministro Og Fernandes.

***

AgRg no REsp 1257639 / PE. AGRAVO REGIMENTAL NO RECURSO ESPECIAL 2011/0124902-3. Relator(a) Ministro NEWTON TRISOTTO (DESEMBARGADOR CONVOCADO DO TJ/SC) (8350). Órgão Julgador T5 - QUINTA TURMA. Data do Julgamento 03/03/2015. Data da Publicação/Fonte DJe 10/03/2015. Ementa: PREVIDENCIÁRIO. AGRAVO REGIMENTAL NO RECURSO ESPECIAL. DESAPOSENTAÇÃO. REPERCUSSÃO GERAL RECONHECIDA PELO STF. SOBRESTAMENTO DO RECURSO ESPECIAL. PRESCINDIBILIDADE. OFENSA À CLÁUSULA DA RESERVA DE PLENÁRIO. INOCORRÊNCIA. ANÁLISE DE DISPOSITIVOS CONSTITUCIONAIS PARA FINS DE PREQUESTIONAMENTO. IMPOSSIBILIDADE. COMPETÊNCIA DO SUPREMO TRIBUNAL FEDERAL. RESTITUIÇÃO DOS VALORES RECEBIDOS PELO SEGURADO RELATIVAMENTE AO BENEFÍCIO OBJETO DA RENÚNCIA. DESNECESSIDADE. SALÁRIOS-DE-CONTRIBUIÇÃO A SEREM UTILIZADOS NO CÁLCULO DO NOVO BENEFÍCIO. PEDIDO DE INTEGRAÇÃO DO JULGADO, NOS TERMOS DOS EDCL NO RESP 1.334.488/SC. IMPOSSIBILIDADE. SUPRESSÃO DE INSTÂNCIA. AGRAVO REGIMENTAL DESPROVIDO. 01. Relativamente ao direito de o segurado do regime geral da previdência social (RGPS) requerer a "desaposentação" e aos reflexos desse ato na futura composição da base de cálculo do novo valor do benefício, as Turmas que compõem a Primeira e a Terceira Seções do Superior Tribunal de Justiça têm decidido que: I) "o reconhecimento de repercussão geral da matéria pelo Excelso Pretório não impede o julgamento do recurso especial por este Superior Tribunal de Justiça" (AgRg no REsp 1.333.666/PR, Rel. Ministro Og Fernandes, Segunda Turma, julgado em 27/05/2014); II) "é desnecessário aguardar o trânsito em julgado do acórdão proferido no recurso repetitivo para que se possa aplicar aos demais recursos o entendimento firmado pela via do art. 543-C do CPC" (AgRg no REsp 1.333.666/PR, Rel. Ministro Og Fernandes, Segunda Turma, julgado em 27/05/2014); III) "não cabe ao STJ examinar, no âmbito do recurso especial, violação de preceitos e dispositivos constitucionais, tendo em vista a necessidade de interpretar matéria cuja competência é exclusiva da Suprema Corte, nos termos do art. 102 da CF" (AgRg no REsp 1.333.666/PR, Rel. Ministro Og Fernandes, Segunda Turma, julgado em 27/05/2014); IV) "não há falar em ofensa à cláusula de reserva de plenário (art. 97 da CF), pois a questão tratada nos autos foi decidida e fundamentada à luz da legislação federal, sem necessidade do reconhecimento da inconstitucionalidade do § 2º do art. 18 da Lei n. 8.213/1991, apenas foi dada interpretação conforme a jurisprudência desta Corte. A violação à cláusula de reserva de plenário só ocorre quando a decisão, embora sem explicitar, afasta a incidência da norma ordinária pertinente à lide, para decidi-la com critérios diversos alegadamente extraídos da Constituição, o que não ocorreu no presente caso" (AgRg no AREsp 570.693/CE, Rel. Ministro Humberto Martins, Segunda Turma, julgado em 16/10/2014); V) "os benefícios previdenciários são direitos patrimoniais disponíveis e, portanto, suscetíveis de desistência pelos seus titulares, prescindindo-se da devolução dos valores recebidos da aposentadoria a que o segurado deseja preterir para a concessão de novo e posterior jubilamento' (REsp n. 1.334.488, SC, julgado como representativo de controvérsia" (AgRg no REsp 1.340.432/RS, Rel. Ministro Ari Pargendler, Primeira Turma, julgado em 19/08/2014); VI) "consoante entendimento firmado no julgamento do REsp n. 1.334.488/SC, admite-se a renúncia à aposentadoria por tempo de serviço (desaposentação) objetivando a concessão de novo benefício da mesma natureza (reaposentação), com o cômputo dos salários de contribuição posteriores à aposentadoria anterior, não sendo exigível, nesse caso, a devolução dos valores até então recebidos a título de aposentadoria" (AgRg no REsp 1.104.671/SC, Rel. Ministro Rogerio Schietti Cruz, Sexta Turma, julgado em 04/11/2014). Também têm decidido que, no cálculo da "nova aposentadoria, a ser concedida a contar do ajuizamento da ação, há de computar os salários de contribuição subsequentes à aposentadoria a que se renunciou" (EDcl no REsp 1.334.488/SC, Rel. Ministro Herman Benjamin, Primeira Seção, julgado em 27/05/2014). Todavia, se em nenhuma fase do processo, nem no âmbito administrativo, foi ela suscitada, não há como conhecer da quaestio porquanto importaria em supressão de grau de jurisdição. 02. Agravo regimental desprovido. Acórdão: Vistos, relatados e discutidos os autos em que são partes as acima indicadas, acordam os Ministros da QUINTA TURMA do Superior Tribunal de Justiça, por unanimidade, negar provimento ao agravo regimental. Os Srs. Ministros Leopoldo de Arruda Raposo (Desembargador convocado do TJ/PE), Felix Fischer e Gurgel de Faria (com ressalva) votaram com o Sr. Ministro Relator. Ausente, justificadamente, o Sr. Ministro Jorge Mussi. Presidiu o julgamento o Sr. Ministro Felix Fischer.

***

EDcl nos EDcl no AgRg no REsp 1271891 / RS. EMBARGOS DE DECLARAÇÃO NOS EMBARGOS DE DECLARAÇÃO NO AGRAVO REGIMENTAL NO RECURSO ESPECIAL 2011/0191142-4. Relator(a) Ministro NEWTON TRISOTTO (DESEMBARGADOR CONVOCADO DO TJ/SC) (8350). Órgão Julgador T5 - QUINTA TURMA. Data do Julgamento 03/03/2015. Data da Publicação/Fonte DJe 10/03/2015. Ementa: PROCESSUAL CIVIL. EMBARGOS DE DECLARAÇÃO. PRESSUPOSTOS DEMONSTRADOS. DESAPOSENTAÇÃO. DECADÊNCIA AFASTADA. EFEITOS INFRINGENTES. EMBARGOS DE DECLARAÇÃO PROVIDOS. RESTABELECIMENTO DO ACÓRDÃO E DA DECISÃO QUE NEGOU PROVIMENTO AO RECURSO ESPECIAL DO INSS E DEU PROVIMENTO ÀQUELE DO SEGURADO PARA AFASTAR A NECESSIDADE DE DEVOLUÇÃO DE VALORES RECEBIDOS NA VIGÊNCIA DO BENEFÍCIO RENUNCIADO. 1. Havendo no acórdão inexatidão material, omissão, obscuridade ou contradição (CPC, arts. 463, I, e 535, I e II), impõe-se o provimento dos embargos de declaração. E não há lhes negar efeitos infringentes quando forem consequência inexorável do saneamento do vício. 2. “A norma extraída do caput do art. 103 da Lei 8.213/91 não se aplica às causas que buscam o reconhecimento do direito de renúncia à aposentadoria, mas estabelece prazo decadencial para o segurado ou seu beneficiário postular a revisão do ato de concessão de benefício, o qual, se modificado, importará em pagamento retroativo, diferente do que se dá na desaposentação” (REsp n. 1.348.301/SC, Ministro Arnaldo Esteves Lima, Primeira Seção, julgado em 27/11/2013). 3. “Os benefícios previdenciários são direitos patrimoniais disponíveis e, portanto, suscetíveis de desistência pelos seus titulares, prescindindo-se da devolução dos valores recebidos da aposentadoria a que o segurado deseja preterir para a concessão de novo e posterior jubilamento” (REsp n. 1.334.488/SC, Rel. Ministro Herman Benjamin, Primeira Seção, julgado em 08/05/2013). 4. Embargos de declaração providos, com efeitos infringentes, para, afastada a decadência do direito à desaposentação, restabelecer o acórdão do agravo regimental e, consequentemente, a decisão unipessoal que deu provimento ao recurso especial do segurado "a fim de afastar a necessidade de devolução de valores recebidos na vigência do benefício renunciado" e determinou a devolução dos autos "à instância de origem para análise dos requisitos necessários à concessão do novo benefício postulado e consectários legais pertinentes". Acórdão: Vistos, relatados e discutidos os autos em que são partes as acima indicadas, acordam os Ministros da QUINTA TURMA do Superior Tribunal de Justiça, por unanimidade, acolher os embargos, nos termos do voto do Sr. Ministro Relator. Os Srs. Ministros Leopoldo de Arruda Raposo (Desembargador convocado do TJ/PE), Felix Fischer e Gurgel de Faria (com ressalva) votaram com o Sr. Ministro Relator. Ausente, justificadamente, o Sr. Ministro Jorge Mussi. Presidiu o julgamento o Sr. Ministro Felix Fischer.

***

AgRg no AREsp 552199 / SE AGRAVO REGIMENTAL NO AGRAVO EM RECURSO ESPECIAL 2014/0180241-8. Relator(a) Ministro SÉRGIO KUKINA (1155). Órgão Julgador T1 - PRIMEIRA TURMA. Data do Julgamento 10/02/2015. Data da Publicação/Fonte DJe 20/02/2015. Ementa: PREVIDENCIÁRIO. DESAPOSENTAÇÃO. APLICAÇÃO DO ENTENDIMENTO CONSOLIDADO MEDIANTE A SUBMISSÃO DO FEITO AO RITO DO ART. 543-C DO CPC. REGIMENTAL INTERPOSTO COM O OBJETIVO DE PREQUESTIONAR ARTIGOS DA CF. IMPOSSIBILIDADE DE ANÁLISE. CLÁUSULA DE RESERVA DE PLENÁRIO. NÃO VIOLAÇÃO. REPERCUSSÃO GERAL RECONHECIDA PELO STF. SOBRESTAMENTO DO FEITO NO STJ. DESNECESSIDADE. TERMO INICIAL DO BENEFÍCIO, JUROS E CORREÇÃO MONETÁRIA. INOVAÇÕES RECURSAIS. MATÉRIAS NÃO PREQUESTIONADAS. SÚMULA 282/STF. 1. A decisão agravada nada mais fez que aplicar o entendimento da Primeira Seção que, ao examinar o REsp 1.334.488/SC, Rel. Ministro Herman Benjamin, DJe 14/5/2013, processado nos termos do art. 543-C do CPC, chancelou o entendimento de que é possível ao segurado renunciar à aposentadoria para fins de obtenção de novo e posterior jubilamento (Desaposentação), sem a necessidade de devolução dos valores recebidos por força do benefício pretérito. 2. Não cabe ao Superior Tribunal de Justiça, ainda que para fins de prequestionamento, examinar na via especial suposta violação a dispositivo constitucional, sob pena de usurpação da competência do Supremo Tribunal Federal. 3. Não há falar em ofensa à cláusula de reserva de plenário (art. 97 da CF) e ao enunciado 10 da Súmula vinculante do Supremo Tribunal Federal quando não haja declaração de inconstitucionalidade dos dispositivos legais tidos por violados, tampouco afastamento desses, mas tão somente a interpretação do direito infraconstitucional aplicável ao caso, com base na jurisprudência desta

Corte. Precedentes. 4. A repercussão geral reconhecida pela Suprema Corte, nos termos do art. 543-B do CPC, não enseja o sobrestamento dos recursos especiais que tramitam neste Superior Tribunal de Justiça. Precedentes: AgRg no AgRg no AREsp 110.184/CE, Rel. Ministro Humberto Martins, Segunda Turma, DJe 30/10/12 e AgRg no REsp. 1.267.702/SC, Quinta Turma, Rel. Ministro Jorge Mussi, DJe 26/9/11. 5. Quanto às teses relativas ao termo inicial do benefício e à aplicação da Lei n. 11.960/09 (juros e correção monetária), esclareça-se que os temas constituem verdadeiras inovações recursais, na medida em que não levantados no momento oportuno, encontrando também óbice na Súmula 282/STF, por evidente falta de prequestionamento. 6. Agravo regimental a que se nega provimento. Acórdão: Vistos, relatados e discutidos estes autos, acordam os Ministros da PRIMEIRA TURMA do Superior Tribunal de Justiça, por unanimidade, negar provimento ao agravo regimental, nos termos do voto do Sr. Ministro Relator. Os Srs. Ministros Regina Helena Costa, Marga Tessler (Juíza Federal convocada do TRF 4ª Região), Napoleão Nunes Maia Filho (Presidente) e Benedito Gonçalves votaram com o Sr. Ministro Relator.

***

REsp 1485564 / RS RECURSO ESPECIAL 2014/0254402-8. Relator(a) Ministro HERMAN BENJAMIN (1132). Órgão Julgador T2 - SEGUNDA TURMA. Data do Julgamento 05/02/2015. Data da Publicação/Fonte DJe 11/02/2015. Ementa: PREVIDENCIÁRIO. MATÉRIA REPETITIVA. DESAPOSENTAÇÃO E REAPOSENTAÇÃO. RENÚNCIA À APOSENTADORIA. CONCESSÃO DE NOVO E POSTERIOR JUBILAMENTO. DEVOLUÇÃO DE VALORES. DESNECESSIDADE. PREQUESTIONAMENTO PARA O STF. ANÁLISE DE DISPOSITIVOS CONSTITUCIONAIS. IMPOSSIBILIDADE. 1. A Primeira Seção do Superior Tribunal de Justiça, no julgamento do Recurso Especial Repetitivo 1.334.488/SC (Rel. Ministro Herman Benjamin, DJe 14/05/2013), processado nos moldes do art. 543-C do CPC, consolidou o entendimento de que os benefícios previdenciários são direitos patrimoniais disponíveis, razão pela qual admitem desistência por seus titulares, destacando, ainda, a desnecessidade de devolução dos valores recebidos para a concessão de nova aposentadoria. 2. Ressalva de meu entendimento divergente quanto à devolução dos valores da aposentadoria renunciada, esposado pormenorizadamente no Recurso Especial representativo da controvérsia precitada. 3. Recurso Especial provido. Acórdão: Vistos, relatados e discutidos os autos em que são partes as acima indicadas, acordam os Ministros da SEGUNDA Turma do Superior Tribunal de Justiça: "A Turma, por unanimidade, deu provimento ao recurso, nos termos do voto do(a) Sr(a). Ministro(a)-Relator(a)." Os Srs. Ministros Og Fernandes, Mauro Campbell

Marques (Presidente) e Humberto Martins votaram com o Sr. Ministro Relator. Ausente, justificadamente, a Sra. Ministra Assusete Magalhães.

***

EDcl no AgRg no AREsp 520964 / CE EMBARGOS DE DECLARAÇÃO NO AGRAVO REGIMENTAL NO AGRAVO EM RECURSO ESPECIAL 2014/0123908-8. Relator(a) Ministro HERMAN BENJAMIN (1132). Órgão Julgador. T2 - SEGUNDA TURMA. Data do Julgamento 04/12/2014. Data da Publicação/Fonte. DJe 16/12/2014. Ementa: PROCESSUAL CIVIL E ADMINISTRATIVO. EMBARGOS DE DECLARAÇÃO. ART. 535 DO CPC. VÍCIO EXISTENTE. DESAPOSENTAÇÃO PARA RECEBIMENTO DE NOVA APOSENTADORIA. POSSIBILIDADE. DEVOLUÇÃO DOS VALORES RECEBIDOS. DESNECESSIDADE. 1. Trata-se de Embargos de Declaração contra decisão que não conheceu do Agravo Regimental, por falta de impugnação à decisão agravada. 2. O ora embargante, ao assentar que a matéria havia sido decidida sob o rito do art. 543-C do CPC no STJ, demonstrou impugnação ao fundamento da decisão agravada, no sentido de que a matéria era constitucional. Embargos acolhidos para conhecer do Agravo Regimental. 3. A Primeira Seção, sob o regime do art. 543-C do CPC e da Resolução STJ 8/2008, estabeleceu que "os benefícios previdenciários são direitos patrimoniais disponíveis e, portanto, suscetíveis de desistência pelos seus titulares, prescindindo-se da devolução dos valores recebidos da aposentadoria a que o segurado deseja preterir para a concessão de novo e posterior jubilamento" (RESP 1.334.488/SC, Rel. Min. Herman Benjamin, Primeira Seção, DJe 14.5.2013). 4. Ressalva de meu entendimento divergente quanto à devolução dos valores da aposentadoria renunciada, esposado pormenorizadamente no Recurso Especial representativo da controvérsia precitado. 5. Embargos de Declaração acolhidos, com efeito modificativo. Acórdão: Vistos, relatados e discutidos os autos em que são partes as acima indicadas, acordam os Ministros da SEGUNDA Turma do Superior Tribunal de Justiça: "A Turma, por unanimidade, acolheu os embargos de declaração, com efeitos modificativos, nos termos do voto do(a) Sr(a). Ministro(a)-Relator(a)." Os Srs. Ministros Og Fernandes, Mauro Campbell Marques (Presidente), Assusete Magalhães e Humberto Martins votaram com o Sr. Ministro Relator. **Informações Adicionais:** (RESSALVA DE ENTENDIMENTO) (MIN. HERMAN BENJAMIN)

"É princípio básico de manutenção do RGPS o equilíbrio atuarial entre o que é arrecadado e o contexto legal das prestações previdenciárias. Não é diferente para o benefício de aposentadoria, pois, sob a visão do segurado, ele contribui por um determinado tempo para custear um salário de benefício proporcional ao valor da base de cálculo do período contributivo. [...] um período determinado de contribuições do segurado representa parte do custeio de uma aposentadoria a contar do momento de sua concessão. Se este mesmo benefício é desconstituído para conceder um novo, obviamente mais vantajoso, o período contributivo deste último (em parte anterior e em parte posterior à aposentadoria renunciada) serve para custear o valor maior a partir da nova data de concessão. Pois bem, se na mesma situação acima o segurado for desobrigado de devolver os valores recebidos do benefício renunciado, ocorrerá nítido desequilíbrio atuarial, pois o seu "fundo de contribuições" acaba sendo usado para custear duas aposentadorias distintas.".

***

AgRg no REsp 1434372 / RS AGRAVO REGIMENTAL NO RECURSO ESPECIAL 2014/0031805-0. Relator(a) Ministro HUMBERTO MARTINS (1130). Órgão Julgador T2 - SEGUNDA TURMA. Data do Julgamento 20/11/2014. Data da Publicação/Fonte DJe 04/12/2014. Ementa: AGRAVO REGIMENTAL. PREVIDENCIÁRIO E PROCESSUAL CIVIL. VIOLAÇÃO DO ART. 535, II, DO CPC. INEXISTÊNCIA. DESAPOSENTAÇÃO E REAPOSENTAÇÃO. RENÚNCIA À APOSENTADORIA. CONCESSÃO DE NOVO E POSTERIOR JUBILAMENTO. DEVOLUÇÃO DE VALORES. DESNECESSIDADE. RECURSO ESPECIAL JULGADO NOS MOLDES DO ART. 543-C DO CPC - Nº 1.334.488/SC. SÚMULA 83/STJ. 1. A pendência de julgamento no STF de ação em que se discute a constitucionalidade de lei não enseja o sobrestamento dos recursos que tramitam no STJ. 2. Conforme consignado na análise monocrática, esta Corte orienta-se pela possibilidade da renúncia à aposentadoria para que outra com renda mensal maior seja concedida, levando-se em conta o período de labor exercido após a outorga da inativação, tendo em vista que a natureza patrimonial do benefício previdenciário não obsta a renúncia a este, porquanto disponível o direito do segurado, não importando em devolução dos valores percebidos. 3. Esse entendimento foi consolidado pela Primeira Seção do STJ, na assentada do dia 8.5.2013, no julgamento do REsp 1.334.488/SC, Rel. Min. Herman Benjamin, submetido ao rito dos recursos repetitivos (art. 543-C do CPC e Resolução 8/2008 do STJ). 4. O Tribunal a quo decidiu de acordo com jurisprudência desta Corte, de modo que se aplica à espécie o enunciado da Súmula 83/STJ, verbis:"Não se conhece do recurso especial pela divergência, quando a orientação do Tribunal se firmou no mesmo sentido da decisão recorrida." 5. A apreciação de suposta violação de preceitos constitucionais não é possível na via especial, nem à guisa de prequestionamento, por ser matéria reservada pela Carta Magna ao Supremo Tribunal Federal. Agravo regimental improvido. Acórdão: Vistos, relatados e discutidos os autos em que são partes as acima indicadas, acordam os Ministros da SEGUNDA Turma do Superior Tribunal de Justiça "A Turma, por unanimidade, negou provimento ao agravo regimental, nos termos do voto do(a) Sr(a). Ministro(a)-Relator(a)." Os Srs. Ministros Herman Benjamin, Og Fernandes e Mauro Campbell Marques (Presidente) votaram com o Sr. Ministro Relator. Ausente, justificadamente, a Sra. Ministra Assusete Magalhães.

***

EDcl no AgRg no Ag 1086718 / MG. EMBARGOS DE DECLARAÇÃO NO AGRAVO REGIMENTAL NO AGRAVO DE INSTRUMENTO 2008/0185382-0. Relator(a) Ministro JORGE MUSSI (1138). Órgão Julgador T5 - QUINTA TURMA. Data do Julgamento 12/02/2015. Data da Publicação/ Fonte DJe 09/03/2015. Ementa: PROCESSUAL CIVIL. EMBARGOS DE DECLARAÇÃO. AUXÍLIO-ACIDENTE. MAJORAÇÃO DO PERCENTUAL. LEI N. 9.032/95. REPERCUSSÃO GERAL RECONHECIDA PELO SUPREMO TRIBUNAL FEDERAL. JUÍZO DE RETRATAÇÃO. ARTIGO 543-B DO CPC. ALTERAÇÃO DO ENTENDIMENTO NESTE CORTE SUPERIOR. EMBARGOS DE DECLARAÇÃO ACOLHIDOS COM EFEITO INFRINGENTE. 1. Prevalecia nesta Corte Superior o entendimento de o aumento do percentual do auxílio-acidente estabelecido pela Lei n. 9.032/1995, que alterou o § 1º do artigo 86 da Lei n. 8.213, de 24 de julho de 1991 ser aplicável aos benefícios que estivessem na mesma situação, sem exceção, com incidência nos casos pendentes de concessão ou já concedidos, em virtude dos dispositivos mencionados serem norma de ordem pública (REsp 1.096.244/SC, Rel. Ministra Maria Thereza de Assis Moura, Terceira Seção, julgado em 22/04/2009, DJe 08/05/2009). 2. O Supremo Tribunal Federal, contudo, em recurso extraordinário com repercussão geral, reafirmou sua jurisprudência no sentido de que os benefícios previdenciários devem ser regulados pela lei vigente ao tempo em que preenchidos os requisitos necessários à sua concessão, não sendo possível a aplicação de lei posterior, mesmo mais benéfica, salvo se expressamente previsto no novo diploma legal (RE n. 613.033/SP, Relator Ministro Dias Toffoli, DJe de 09/06/2011). 3. Em juízo de retratação, nos termos do artigo 543-B do CPC, acolhe-se os embargos de declaração, com efeitos infringentes, para dar-se parcial provimento ao agravo de instrumento do Instituto Nacional do Seguro Social - INSS. Acórdão: Vistos, relatados e discutidos estes autos, acordam os Ministros da Quinta Turma do Superior Tribunal de Justiça, na conformidade dos votos e das notas taquigráficas a seguir, por unanimidade, em juízo de retratação (art. 543-B do CPC), acolher os embargos, nos termos do voto do Sr. Ministro Relator. Os Srs. Ministros Newton Trisotto (Desembargador convocado do TJ/SC), Leopoldo de Arruda Raposo (Desembargador convocado do TJ/PE) e Felix Fischer votaram com o Sr. Ministro Relator. Ausente, justificadamente, o Sr. Ministro Gurgel de Faria.

***

EDcl no AgRg no REsp 1060116 / SP. EMBARGOS DE DECLARAÇÃO NO AGRAVO REGIMENTAL NO RECURSO ESPECIAL 2008/0113426-0. Relator(a) Ministro JORGE MUSSI (1138). Órgão Julgador T5 - QUINTA TURMA. Data do Julgamento 12/02/2015. Data da Publicação/Fonte DJe 09/03/2015. Ementa: PROCESSUAL CIVIL. EMBARGOS DE DECLARAÇÃO. AUXÍLIO-ACIDENTE. MAJORAÇÃO DO PERCENTUAL. LEI N. 9.032/95. REPERCUSSÃO GERAL RECONHECIDA PELO SUPREMO TRIBUNAL FEDERAL. JUÍZO DE RETRATAÇÃO. ARTIGO 543-B DO CPC. ALTERAÇÃO DO ENTENDIMENTO NESTA CORTE SUPERIOR. EMBARGOS DE DECLARAÇÃO ACOLHIDOS COM EFEITO INFRINGENTE. 1. Prevalecia nesta Corte Superior o entendimento de o aumento do percentual do auxílio-acidente estabelecido pela Lei n. 9.032/1995, que alterou o § 1º do artigo 86 da Lei n. 8.213, de 24 de julho de 1991 ser aplicável aos benefícios que estivessem na mesma situação, sem exceção, com incidência nos casos pendentes de concessão ou já concedidos, em virtude dos dispositivos mencionados serem norma de ordem pública (REsp 1.096.244/SC, Rel. Ministra Maria Thereza de Assis Moura, Terceira Seção, julgado em 22/04/2009, DJe 08/05/2009). 2. O Supremo Tribunal Federal, contudo, em recurso extraordinário com repercussão geral, reafirmou sua jurisprudência no sentido de que os benefícios previdenciários devem ser regulados pela lei vigente ao tempo em que preenchidos os requisitos necessários à sua concessão, não sendo possível a aplicação de lei posterior, mesmo mais benéfica, salvo se expressamente previsto no novo diploma legal (RE n. 613.033/SP, Relator Ministro Dias Toffoli, DJe de 09/06/2011). 3. Em juízo de retratação, nos termos do artigo 543-B do CPC, acolhe-se os embargos de declaração, com efeitos infringentes, para negar-se provimento ao recurso especial do autor. Acórdão: Vistos, relatados e discutidos estes autos, acordam os Ministros da Quinta Turma do Superior Tribunal de Justiça, na conformidade dos votos e das notas taquigráficas a seguir, por unanimidade, em juízo de retratação (art. 543-B do CPC), acolher os embargos, nos termos do voto do Sr. Ministro Relator. Os Srs. Ministros Newton Trisotto (Desembargador convocado do TJ/SC), Leopoldo de Arruda Raposo (Desembargador convocado do TJ/PE) e Felix Fischer votaram com o Sr. Ministro Relator. Ausente, justificadamente, o Sr. Ministro Gurgel de Faria.

***

AgRg no AREsp 641099 / RS. AGRAVO REGIMENTAL NO AGRAVO EM RECURSO ESPECIAL 2015/0002931-6. Relator(a) Ministro HUMBERTO MARTINS (1130). Órgão Julgador T2 - SEGUNDA TURMA. Data do

Julgamento 03/03/2015. Data da Publicação/Fonte DJe 09/03/2015. Ementa: PREVIDENCIÁRIO. REVISÃO. APOSENTADORIA PROPORCIONAL POR TEMPO DE CONTRIBUIÇÃO DEFERIDA COM A CONSIDERAÇÃO DE TEMPO POSTERIOR AO ADVENTO DA LEI N. 9.876/99. INCIDÊNCIA DO FATOR PREVIDENCIÁRIO. PRECEDENTES. 1. O segurado que completar os requisitos necessários à aposentadoria antes de 29/11/1999 (início da vigência da Lei n. 9.876/99) terá direito a uma RMI calculada com base na média dos 36 últimos salários de contribuição apurados em período não superior a 48 meses (redação original do art. 29 da Lei n. 8.213/91), não se cogitando da aplicação do "fator previdenciário", conforme expressamente garantido pelo art. 6º da respectiva lei. 2. Completando o segurado os requisitos da aposentadoria já na vigência da Lei n. 9.876/99 (em vigor desde 29.11.1999), o período básico do cálculo (PBC) estender-se-á por todo o período contributivo, extraindo-se a média aritmética dos 80% maiores salários de contribuição, a qual será multiplicada pelo "fator previdenciário" (Lei n.8.213/91, art. 29, I e § 7º). 3. O Superior Tribunal de Justiça já pacificou o entendimento de que é vedada a adoção de regime híbrido, com a aplicação da lei vigente à época do implemento das condições para a concessão do benefício no que diz respeito ao limite do salário de contribuição (Lei 6.950/81) e da aplicação do art. 144 da Lei 8.213/91 no tocante ao critério de atualização dos salários de contribuição. Agravo regimental improvido. Acórdão: "A Turma, por unanimidade, negou provimento ao agravo regimental, nos termos do voto do(a) Sr(a). Ministro(a)-Relator(a)." Os Srs. Ministros Herman Benjamin, Mauro Campbell Marques (Presidente) e Assusete Magalhães votaram com o Sr. Ministro Relator. Ausente, justificadamente, o Sr. Ministro Og Fernandes.

***

AR 3339 / RS. AÇÃO RESCISÓRIA 2005/0092776-7. Relator(a) Ministro ROGERIO SCHIETTI CRUZ (1158). Revisor(a) Ministro GURGEL DE FARIA (1160). Órgão Julgador S3 - TERCEIRA SEÇÃO. Data do Julgamento 25/02/2015. Data da Publicação/Fonte DJe 05/03/2015. Ementa: PROCESSUAL CIVIL E PREVIDENCIÁRIO. AÇÃO RESCISÓRIA. ERRO DE FATO E VIOLAÇÃO LITERAL DE DISPOSIÇÃO DE LEI. ART. 485, V E IX, DO CPC. RECONHECIMENTO DE TEMPO DE SERVIÇO RURAL ANTERIOR À LEI N. 8.213/91. RECOLHIMENTO DE CONTRIBUIÇÕES. DESNECESSIDADE. PROCEDÊNCIA DO PEDIDO. 1. Não se exige o recolhimento de contribuição previdenciária, para fins de reconhecimento do tempo de serviço do trabalhador rural, prestado anteriormente à vigência da Lei n. 8.213/91. Precedentes. 2. Pedido da ação rescisória procedente. Acórdão: Vistos e relatados estes autos em que são partes as acima indicadas, acordam os Ministros da Terceira Seção, por unanimidade, julgar procedente a ação rescisória, nos termos do voto do Sr. Ministro Relator. Os Srs. Ministros Gurgel de Faria (Revisor), Newton Trisotto (Desembargador Convocado do TJ/SC), Ericson Maranho (Desembargador convocado do TJ/SP), Leopoldo de Arruda Raposo (Desembargador convocado do TJ/PE), Felix Fischer, Maria Thereza de Assis Moura e Sebastião Reis Júnior votaram com o Sr. Ministro Relator. Impedido o Sr. Ministro Nefi Cordeiro. Presidiu o julgamento o Sr. Ministro Jorge Mussi.

11.3 - TRIBUNAL REGIONAL FEDERAL DA 1a REGIÃO

AC 0006303-53.2010.4.01.3803 / MG; APELAÇÃO CIVEL. Relator DESEMBARGADORA FEDERAL ÂNGELA CATÃO. **Órgão** SÉTIMA TURMA. Publicação 13/03/2015 e-DJF1 P. 596. Data Decisão 20/01/2015. EMENTA : PREVIDENCIÁRIO E PROCESSUAL CIVIL. AÇÃO ORDINÁRIA. CONTRIBUIÇÃO PREVIDENCIÁRIA SOBRE A PRODUÇÃO RURAL (ART. 12, V E VII; ART. 25, I E II; E ART. 30, IV, DA LEI Nº 8.212/91). ART. 1º DA LEI Nº 8.540/92: INCONSTITUCIONAL (STF). RESTITUIÇÃO. DECADÊNCIA QUINQUENAL. (Nº 1). 1. O Pleno do STF (RE 566621/RS), sob o signo do art. 543-B do CPC, reconheceu a inconstitucionalidade do art. 4º, segunda parte, da LC 118/2005 e considerou aplicável a decadência quinquenal às ações repetitórias ajuizadas a partir de 09 JUN 2005, como é caso. 2. O STF (RE 596.177/RS) declarou, sem modulação temporal dos efeitos, inconstitucional o art. 1º da Lei 8.540/92, que alterou a redação dos artigos 12, V e VII; 25, I e II; e 30, IV, da Lei 8.212/91, que instituiu a contribuição a cargo do empregador rural, pessoa física, sobre receita bruta proveniente da venda de sua produção, por ofensa aos princípios da equidade, da isonomia e da legalidade tributária e ocorrida bitributação, ausente, ainda, a necessária lei complementar. 3. À restituição aplicável apenas a Taxa SELIC, uma vez que os valores a serem restituídos são posteriores à janeiro de 1996. 4. Verba honorária mantida conforme fixada na sentença recorrida, nos termos do art. 20, §§ 3º e 4º do CPC. 5. Apelação e remessa oficial parcialmente providas. Decisão: A Turma, por unanimidade, deu parcial provimento à apelação e à remessa oficial.

***

AC 0008545-07.2013.4.01.3600 / MT; APELAÇÃO CIVEL. Relator DESEMBARGADORA FEDERAL ÂNGELA CATÃO. **Órgão** SÉTIMA TURMA. Publicação 13/03/2015 e-DJF1 P. 761. Data Decisão 03/03/2015 EMENTA: PREVIDENCIÁRIO E PROCESSUAL CIVIL. AÇÃO ANULATÓRIA DE DÉBITO. CONTRIBUIÇÃO PREVIDENCIÁRIA SOBRE A PRODUÇÃO RURAL. PESSOA JURÍDICA. INEXISTÊNCIA DE PROVAS DO NÃO REPASSE AO PRODUTOR RURAL, CONTRIBUINTE

DE FATO (ART. 166/CTN). PARCELAMENTO FISCAL. CONFISSÃO IRRETRATÁVEL DO DÉBITO. HONORÁRIOS (Nº1). 1. Ante a ausência de provas do não repasse do encargo ao produtor rural, contribuinte de fato, a pessoa jurídica, na qualidade de adquirente de produtos rurais, não tem legitimidade ativa para pleitear a repetição da contribuição incidente sobre o produto da comercialização da produção agrícola. (art. 166/CTN). 2. Não pode o contribuinte, que optou espontaneamente pelo parcelamento da dívida, confessando sua existência, aceitando o valor do débito e as condições estabelecidas, socorrer-se ao judiciário para revisão do ato formal a que aderiu. Precedentes. 3. A adesão ao parcelamento condiciona-se à confissão irrevogável e irretratável dos débitos fiscais, equivalendo-se à renúncia ao direito sobre o qual se funda a ação em que são discutidos. 4. Verba honorária mantida conforme fixada na sentença recorrida, nos termos do art. 20, §§ 3º e 4º do CPC. 5. Apelação não provida. Decisão: A Turma, por unanimidade, negou provimento à apelação.

***

AC 0064367-28.2014.4.01.9199 / TO; APELAÇÃO CIVEL. Relator DESEMBARGADOR FEDERAL CANDIDO MORAES. Convocado JUÍZA FEDERAL SANDRA LOPES SANTOS DE CARVALHO (CONV.). **Órgão** SEGUNDA TURMA. Publicação 10/03/2015 e-DJF1 P. 1093. Data Decisão 04/02/2015. EMENTA: PREVIDENCIÁRIO E CONSTITUCIONAL. BENEFÍCIO PREVIDENCIÁRIO. PRÉVIO REQUERIMENTO ADMINISTRATIVO. NECESSIDADE. AUSÊNCIA DE CONTESTAÇÃO DE MÉRITO. REGRAS DE TRANSIÇÃO PARA OS PROCESSOS EM CURSO. STF RE 631.240. 1. O juiz a quo afastando a preliminar de carência de ação por ausência do prévio requerimento administrativo, concedeu à parte autora o benefício previdenciário requerido na inicial. O INSS não apresentou contestação quanto ao mérito. 2. O Supremo Tribunal Federal, ao apreciar o RE 631.240, com repercussão geral reconhecida, entendeu indispensável o prévio requerimento administrativo pelo segurado antes de pleitear benefício previdenciário nas vias judiciais. A e. Corte Maior estabeleceu, entretanto, os critérios de transição a serem observados nos processos em curso: a) nos casos em que o INSS apresentou contestação de mérito no feito, fica mantido seu trâmite. Isso porque, essa resposta caracteriza o interesse de agir da parte autora, uma vez que há resistência ao pedido, não havendo que se falar em carência de ação, b) para aquelas ações ajuizadas em juizados itinerantes, a ausência do pedido administrativo não implicará a extinção do feito. Isso se dá porque os juizados se direcionam, basicamente, para onde não há agência do INSS; c) nas demais ações, o requerente do benefício deve ser intimado pelo juízo para dar entrada no pedido junto ao INSS, no prazo de 30 dias, sob pena de extinção do processo. Uma vez comprovada a postulação administrativa, a autarquia também será intimada a se manifestar, no prazo de 90 dias. 3. Tal entendimento deve ser prestigiado, para os processos em curso ante a surpresa ocasionada pelo entendimento da Corte Maior, contrária à então jurisprudência majoritária deste Regional e do STJ. 4. Subsumido o caso concreto ao estipulado na alínea "c" supra, é descabida a extinção do feito nos termos do art. 267, VI, do CPC como requerido pelo INSS. A hipótese é de anulação da sentença, com o retorno dos autos para o regular prosseguimento do feito no Juízo de 1º Grau, observado o decidido pelo STF no RE 631.240, após o que, cumpridas as formalidades legais, deverá ser proferida nova sentença, ressaltando que o julgamento de mérito da causa está condicionado ao preenchimento das condições da ação. 5. Apelação do INSS parcialmente provida, para anular a sentença, determinando o retorno dos autos ao juízo de origem. Decisão: A Turma, por unanimidade, deu parcial provimento à apelação, para anular a sentença, determinando o retorno dos autos ao juízo de origem.

***

AMS 2007.35.00.023110-4 / GO; APELAÇÃO EM MANDADO DE SEGURANÇA. Relator DESEMBARGADOR FEDERAL FRANCISCO DE ASSIS BETTI. Convocado JUIZ FEDERAL CLEBERSON JOSÉ ROCHA (CONV.) **Órgão** SEGUNDA TURMA. Publicação 10/03/2015 e-DJF1 P. 558. Data Decisão 04/02/2015. Ementa: PREVIDENCIÁRIO. PROCESSUAL CIVIL. APELAÇÃO EM MANDADO DE SEGURANÇA. PENSÃO POR MORTE. QUALIDADE DE SEGURADO COMPROVADA. RECLAMAÇÃO TRABALHISTA. INÍCIO DE PROVA MATERIAL. PROVA TESTEMUNHAL. 1. O benefício de pensão por morte pressupõe: a) óbito do instituidor que mantinha a condição de segurado; b) qualidade de dependente; e c) dependência econômica (art. 74 da Lei 8.213/91). 2. A decisão da Justiça do Trabalho posterior ao vínculo, não faz coisa julgada para efeito previdenciário, e deve ser apreciada pelo INSS e por consequência pela Justiça Federal, se o caso, para extrair se pode ser admitida como prova plena do ou início de prova material para efeito de contagem de tempo de contribuição previdenciário. 3. No caso, apesar de haver apenas homologado acordo, sem notícia da juntada de documentos que serviriam com início de prova material, a prova testemunhal produzida atesta o trabalho dele para o referido empregador (fls. 156/157 e 175/176). 4. Em se tratando de segurado empregado, tanto a formalização da relação de emprego quanto a responsabilidade pelos recolhimentos das contribuições previdenciárias devidas são de responsabilidade do empregador, cuja omissão não pode penalizar o segurado e seus dependentes, cabendo ao INSS a fiscalização e cobrança dos valores não recolhidos. 5. DIB: é devida a concessão do benefício, cujo termo inicial deve ser fixado a partir da data do óbito, por serem as impetrantes menores de idade, mas com efeitos financeiros a partir da impetração, nos termos da Súmula nº 271 do STF. 6. Correção monetária e juros de mora nos termos do MCCJF. 7. Apelação e Remessa oficial parcialmente providas, nos termos dos itens 5 e 6. Decisão: A Turma, por maioria, deu parcial provimento à apelação e à remessa oficial.

***

AC 0053156-92.2014.4.01.9199 / MG; APELAÇÃO CIVEL. Relator DESEMBARGADOR FEDERAL JAMIL ROSA DE JESUS OLIVEIRA. **Órgão** PRIMEIRA TURMA. Publicação 10/03/2015 e-DJF1 P. 488. Data Decisão 04/02/2015. Ementa: PREVIDENCIÁRIO E PROCESSUAL CIVIL. BENEFÍCIO ASSISTENCIAL. LOAS. ALVARÁ DE LEVANTAMENTO DE DIFERENÇAS DE BENEFÍCIO DEVIDAS A SEGURADO FALECIDO. PRÉVIO REQUERIMENTO ADMINISTRATIVO (STF: RE 631240). CONTESTAÇÃO DO MÉRITO E INTERESSE DE AGIR. PROCEDIMENTO DE JURISDIÇÃO VOLUNTÁRIA. CONTESTAÇÃO DO MÉRITO PELO INSS. CONVERSÃO EM JURISDIÇÃO CONTENCIOSA. CONDENAÇÃO EM HONORÁRIOS. SENTENÇA MANTIDA. 1. O Supremo Tribunal Federal, no julgamento do RE 631240, em sessão realizada no dia 27/08/2014 firmou o entendimento, com repercussão geral, de que há necessidade de requerimento administrativo, prévio ao ingresso do segurado em juízo, para obtenção de benefício previdenciário. Entendeu-se, porém, pela presença do interesse processual de agir nas ações em curso, sem o prévio processo administrativo, se a autarquia previdenciária, em sua defesa de mérito, tiver resistido à concessão do benefício previdenciário. Caso dos autos. Preliminar afastada. 2. O pedido de expedição de alvará caracteriza procedimento de jurisdição voluntária. Todavia, caso haja resistência do INSS à pretensão deduzida pelo requerente, o procedimento perde a sua natureza de voluntário e adquire as feições de contencioso e, nesse caso, a competência para processar e julgar o feito é da Justiça Federal ou da Justiça Estadual, com recurso para o Tribunal Regional Federal (art. 109, §§ 3º e 4º, da Constituição), caso dos autos. 3. Havendo resistência da autarquia para a concessão do pedido, correta a condenação em honorários advocatícios. 4. Apelação do INSS desprovida. Decisão: A Turma, à unanimidade, negou provimento à apelação do INSS.

***

AC 0056174-63.2010.4.01.9199 / GO; APELAÇÃO CIVEL. Relator DESEMBARGADOR FEDERAL CANDIDO MORAES. Convocado JUÍZA FEDERAL SANDRA LOPES SANTOS DE CARVALHO (CONV.). **Órgão** SEGUNDA TURMA. Publicação 10/03/2015 e-DJF1 P. 660. Data Decisão 11/02/2015. Ementa: PREVIDENCIÁRIO. PROCESSUAL CIVIL. PREVI-

DENCIÁRIO. JUROS DE MORA. JUÍZO DE RETRATAÇÃO. ACÓRDÃO PROFERIDO EM CONFORMIDADE COM A JURISPRUDÊNCIA CONSOLIDADA NO RESP 1.205.946/SP. LEI 11.960/2009. APLICABILIDADE IMEDIATA. 1. A Vice-Presidência desta Corte, em juízo de admissibilidade de Recurso Especial oposto pelo INSS, determinou o retorno dos autos a esta 2ª Turma para o fim previsto no art. 543-C, § 7º, II, do CPC, em face do julgado no REsp 1.205.946/SP, no que decidiu no tocante aos juros moratórios. 2. O art 1ºF da Lei 9494/97 disciplinava os juros de mora para o pagamento das verbas remuneratórias devidas aos servidores e empregados públicos. Somente a partir da edição da Lei n. 11.960/2009, a aplicabilidade deste dispositivo legal foi estendida às condenações impostas à Fazenda Pública de qualquer natureza (inclusive previdenciária). 3. Consoante previsto no REsp 1.205.946/SP, julgado sob o rito do art. 543 do CPC, nas ações de cunho previdenciário, o que é o caso destes autos, os juros moratórios são devidos no valor de 1% a.m. até a edição da Lei n. 11.960/2009 (30.06.2009), quando então serão devidos no percentual fixado por essa norma (índices oficiais de remuneração básica e juros aplicados à caderneta de poupança). 4. O presente feito se amolda integralmente ao comando do REsp 1.205.946/SP, consoante previsto na jurisprudência unânime desta Corte, assim como do Superior Tribunal de Justiça, segundo os quais, nas ações de cunho previdenciário, os juros de mora são devidos a partir da citação, em relação às parcelas a ela anteriores, e de cada vencimento, quanto às subseqüentes, no percentual de 1% a.m até a entrada em vigor da Lei nº 11.960/2009, a partir de quando serão reduzidos para 0,5% ao mês. 5. Examinando-se em juízo de retratação, ratifica-se na íntegra o acórdão guerreado que fixou a incidência dos consectários em conformidade com o REsp 1.205.946/SP. Decisão: A Turma, por unanimidade, manteve o acórdão impugnado, ratificando seu resultado.

***

AC 2008.01.99.056790-8 / MG; APELAÇÃO CIVEL. Relator ESEMBARGADOR FEDERAL JAMIL ROSA DE JESUS OLIVEIRA. **Órgão** PRIMEIRA TURMA. Publicação 10/03/2015 e-DJF1 P. 52. Data Decisão 04/02/2015. Ementa: CONSTITUCIONAL E PREVIDENCIÁRIO. BENEFÍCIO DE AMPARO SOCIAL À PESSOA PORTADORA DE DEFICIÊNCIA E AO IDOSO. ART. 203, V, CF/88. LEI 8.742/93. PERCEPÇÃO DE PENSÃO POR MORTE. INACUMULATIVIDADE. PEDIDO IMPROCEDENTE. 1. Pedido indeferido no primeiro grau de jurisdição ao fundamento de que a autora já recebia pensão por morte de seu falecido cônjuge. 2. A concessão do benefício de prestação continuada denominado Amparo Social à Pessoa Portadora de Deficiência Física e ao Idoso (art. 203 da CF/88 e art. 2º, V, Lei 8.742/93) exige apenas a comprovação de que a parte requerente é deficiente e/ou idosa e que não possui meios de prover a própria manutenção ou de tê-la provida por sua família. 3. A autora é beneficiária de pensão por morte instituída por seu falecido cônjuge. Não é possível a cumulação de benefício assistencial com qualquer outro benefício previdenciário nos termos do artigo 20, §4º, da Lei 8.742/93. 4. Apelação desprovida. Decisão: A Turma, à unanimidade, negou provimento à apelação.

***

AC 0011561-55.2010.4.01.9199 / RO; APELAÇÃO CIVEL. Relator DESEMBARGADOR FEDERAL FRANCISCO DE ASSIS BETTI. Convocado JUIZ FEDERAL CLEBERSON JOSÉ ROCHA (CONV.). **Órgão** SEGUNDA TURMA. Publicação 10/03/2015 e-DJF1 P. 643. Data Decisão 11/02/2015. Ementa: PREVIDENCIÁRIO. PROCESSUAL CIVIL. APOSENTADORIA POR INVALIDEZ RURAL. INÍCIO DE PROVA MATERIAL. AUSÊNCIA DE LAUDO PERICIAL. INADMISSIBILIDADE. SENTENÇA ANULADA. RETORNO DOS AUTOS À ORIGEM PARA REGULAR PROCESSAMENTO E JULGAMENTO DO FEITO. 1. Os requisitos indispensáveis para a concessão do benefício previdenciário de auxílio-doença ou aposentadoria por invalidez são: a) a qualidade de segurado; b) a carência de 12 (doze) contribuições mensais; c) a incapacidade parcial ou total e temporária (auxílio-doença) ou total e permanente (aposentadoria por invalidez) para atividade laboral. 2. Início de prova material: Certidão de casamento (fl. 14), constando profissão de lavrador do autor; corroborada por prova testemunhal consistente (fls. 53/55): indubitável qualidade de segurado especial do autor. 3. Sem comprovação da incapacidade do segurado. Ausente a perícia médica oficial, procedimento indispensável para a averiguação da presença de incapacidade laboral do segurado, requisito indispensável à concessão do benefício aposentadoria por invalidez. 4. A anulação da sentença é medida que se impõe à míngua de instrução completa e robusta dos autos. (Precedentes desta Corte). 5. Sentença anulada de ofício, com retorno dos autos ao Juízo de origem para realização de laudo médico pericial e regular processamento do feito. Apelação prejudicada. Decisão: A Turma, por unanimidade, anulou, de ofício, a sentença e julgou prejudicada a apelação.

***

AC 0062531-25.2011.4.01.9199 / MG; APELAÇÃO CIVEL. Relator DESEMBARGADOR FEDERAL CANDIDO MORAES. Convocado JUÍZA FEDERAL SANDRA LOPES SANTOS DE CARVALHO (CONV.) **Órgão** SEGUNDA TURMA. Publicação 10/03/2015 e-DJF1 P. 708. Data Decisão 11/02/2015. Ementa: PREVIDENCIÁRIO. PROCESSUAL CIVIL. APOSENTADORIA POR IDADE TRABALHADOR RURAL. INICIO DE

PROVA MATERIAL EM NOME PROPRIO. VINCULOS URBANOS DE UM DOS MEMBROS DO GRUPO FAMILIAR. CONCESSÃO DO BENEFICIO. JUIZO DE RETRATAÇÃO. ADEQUAÇÃO DO JULGADO À JURISPRUDÊNCIA CONSOLIDADA NO RESP 1.304.479. 1. Reexame, em Juízo de retratação, da apelação da parte autora, tendo em vista a alegação de suposta decisão conflitante com entendimento do Superior Tribunal de Justiça, consolidada no recurso representativo da controvérsia, no REsp n. 1.304.479. 2. No caso concreto: Requisito etário: 2006 (carência: 12,5 anos) Documentos: certidão de casamento/cônjuge lavrador; CNIS da autora (fl. 53) CTPS da autora com anotação de vínculos como "safrista" e 'trabalhador rural" "apanhador e café" entre 2000/2007 CNIS do cônjuge (fl. 70): aposentadoria por invalidez "servidor público/empregado" desde 2000; Prova testemunhal: afirma o labor rural da autora durante o prazo de carência. 3. O julgado da T2/TRF, que negou provimento à apelação da autora está em desconformidade com o entendimento do STJ, submetido ao regime dos recursos repetitivos, de especial eficácia vinculativa, segundo o qual o exercício de atividade urbana por parte de qualquer dos membros do grupo familiar, por si só, não se presta a descaracterizar o efetivo exercício de atividade rural dos demais membros, especialmente se houver a apresentação de documentos próprios, com anotação da profissão rural da parte que pretende o reconhecimento da condição de segurado especial. 4. Atendidos os requisitos indispensáveis à concessão do benefício de aposentadoria rural em testilha - início de prova material da atividade rural alegada, devidamente corroborado por prova testemunhal sólida, a que ainda se agrega a idade mínima exigida para o deferimento da prestação - mostrou-se incorreta a sentença que rejeitou o pedido nesse sentido deduzido. 5. Termo inicial conforme os termos do item "a" contido na fundamentação do voto proferido pelo relator. 6. Correção monetária de acordo com os índices constantes do Manual de Cálculos da Justiça Federal. Juros de mora de 1% até Lei 11.960/09 a partir de quando serão reduzidos para 0,5% ao mês caso a taxa SELIC ao ano seja superior a 8,5% ou 70% da taxa SELIC ao ano, mensalizada, nos demais casos, segundo Lei 12.703/2012 e Manual de Cálculos da Justiça Federal. Contam-se da citação, para as parcelas eventualmente vencidas anteriormente a ela, e do respectivo vencimento, para as que lhe são posteriores. 7. Honorários advocatícios fixados em 10% das prestações vencidas até a prolação da sentença de procedência, ou do acórdão que reforma o comando de improcedência da pretensão vestibular. Entretanto, caso a sentença tenha fixado valor inferior ao entendimento jurisprudencial, deve ela prevalecer na hipótese de ausência de recurso do autor. 8. Nos feitos processados perante a Justiça Estadual o INSS é isento do pagamento de custas (inclusive despesas com oficial de justiça) nos Estados de Minas Gerais, Goiás, Rondônia, Mato Grosso e Piauí. 9. Não tendo ocorrido deferimento de tutela antecipada, justifica-se a determinação de implantação imediata do benefício perseguido (art. 461 do CPC), já que eventuais recursos interpostos contra o presente julgado são desprovidos de efeito suspensivo. Precedentes do STJ. 10. Juízo de retratação exercido. Apelação da parte autora parcialmente provida. Decisão: A Turma, por unanimidade, em juízo de retratação, nos termos do art 543-C, §7º, II, do CPC, deu parcial provimento à apelação da parte autora.

***

AC 0059461-97.2011.4.01.9199 / PI; APELAÇÃO CIVEL. Relator DESEMBARGADOR FEDERAL FRANCISCO DE ASSIS BETTI. Convocado JUIZ FEDERAL CLEBERSON JOSÉ ROCHA (CONV.). **Órgão** SEGUNDA TURMA. Publicação 10/03/2015 e-DJF1 P. 706. Data Decisão 11/02/2015. Ementa: PREVIDENCIÁRIO. CONCESSÃO. REMESSA OFICIAL. APOSENTADORIA POR INVALIDEZ. REQUISITOS: QUALIDADE DE SEGURADO, CARÊNCIA E INCAPACIDADE PARA O TRABALHO RURAL. ATENDIDOS. LAUDO PERICIAL FAVORÁVEL. 1. Remessa Oficial conhecida de ofício: inaplicabilidade do s §§ 2º e 3º do artigo 475 do CPC, eis que ilíquido o direito reconhecido e não baseando em jurisprudência ou Súmula do STF ou STJ. 2. Nos termos do julgamento do RE 631240, decidido com repercussão geral reconhecida, para as ações ajuizadas até a data dessa decisão, a contestação de mérito caracteriza o interesse de agir da parte autora em face do INSS, uma vez que houve resistência ao pedido, sendo, para esses casos, prescindível a provocação administrativa. 3. Os requisitos indispensáveis para a concessão do benefício previdenciário de auxílio-doença ou aposentadoria por invalidez são: a) a qualidade de segurado; b) a carência de 12 (doze) contribuições mensais; c) a incapacidade parcial ou total e temporária (auxílio-doença) ou total e permanente (aposentadoria por invalidez) para atividade laboral. 4. Presente início de prova material: cópia da certidão de casamento - f. 57, comprovando a condição de lavrador do cônjuge e cópia da certidão de casamento de filho (fl. 13), comprovando a condição de lavradora da autora; corroborada por prova testemunhal consistente (fls. 55): indubitável qualidade de segurado especial da autora. 5. Averiguada pericialmente a incapacidade laboral total e permanente para o trabalho rural (fls. 42/43): imperiosa a concessão de aposentadoria por invalidez. 6. DIB: Mantida a sentença que determinou a concessão do benefício de aposentadoria por invalidez desde a data da intimação do INSS do laudo pericial, à míngua de recurso voluntário no ponto, e de vedada reformatio in pejus. 7. Consectários legais: a) correção monetária e juros de mora pelo MCJF; 8. A antecipação de tutela deve ser mantida, porque presentes os requisitos e os recursos eventualmente interpostos contra o acórdão têm previsão de ser recebidos apenas no efeito devolutivo. 9. Apelação não provida e remessa oficial providas, em parte, nos termos do item 07. Decisão: A Turma, por unanimidade, negou provimento à apelação e deu provimento, em parte, à remessa oficial.

***

AMS 2006.38.03.003761-9 / MG; APELAÇÃO EM MANDADO DE SEGURANÇA. Relator DESEMBARGADOR FEDERAL FRANCISCO DE ASSIS BETTI. Convocado JUIZ FEDERAL CLEBERSON JOSÉ ROCHA (CONV.). **Órgão** SEGUNDA TURMA. Publicação 10/03/2015 e-DJF1 P. 543. Data Decisão 04/02/2015. Ementa: PREVIDENCIÁRIO E PROCESSUAL CIVIL. MANDADO DE SEGURANÇA. INADEQUAÇÃO DA VIA ELEITA. APOSENTADORIA TEMPO DE CONTRIBUIÇÃO. EXPOSIÇÃO A AGENTES INSALUBRES OU PERIGOSOS. RUÍDO. AGENTES QUÍMICOS. COBRADOR DE ÔNIBUS. APLICAÇÃO DA LEI VIGENTE AO TEMPO EM QUE O SERVIÇO É PRESTADO. CORREÇÃO MONETÁRIA. JUROS MORATÓRIOS. 1. Não que se há falar da inadequação da via do mandamus quando o impetrante, insurgindo-se contra o ato da autoridade impetrada que lhe negou ou não analisou o pedido de reconhecimento de tempo especial, traz aos autos provas que comprovem a liquidez do seu direito. Precedentes. 2. O tempo de serviço especial é aquele decorrente de serviços prestados sob condições prejudiciais à saúde ou em atividades com riscos superiores aos normais para o segurado e, cumpridos os requisitos legais, dá direito à aposentadoria especial. As atividades consideradas prejudiciais à saúde foram definidas pela legislação previdenciária, especificamente, pelos Decretos 53.831/64 e 83.080/79 e 2.172/97. 3. A despeito da utilização dos equipamentos de proteção individual ou coletiva, vislumbra-se que tal fato não descaracteriza a condição especial do trabalho exercido pelo empregado, pois destinado à proteção da vida e da saúde do trabalhador. 4. O(s) período(s) compreendidos entre 01/02/1977 a 31/01/1979, entre 01/02/1979 a 31/03/1987, entre 01/06/1987 a 08/10/1992 e entre 01/12/1992 a 30/09/1996 (superior a 90 dB), deve(m) ser reconhecido(s) como atividade especial, vez que o demandante exerceu suas atividades laborativas exposto a intensidade de ruído prejudicial à saúde, conforme formulários DSS 8030 e laudos técnicos periciais (fls. 68/73). As referidas atividades descritas têm enquadramento nos Decretos nºs 53.831/64 (itens 1.1.6 - ruído), 83.080/79 2.172/97 (itens 2.0.1 - ruído) e 3.048/99 (item 2.0.1 - ruído). 5. Concomitantemente, esteve exposto aos agentes químicos nocivos à saúde, a saber: HIDROCARBONETOS (óleos, graxas e solventes), conforme laudos periciais e PPP (fls. 68/73). As referidas atividades descritas têm enquadramento nos Decretos nºs 53.831/64 (item 1.2.11), nº 83.080/79 (itens 1.2.10), nº 2.172/97 (item 13 - Anexo II) e nº 3.048/99 (item XIII - Anexo II). 6. O impetrante exerceu a atividade de cobrador de ônibus, no período compreendido entre 01/01/1972 a 31/01/1977, categoria profissional inserida no Quadro Anexo do Decreto nº 53.831/64 e no Quadro Anexo II do Decreto nº 83.080/79 - considerada de natureza penosa, devendo, portanto, ser reconhecido como atividade especial o aludido período, consoante demonstrado pelos formulários acostados aos autos (fl. 67). 7. Convertido o aludido período, pelo fator 1.4, somado aos períodos considerados comuns, conforme documentação do Processo Administrativo n. 42/129079457-7, junto à Gerência Executiva em Uberlândia do Serviço de Benefícios do INSS (fls. 59/92), o impetrante havia cumprido os requisitos legais para a concessão da aposentadoria integral (mais de 35 anos). 8. Correção monetária e juros moratórios conforme Manual de Orientação de Procedimentos para os Cálculos na Justiça Federal. 9. Apelação não provida. Remessa oficial, parcialmente provida, nos termos do item 8. Decisão: A Turma, por unanimidade, negou provimento a apelação e deu parcial provimento à remessa oficial.

***

AC 2009.01.99.015643-0 / MT; APELAÇÃO CIVEL. Relator DESEMBARGADOR FEDERAL FRANCISCO DE ASSIS BETTI. Convocado JUIZ FEDERAL CLEBERSON JOSÉ ROCHA (CONV.). **Órgão** SEGUNDA TURMA. Publicação 10/03/2015 e-DJF1 P. 616. Data Decisão 11/02/2015. Ementa: PREVIDENCIÁRIO. REMESSA OFICIAL. CONCESSÃO BENEFÍCIO POR INCAPACIDADE (AUXÍLIO DOENÇA). REQUISITOS PREENCHIDOS: QUALIDADE DE SEGURADO, CARÊNCIA E INCAPACIDADE LABORAL TOTAL COM POSSIBILIDADE DE REABILITAÇÃO. CORREÇÃO MONETÁRIA. JUROS. HONORÁRIOS. CUSTAS. MULTA. 1. Remessa Oficial conhecida de ofício: inaplicabilidade do s §§ 2º e 3º do artigo 475 do CPC, eis que ilíquido o direito reconhecido e não baseando em jurisprudência ou Súmula do STF ou STJ. 2. Nos termos do julgamento do RE 631240, decidido com repercussão geral reconhecida, para as ações ajuizadas até a data dessa decisão, a contestação de mérito caracteriza o interesse de agir da parte autora em face do INSS, uma vez que houve resistência ao pedido, sendo, para esses casos, prescindível a provocação administrativa. 3. Os requisitos indispensáveis para a concessão do benefício previdenciário de auxílio-doença ou aposentadoria por invalidez são: a) a qualidade de segurado; b) a carência de 12 (doze) contribuições mensais; c) a incapacidade parcial ou total e temporária (auxílio-doença) ou total e permanente (aposentadoria por invalidez) para atividade laboral. 4. Presente início de prova material: cópia da certidão de casamento - fl. 12, comprovando a sua condição de lavrador, cópia do cartão do Sindicato dos Trabalhadores

Rurais de Nova Xavantina/MT, com comprovantes de pagamento de mensalidades (fls. 14 e 14v); corroborada por prova testemunhal consistente (fls. 42/43): indubitável qualidade de segurado especial da autora. 5. Averiguada pericialmente a incapacidade laboral parcial e por tempo indeterminando, com possibilidade de reabilitação, dependo do êxito do tratamento médico (fls. 51/53): imperiosa concessão de auxílio-doença. 7. DIB: data da citação. 8. Consectários legais: a) correção monetária e juros de mora pelo MCJF; b honorários 10% sobre o valor da condenação, correspondente às parcelas vencidas até o momento da prolação do acórdão, de acordo com a Súmula n. 111 do Superior Tribunal de Justiça e artigo 20, § 3º, do CPC; c) nas causas ajuizadas perante a Justiça Estadual, no exercício da jurisdição federal (§3º do art. 109 da CF/88), o INSS está isento das custas somente quando lei estadual específica prevê a isenção, o que ocorre nos estados de Minas Gerais, Goiás, Rondônia e Mato Grosso. 9. Implantação imediata do benefício, nos termos do art. 461 do CPC - obrigação de fazer. 10. Apelação e remessa oficial parcialmente providas para, reformando a sentença, conceder auxílio doença nos termos dos itens 05 a 09. Decisão: A Turma, por unanimidade, deu provimento, em parte, à apelação e à remessa oficial.

***

AC 0034326-78.2014.4.01.9199 / MG; APELAÇÃO CIVEL. Relator DESEMBARGADOR FEDERAL JAMIL ROSA DE JESUS OLIVEIRA. **Órgão** PRIMEIRA TURMA. Publicação 10/03/2015 e-DJF1 P. 442. Data Decisão 05/02/2015. Ementa: CONSTITUCIONAL E PREVIDENCIÁRIO. BENEFÍCIO DE AMPARO SOCIAL À PESSOA PORTADORA DE DEFICIÊNCIA E AO IDOSO. ART. 203, V, CF/88. LEI 8.742/93. REQUISITOS PREENCHIDOS. 1. A sentença julgou procedente o pedido, concedendo benefício assistencial a pessoa idosa desde o requerimento administrativo, bem como pagamento de atrasados, com juros moratórios de 1% ao mês até a edição da Lei 11.960/09, a partir de quando incidirão à razão de 0,5%. Houve prévio requerimento administrativo. 2. A concessão do benefício de prestação continuada denominado Amparo Social à Pessoa Portadora de Deficiência Física e ao Idoso (art. 203 da CF/88 e art. 2º, V, Lei 8.742/93) exige apenas a comprovação de que a parte requerente é deficiente e/ou idosa e que não possui meios de prover a própria manutenção ou de tê-la provida por sua família. 3. O requisito etário foi implementado antes da data do ajuizamento da ação, como fazem prova os documentos de qualificação carreados aos autos. 4. O laudo social demonstra que o requerente vive em condições de hipossuficiência. 5. Pelo exposto, a parte autora é idosa e preenche o requisito da hipossuficiência, pelo que tem direito ao benefício assistencial. Comprovado o preenchimento dos requisitos exigidos pela Lei 8.742/93, deve ser deferido o benefício de amparo social ao idoso, de modo que não merece reforma a sentença recorrida. 6. Apelação do INSS e remessa oficial desprovidas. Decisão: A Turma, à unanimidade, negou provimento à apelação do INSS e à remessa oficial.

***

AC 0030534-58.2010.4.01.9199 / MG; APELAÇÃO CIVEL. Relator DESEMBARGADOR FEDERAL JAMIL ROSA DE JESUS OLIVEIRA. **Órgão** PRIMEIRA TURMA. Publicação 10/03/2015 e-DJF1 P. 100. Data Decisão 04/02/2015. Ementa: PREVIDENCIÁRIO E CONSTITUCIONAL. APOSENTADORIA POR IDADE. TRABALHADOR RURAL. INÍCIO DE PROVA MATERIAL E PROVA TESTEMUNHAL. IDADE MÍNIMA. IMPLEMENTAÇÃO EM DATA ANTERIOR À VIGÊNCIA DA LEI 8.213/91. CONDIÇÃO DE CHEFE OU ARRIMO DE FAMÍLIA. NÃO RECEPÇÃO PELA CONSTITUIÇÃO FEDERAL DE 1988. ÓBITO DA PARTE AUTORA NO CURSO DA AÇÃO. HABILITAÇÃO DE SUCESSORES PERANTE A AUTARQUIA PREVIDENCIÁRIA. CORREÇÃO MONETÁRIA. JUROS DE MORA. 1. A sentença julgou procedente o pedido, concedendo aposentadoria por idade a segurado especial desde o requerimento administrativo; pagamento de atrasados: juros moratórios de 1% ao mês. 2. O óbito da parte autora no curso da ação não enseja a extinção do processo por carência de ação, devendo a habilitação dos sucessores ser resolvida no Juízo de 1° grau. Nos termos do art. 43 do CPC, c/c art. 112 da Lei 8.213/91, a habilitação dos herdeiros, para percepção do benefício, far-se-á perante a própria autarquia previdenciária. 3. A concessão do benefício de aposentadoria por idade exige a demonstração do trabalho rural, cumprindo-se a carência prevista no art. 142 da Lei de Benefícios, mediante início razoável de prova material, corroborada com prova testemunhal, ou prova documental plena. Exige-se, simultaneamente, idade superior a 60 anos para homem e 55 anos para mulher (art. 48, § 1º, da mesma lei). 4. Com a promulgação da Constituição Federal de 1988, ficou assentado o entendimento de que as mulheres, mesmo tendo completado a idade em data anterior à vigência da Lei 8.213/91, possuem o direito à percepção do benefício de aposentadoria por idade, independentemente da condição de chefe ou arrimo de família, ou de recebimento do benefício previdenciário pelo cônjuge ou companheiro. Precedentes. 5. No caso dos autos, a parte autora comprovou ter completado a idade necessária, bem como o período de carência exigido pela lei, demonstrando, pelo início de prova material, coadjuvada pela prova testemunhal, o exercício de atividade rural sob regime de economia familiar por tempo suficiente à concessão do benefício. 6. Correção monetária com base nos índices do Manual de Cálculos da Justiça Federal. Juros de 1% até a vigência da Lei n. 11.960, de 2009, e, a partir daí, devem ser aplicados os índices de juros relativos às cadernetas de poupança. 7. O óbito da parte autora fez cessar os motivos ensejadores da antecipação de tutela concedida anteriormente por este Tribunal (fl. 128), razão pela qual esta deve ser cassada. 8. Apelação do INSS e remessa oficial, parcialmente providas para adequar a forma de imposição de juros à jurisprudência desta Corte. 9. Apelação adesiva da parte autora desprovida. Decisão: A Turma, à unanimidade, deu parcial provimento à apelação do INSS e à remessa oficial e negou provimento à apelação adesiva da parte autora.

***

AC 0072200-34.2013.4.01.9199 / MG; APELAÇÃO CIVEL. Relator DESEMBARGADOR FEDERAL JAMIL ROSA DE JESUS OLIVEIRA. **Órgão** PRIMEIRA TURMA. Publicação 10/03/2015 e-DJF1 P. 301. Data Decisão 04/02/2015. Ementa: PREVIDENCIÁRIO E CONSTITUCIONAL. APOSENTADORIA POR IDADE. TRABALHADOR RURAL. ÓBITO AUTORA. HABILITAÇÃO HERDEIRO. CONVERSÃO EM PENSÃO POR MORTE. POSSIBILIDADE. AUSENTE INÍCIO DE PROVA MATERIAL. SENTENÇA REFORMADA. 1. Falecendo a parte autora no curso do processo, proceder-se-á à habilitação dos sucessores do de cujus, nos termos dos arts. 1.055 a 1.062 do CPC, podendo, inclusive, ser postulada a conversão do pedido de aposentadoria em pensão por morte, a partir do óbito, desde que preenchidos os requisitos a tanto necessários. Comprovado, nos autos, que o habilitado, agora autor, ostenta a condição de marido da falecida autora e, como tal, a dependência necessária à obtenção do benefício de pensão por morte. 2. A pensão por morte é benefício previdenciário regido pela lei vigente à época do óbito do segurado instituidor e independe de carência. Nos termos do art. 74 da Lei 8.213/91, é o benefício pago aos dependentes do segurado falecido, homem ou mulher, aposentado ou não. 3. No caso dos autos, embora tenha sido apresentada a certidão de casamento na qual consta a profissão do então nubente (ora autor) como lavrador, ocorrido em 27/04/1973 (fl. 08), essa condição não se estende à falecida, porque em verdade, pela condição de empresário individual, proprietário da Empreiteira Moreira, desde 1987 (fls. 99/100), não praticava, com o seu grupo familiar, atividade rural em regime de economia familiar para subsistência do grupo, pois é exatamente nessa perspectiva que se consideram todos os membros da família como segurados especiais (art. 11, inciso VII, da Lei de Benefícios). 4. Ausente o início de prova material, a prova testemunhal produzida não pode ser exclusivamente admitida para reconhecer o tempo de exercício de atividade urbana e rural (STJ, Súmula 149 e TRF1, Súmula 27). 5. Apelação e remessa oficial providas. Decisão: A Turma, por unanimidade, deu provimento à apelação e à remessa oficial.

***

AC 0004894-14.2014.4.01.9199 / MG; APELAÇÃO CIVEL. Relator DESEMBARGADOR FEDERAL JAMIL ROSA DE JESUS OLIVEIRA. **Órgão** PRIMEIRA TURMA. Publicação 10/03/2015 e-DJF1 P. 360. Data Decisão 04/02/2015. Ementa: PREVIDENCIÁRIO E CONSTITUCIONAL. APOSENTADORIA POR IDADE. TRABALHADOR RURAL. INÍCIO DE PROVA MATERIAL INSUFICIENTE. CERTIDÃO DE CASAMENTO. MARIDO QUALIFICADO COMO PESCADOR. EXTENSÃO À ESPOSA. IMPOSSIBILIDADE. SEPARAÇÃO DO CASAL HÁ MAIS DE 30 ANOS. REQUISITOS LEGAIS NÃO PREENCHIDOS. SENTENÇA REFORMADA. 1. A sentença julgou procedente o pedido de aposentadoria por idade a segurado especial. 2. A concessão do benefício de aposentadoria por idade exige a demonstração do trabalho rural, cumprindo-se a carência prevista no art. 142 da Lei de Benefícios, mediante início razoável de prova material, corroborada com prova testemunhal, ou prova documental plena. Exige-se, simultaneamente, idade superior a 60 anos para homem e 55 anos para mulher (art. 48, § 1º, da mesma lei). 3. No caso dos autos, embora a parte autora tenha completado a idade para aposentadoria, não apresentou início de prova material capaz de comprovar o exercício de atividade rural e a prova testemunhal produzida, bem como o depoimento pessoal da autora, não corroboram com a sua pretensão, pois são unânimes ao afirmar que a autora está separada do marido (do qual pretendia aproveitar a condição de rural) há mais de 30 anos, além disso, existem vínculos urbanos como doméstica, contrariando, assim, o que está expresso no artigo 143 da Lei 8213/91, no que tange ao caráter imediato do exercício da atividade rural. 4. A esposa que se divorcia ou separa do marido, trabalhador rural, não pode utilizar a sua certidão de casamento como início de prova material, a não ser que à época do divórcio já tenha cumprido a maior parte do período de carência e comprove que continuou a exercer atividade rural em regime de economia familiar, o que não é o caso dos autos. 5. Não comprovada a qualidade de trabalhador rural por início de prova documental corroborada por prova testemunhal, deve ser reformada a sentença que julgou procedente o pedido de aposentadoria por idade rural, ante o não preenchimento dos requisitos previstos na Lei 8.213/91 para o reconhecimento do direito à obtenção do benefício pleiteado na inicial. 6. Parte autora condenada ao pagamento das custas processuais e dos honorários advocatícios, estes arbitrados em R$ 400,00, suspensa a cobrança na forma do art. 12 da Lei n. 1.060/50. 7. Apelação do INSS e remessa oficial providas para reformar a sentença e julgar improcedente o pedido. Decisão: A Turma, à unanimidade, deu provimento à apelação do INSS e à remessa oficial.

11.4 - TRIBUNAL REGIONAL FEDERAL DA 2a REGIÃO

Processo: 201251070012568. Órgão julgador: SEGUNDA TURMA ESPECIALIZADA. Data da decisão: 11/12/2014 – Fonte: E-DJF2R – Data 07/01/2015. Ementa: PREVIDENCIÁRIO - APELAÇÃO CÍVEL - REVISÃO DE BENEFÍCIO " VARIAÇÃO INTEGRAL DO INPC - APLICAÇÃO DO FATOR PREVIDENCIÁRIO " RECURSO IMPROVIDO. I - O INSS procedeu aos cálculos utilizando a média dos 80% dos maiores salários-de-contribuição, em conformidade com a legislação aplicável à época da concessão do benefício. II - Os autos foram remetidos ao Núcleo da Contadoria desta Egrégia Corte que, em resposta (fl. 81), o órgão informou que os procedimentos adotados nos cálculos se encontram em estrita conformidade com a legislação aplicável à época da concessão do benefício, dirimindo quaisquer dúvidas, razão por que merece ser mantida a sentença a quo. I " Reunindo a autora os requisitos da aposentadoria somente em 2007 (fls. 18), quando já vigente a nova redação do artigo 29, I, da Lei nº 8.213/91, com redação dada pela Lei nº 9.876/99, não há como ser afastada a aplicação do fator previdenciário. II " Quanto à alegada inconstitucionalidade do referido fator previdenciário, também não há qualquer que justifique sua integração, eis que por ele se enfrentou a questão à luz da norma inscrita no art. 202 da Constituição Federal, que autoriza a disciplina da matéria atinente ao cálculo dos proventos da aposentadoria por lei, nesse caso, a Lei nº 9.876/99, e quanto a esta o STF, ainda que não tenha, de fato, julgado definitivamente as ADIN"s nºs 2.100 e 2.111, já sinalizou no sentido da constitucionalidade do referido fator previdenciário, considerando, à primeira vista, não estar caracterizada violação ao art. 201 da Constituição Federal (ADInMC2.100-DF e ADInMC2.111-DF, Rel. Min. Sydney Sanches, 16.03.2000 " Informativo 181) III " Apelação a que se nega provimento. Relator Desembargador Federal MESSOD AZULAY NETO. Decisão: Vistos e relatados estes autos em que são partes as acima indicadas, decide a Segunda Turma Especializada do Tribunal Regional Federal da 2ª Região, por unanimidade, negar provimento ao recurso, nos termos do voto do Relator, constante dos autos, que fica fazendo parte integrante do presente julgado,

***

Processo: 201151018110595. Órgão julgador: Primeira Turma Especializada. Data decisão: 11/12/2014 – Fonte E-DJF2R – data 07/01/2015. Ementa: PREVIDENCIÁRIO - APELAÇÃO CÍVEL - RECONHECIMENTO DE TEMPO ESPECIAL - RUÍDO - CONCESSÃO DE APOSENTADORIA ESPECIAL - TEMPO MÍNIMO ATINGIDO - USO DE EPI - PERFIL PROFISSIOGRÁFICO PREVIDENCIÁRIO (PPP) - APELAÇÃO DO AUTOR PROVIDA. I - O conjunto probatório presente nos autos atesta que o autor trabalhou exposto ao agente físico ruído, de forma habitual e permanente, em níveis superiores aos previstos como toleráveis para os períodos reconhecidos como laborados em condições especiais. É possível a concessão da aposentadoria especial, já que atingido o tempo mínimo necessário previsto no artigo 57 da Lei nº 8.213/91. II - O uso de Equipamento de Proteção Individual (EPI) não descaracteriza a atividade como especial. III - No que toca à apresentação do Perfil Profissiográfico Previdenciário - PPP para a comprovação da exposição a ruído, cumpre ressaltar que o referido formulário foi criado pela Lei 9528/97 e é um documento que deve retratar as características de cada emprego do segurado, de forma a facilitar a futura concessão de aposentadoria especial. Desde que identificado, no documento, o engenheiro ou perito responsável pela avaliação das condições de trabalho, é possível a sua utilização para comprovação da atividade especial, fazendo as vezes do laudo pericial. IV - Apelação do autor provida. Relator Desembargador Federal ANTONIO IVAN ATHIÉ. Decisão: A Turma, por unanimidade, deu provimento ao recurso, nos termos do voto do(a) Exmo(a). Sr(a). Relator(a).

***

Processo: 201250010025702. Órgão Julgador: Primeira Turma Especializada. Data decisão 11/12/2014 – Fonte E-DJF2R – data 07/01/2015. Ementa: PREVIDENCIÁRIO - REMESSA NECESSÁRIA E APELAÇÃO CÍVEL - RECONHECIMENTO DE TEMPO ESPECIAL - ELETRICIDADE - COMPROVAÇÃO PRESENTE NOS AUTOS - PROVA TRABALHISTA EMPRESTADA - POSSIBILIDADE - REMESSA E APELAÇÃO DO INSS DESPROVIDAS. I - O conjunto probatório presente nos autos atesta que o autor trabalhou exposto ao agente de risco eletricidade em tensões superiores a 250 volts no período reconhecido na sentença de primeiro grau, fazendo jus ao seu cômputo como laborado em condições especiais. II - O Perfil Profissiográfico Previdenciário (PPP) presente nos autos foi formulado em consonância com as informações contidas em Laudo Técnico elaborado por perito nomeado pelo Juízo em sede da Justiça do Trabalho, tendo em vista propositura de ação trabalhista com a finalidade de compelir a empregadora do autor a fornecer os formulários para comprovação do tempo especial, atestando a exposição habitual e permanente ao risco eletricidade em nível acima de 250 volts, no ambiente de trabalho do autor. O uso da prova emprestada não configura violação ao contraditório e à ampla defesa como alegado pelo recorrente, uma vez que a elaboração do Perfil Profissiográfico/PPP, com a descrição das atividades do trabalhador é obrigação do empregador, que independe de aquiescência do INSS. III - Remessa necessária e apelação do INSS desprovidas. Relator Desembargador Federal ANTONIO IVAN ATHIÉ. Decisão: A Turma, por unanimidade, negou provimento ao recurso e à remessa necessária, nos termos do voto do(a) Exmo(a). Sr(a). Relator(a).

***

Processo: 201402010083437. Órgão Julgador: Primeira Turma Especializada. Data decisão: 11/12/2014. Fonte: E-DJF2R – data 07/01/2015. Ementa: PREVIDENCIÁRIO. APOSENTADORIA RURAL POR IDADE. NÃO COMPROVAÇÃO DE REQUISITOS. REGIME DE ECONOMIA FAMILIAR. · Apelação cível interposta pela parte Autora, em ação no qual pleiteia a concessão da aposentadoria por idade, na condição de trabalhadora rural. · Embora tenha a autora juntado documentos, tais documentos contrapõem-se com outros documentos trazidos no feito, documentos estes que contrariam o afirmado pela parte autora. · Inexistência de prova robusta, no sentido do labor rural, sendo que os documentos juntados reforçam o entendimento no sentido da inexistência de trabalho rurícola em regime de economia familiar. Relator Juiz Federal Convocado ANTÔNIO HENRIQUE C. DA SILVA. Decisão: A Turma, por unanimidade, negou provimento ao recurso, nos termos do voto do(a) Exmo(a). Sr(a). Relator(a).

***

Processo: 201151100032778. Órgão Julgador: PRIMEIRA TURMA ESPECIALIZADA. Data Decisão: 11/12/2014. Fonte: E-DJF2R - Data: 07/01/2015. Ementa: PREVIDENCIÁRIO - APELAÇÃO CÍVEL - REVISÃO DE BENEFÍCIO - APLICAÇÃO DOS TETOS MÁXIMOS NO PERÍODO CONTRIBUTIVO - AUSÊNCIA DE COMPROVAÇÃO ANALÍTICA DAS CONTRIBUIÇÕES NOS AUTOS - RECURSO DESPROVIDO. I - O convencimento do magistrado é formado pelos documentos e informações constantes dos autos, sendo que não foi demonstrado de forma clara que os salários-de-contribuição do Período Básico de Cálculo (PBC) do benefício da autora sofreram limitação ao teto máximo nos meses que o compõe. II - A recorrente alega que os documentos constantes dos autos comprovam que foram recolhidas contribuições sobre verbas não recebidas no curso de seu contrato de trabalho e reconhecidas em ação trabalhista ajuizada. Contudo, não há demonstração analítica informando os valores recolhidos mensalmente e o período a que se referem. III - Apelação desprovida. Relator Desembargador Federal ANTONIO IVAN ATHIÉ. Decisão: A Turma, por unanimidade, negou provimento ao recurso, nos termos do voto do(a) Exmo(a). Sr(a). Relator(a).

***

Processo: 201402010042447. **Órgão Julgador:** SEGUNDA TURMA ESPECIALIZADA. Data Decisão: 11/12/2014. Fonte: E-DJF2R - Data: 19/12/2014. Ementa: PREVIDENCIÁRIO. APOSENTADORIA POR TEMPO DE SERVIÇO PELAS REGRAS ANTERIORES A EC 20/98. INEXISTÊNCIA DE DIREITO A APOSENTADORIA POR TEMPO DE CONTRI-

BUIÇÃO NA FORMA DO ART. 201, § 7º, I, da CF/88. RMI CALCULADA CONFORME A REDAÇÃO ORIGINAL DO ART. 29 DA LEI 8.213/91 SEM A INCIDÊNCIA DO FATORPREVIDENCIÁRIO INSTITUÍDO PELA LEI 9.876/99. AUSÊNCIA DE INTERESSE À REVISÃO. Relator Desembargador Federal MESSOD AZULAY NETO. Decisão: A turma, por unanimidade, negou provimento ao recurso, nos termos do voto do Relator

***

Processo: 201251010356526. **Órgão Julgador:** PRIMEIRA TURMA ESPECIALIZADA. Data Decisão: 11/12/2014. Fonte: E-DJF2R - Data: 07/01/2015. Ementa: PREVIDENCIÁRIO. APELAÇÃO CÍVEL. EMBARGOS DE DECLARAÇÃO. DESAPOSENTAÇÃO. INEXISTÊNCIA DE OMISSÃO OU QUAISQUER VÍCIOS PROCESSUAIS NO JULGADO. NÃO PROVIMENTO DOS EMBARGOS. 1. Embargos de declaração opostos pelo autor, o qual se insurge contra o acórdão de fls. 33/34, atribuindo ao julgado vício processual de omissão (art. 535, inciso II, do CPC), para fins de prequestionamento e operação de efeitos modificativos, em ação objetivando a renúncia de sua aposentadoria para a concessão de benefício mais vantajoso, considerando-se o período de contribuição posterior à aposentação. 2. Verifica-se que a matéria foi efetivamente enfrentada no acórdão recorrido, visto ter constado dele que: "(...) o tema foi elevado à condição de repercussão geral pelo col . Supremo Tribunal Federal, de modo que a orientação definitiva a respeito da matéria será dada pelo Pretório Excelso, a despeito do entendimento firmado pelo eg. Superior Tribunal de Justiça". (item 4 do acórdão). 3. Inexiste, desse modo, qualquer omissão, haja vista que o v. aresto foi exarado com a clareza necessária, valendo-se de fundamentos coerentes entre si que resultaram em conclusão inequívoca e pertinente ao deslinde da causa, dispensando a análise de outros pontos que notadamente não teriam o condão de alterar a posição solidamente adotada nesta Turma. 4. Acrescente-se que constou do voto, que é parte integrante do julgado, o acórdão paradigma da Primeira Seção Especializada. 5. Resta assentado o entendimento segundo o qual os embargos de declaração não são a via adequada para compelir o mesmo órgão judicante a reexaminar a causa, ainda que opostos com objetivo de prequestionamento, quando inexistentes as hipóteses previstas no art. 535 do CPC, revelando caráter meramente protelatório (STJ, AGA 940040, quarta turma, Rel. Min. Raul Araújo, DJe de 20/09/2013). 6. Embargos de declaração não providos. Relator Desembargador Federal Abel Gomes. Decisão:

A Turma, por unanimidade, negou provimento aos Embargos de Declaração, nos termos do voto do(a) Exmo(a). Sr(a). Relator(a).

***

Processo: 201251010496518. **Órgão Julgador:** PRIMEIRA TURMA ESPECIALIZADA. **Data Decisão:** 11/12/2014. Fonte: E-DJF2R - Data: 07/01/2015 Ementa: APELAÇÃO CÍVEL - PREVIDENCIÁRIO E PROCESSUAL - SUSPENSÃO DE BENEFÍCIO POR MOTIVO DE FRAUDE - OFENSA À COISA JULGADA - INOCORRÊNCIA - RECURSO DESPROVIDO. I - Em ação anteriormente ajuizada, o restabelecimento do benefício previdenciário do autor teve como fundamento que a mera suspeita de fraude não enseja a suspensão de benefício, devendo as irregularidades serem apuradas de maneira adequada em procedimentos que respeitem o contraditório e ampla defesa. No entanto, não há óbice a que a autarquia previdenciária promova à nova análise da regularidade da concessão do benefício, desde que surjam indícios de irregularidades no procedimento concessório e estas sejam apuradas mediante o devido processo legal. II - Recurso desprovido. Relator Desembargador Federal ANTONIO IVAN ATHIÉ. Decisão:

A Turma, por unanimidade, negou provimento ao recurso, nos termos do voto do(a) Exmo(a). Sr(a). Relator(a).

***

Processo: 201402010078764. **Ó**rgão Julgador: PRIMEIRA TURMA ESPECIALIZADA. Data Decisão: 11/12/2014. E-DJF2R - Data: 07/01/2015. Fonte: DIREITO PREVIDENCIÁRIO. AGRAVO DE INSTRUMENTO. BENEFÍCIO DE AUXILIO DOENÇA. ANTECIPAÇAO DE TUTELA CONCEDIDA DE OFÍCIO. - Agravo de instrumento contra a decisão de primeiro grau que, nos autos da ação ordinária deferiu a antecipação de tutela requerida para determinar ao INSS que conceda o benefício de auxílio doença em favor da Agravada. - É possível a concessão ex officio de antecipação de tutela para fruição de benefício previdenciário, estando presentes os requisitos específicos, diante do caráter alimentar dos mesmos. Precedentes. - Verificada a presença dos requisitos do artigo 273, do CPC pelo Magistrado a quo, destacando-se os laudos médicos juntados aos autos, aliado ao perigo da demora, por se tratar de verba destinada à subsistência do segurado. Precedentes jurisprudenciais. - Desprovido o recurso do INSS. Prejudicado o agravo interno. Relator: Juiz Federal Convocado ANTÔNIO HENRIQUE C. DA SILVA. Decisão:

A Turma, por unanimidade, negou provimento ao Agravo de Instrumento e julgou prejudicado o Agravo Interno, nos termos do voto do(a) Exmo(a). Sr(a). Relator(a).

11.5 - TRIBUNAL REGIONAL FEDERAL DA 3a REGIÃO

Referência APELAÇÃO CÍVEL No 91.03.17779-3 – SP (PS). Relator EXmo SR. JUIZ ARICÊ AMARAL. Publicada em 2.2.93 Pág. 2.636. MARIA ANTÔNIA DA CUNHA SILVESTRE. INSTITUTO NACIONAL DO

SEGURO SOCIAL – INSS. PREVIDENCIÁRIO – PENSÃO POR MORTE – IMPOSSIBILIDADE DE ACUMULAÇÃO DA RENDA MENSAL VITALÍCIA COM OUTRO BENEFÍCIO. I – É vedada a acumulação da renda mensal vitalícia e qualquer outro benefício, excetuando, apenas, o pecúlio do qual têm direito os segurados que ingressaram na previdência após completar sessenta anos de idade. II – Recurso improvido. Segunda Turma. Julgamento em 30.11.93. Recurso improvido. Unânime.

***

Referência APELAÇÃO CÍVEL No 94.03.045242-0 – SP (PS). Relator EXmo SR. JUIZ ARICÊ AMARAL. Publicada em 7.12.94 Pág. 71.744. INSTITUTO NACIONAL DO SEGURO SOCIAL – INSS. AMLETO LOLLINI. PREVIDENCIÁRIO – REVISÃO DE PROVENTOS – APLICABILIDADE DO ART. 202, *CAPUT*, DA CF/88 – LEI No 6.423/77. I – A partir da promulgação da Carta Magna em 5.10.88, aplica-se o artigo 202, *caput*, por se tratar de norma de eficácia plena e aplicabilidade imediata. II – É devida a correção dos salários de contribuição anteriores aos últimos 12 meses, nos termos do disposto no art. 1º da Lei no 6.423/77. III – Recurso improvido. Segunda Turma. Julgamento em 8.11.94. Recurso improvido. Unânime.

11.6 - TRIBUNAL REGIONAL FEDERAL DA 4ª REGIÃO

APELAÇÃO CÍVEL Nº 5072078-41.2013.404.7100/RS. Relator Des. Federal Luiz Carlos de Castro Lugon. Data da decisão: 10/03/2015. EMENTA: PREVIDENCIÁRIO. REVISÃO DE BENEFÍCIO. FATOR PREVIDENCIÁRIO. INCIDÊNCIA. 1. Segundo o entendimento do Supremo Tribunal Federal, o art. 2º da Lei 9.876/99 está em consonância com a Constituição Federal de 1988 e as alterações nela promovidas pela Emenda Constitucional nº 20/98. 2. No caso de aposentadoria proporcional por tempo de contribuição a ser deferida com cômputo de tempo posterior à Lei 9.876, de 26/11/1999, há incidência do fator previdenciário. Acórdão: Vistos e relatados estes autos em que são partes as acima indicadas, decide a Egrégia 5ª Turma do Tribunal Regional Federal da 4ª Região, por unanimidade, negar provimento ao apelo, nos termos do relatório, votos e notas taquigráficas que ficam fazendo parte integrante do presente julgado.

***

APELAÇÃO/REEXAME NECESSÁRIO Nº 5043088-40.2013.404.7100/RS. Relator Des. Federal Luiz Carlos de Castro Lugon. Data da decisão: 10/03/2015. Ementa: PREVIDENCIÁRIO. BENEFÍCIO CONCEDIDO ADMINISTRATIVAMENTE. DEVOLUÇÃO DE VALO-

RES RECEBIDOS INDEVIDAMENTE. IMPOSSIBILIDADE. BOA-FÉ. 1. O pagamento originado de decisão administrativa devidamente motivada à luz das razões de fato e de direito apresentadas quanto do requerimento, tem presunção de legitimidade. 2. Evidenciada a boa-fé, o beneficiário não pode ficar jungido à contingência de devolver valores que já foram consumidos, dada a finalidade de prover os meios de subsistência a que se destina o benefício previdenciário. Acórdão: Vistos e relatados estes autos em que são partes as acima indicadas, decide a Egrégia 5ª Turma do Tribunal Regional Federal da 4ª Região, por unanimidade, negar provimento ao apelo e à remessa oficial, nos termos do relatório, votos e notas taquigráficas que ficam fazendo parte integrante do presente julgado.

***

AGRAVO DE INSTRUMENTO Nº 5032566-74.2014.404.0000/RS. Relator Des, Federal Luiz Carlos de Castro Lugon. Data da decisão:10/03/2015. Ementa: AGRAVO DE INSTRUMENTO. COMPROVAÇÃO DE ATIVIDADE ESPECIAL. NECESSIDADE DE PRODUÇÃO DE PROVA. 1. É reservado ao magistrado a tarefa de conduzir o processo, determinando as provas necessárias à instrução do feito. 2. O indeferimento da produção de prova não pode obstar à parte a comprovação do direito alegado, ainda mais quando para o seu convencimento o magistrado utilizar tão somente os documentos trazidos pela autarquia. Acórdão: Vistos e relatados estes autos em que são partes as acima indicadas, decide a Egrégia 5a. Turma do Tribunal Regional Federal da 4ª Região, por unanimidade, dar provimento ao agravo de instrumento, nos termos do relatório, votos e notas taquigráficas que ficam fazendo parte integrante do presente julgado.

***

AGRAVO DE INSTRUMENTO Nº 5032475-81.2014.404.0000/RS. Relator Des. Federal Luiz Carlos de Castro Lugon. Data da decisão: 10/03/2015. Ementa: AGRAVO DE INSTRUMENTO. REALIZAÇÃO DE NOVA PERÍCIA. DESNECESSIDADE. CERCEAMENTO DE DEFESA. INEXISTENTE. Desnecessária a complementação da prova pericial, quando o próprio juiz, dela destinatário, entende que as questões suscitadas pela parte autora já se encontram analisadas no laudo pericial. A discordância quanto às conclusões do laudo não autoriza, *in casu,* a repetição ou a complementação da perícia. Acórdão: Vistos e relatados estes autos em que são partes as acima indicadas, decide a Egrégia 5a. Turma do Tribunal Regional Federal da 4ª Região, por unanimidade, negar provimento ao agravo de instrumento, nos termos do relatório, votos e notas taquigráficas que ficam fazendo parte integrante do presente julgado.

***

AGRAVO DE INSTRUMENTO Nº 5032104-20.2014.404.0000/RS. Relator Des. Federal Luiz Carlos de Castro Lugon. Data da decisão: 10/03/2015. Ementa: AGRAVO DE INSTRUMENTO. COMPROVAÇÃO DE ATIVIDADE ESPECIAL. NECESSIDADE DE PRODUÇÃO DE PROVA. 1. É reservado ao magistrado a tarefa de conduzir o processo, determinando as provas necessárias à instrução do feito. 2. O indeferimento da produção de prova não pode obstar à parte a comprovação do direito alegado, ainda mais quando para o seu convencimento o magistrado utilizar tão somente os documentos trazidos pela autarquia. Acórdão: Vistos e relatados estes autos em que são partes as acima indicadas, decide a Egrégia 5a. Turma do Tribunal Regional Federal da 4ª Região, por unanimidade, dar provimento ao agravo de instrumento, nos termos do relatório, votos e notas taquigráficas que ficam fazendo parte integrante do presente julgado.

***

REEXAME NECESSÁRIO CÍVEL Nº 5005637-29.2014.404.7202/SC. Relator Des. Federal Luiz Carlos de Castro Lugon. Data da decisão: 10/03/2015. Ementa: PREVIDENCIÁRIO. MANDADO DE SEGURANÇA. APOSENTADORIA POR INVALIDEZ. AUXÍLIO-DOENÇA. AUXÍLIO-ACIDENTE. RESTABELECIMENTO DE BENEFÍCIO. CONCESSÃO DA SEGURANÇA. MANUTENÇÃO DA SENTENÇA. Levando em consideração o fato de que a suspensão do benefício ocorreu no âmbito do INSS sem qualquer fundamento e com completo desprezo ao exercício de ampla defesa, não merece reforma a r. sentença, devendo ser restabelecido o benefício. Acórdão: Vistos e relatados estes autos em que são partes as acima indicadas, decide a Egrégia 5ª Turma do Tribunal Regional Federal da 4ª Região, por unanimidade, negar provimento à remessa oficial, nos termos do relatório, votos e notas taquigráficas que ficam fazendo parte integrante do presente julgado.

***

REEXAME NECESSÁRIO CÍVEL Nº 5001094-89.2014.404.7005/PR. Relator Des. Federal Luiz Carlos de Castro Lugon. Data da decisão: 10/03/2015. Ementa: PREVIDENCIÁRIO. APOSENTADORIA POR INVALIDEZ. AUXÍLIO-DOENÇA. REQUISITOS. QUALIDADE DE SEGURADO. PERÍODO DE CARÊNCIA. INCAPACIDADE. LAUDO PERICIAL. TUTELA ESPECÍFICA. IMPLANTAÇÃO DO BENEFÍCIO. 1. São três os requisitos para a concessão dos benefícios por incapacidade: a) a qualidade de segurado; b) o cumprimento do período de carência de 12 contribuições mensais; c) a incapacidade para o trabalho, de caráter permanente (aposentadoria por invalidez) ou temporária (auxílio-doença). 2. A concessão dos benefícios de auxílio-doença e aposentadoria por invalidez pressupõe a averiguação da incapacidade para o exercício de atividade que garanta a subsistência do segurado, e terá vigência enquanto permanecer ele em tal condição. 3. A incapacidade é verificada mediante exame médico-pericial a cargo da Previdência Social; o julgador, via de regra, firma sua convicção com base no laudo do *expert*, embora não esteja jungido à sua literalidade, sendo-lhe facultada ampla e livre avaliação da prova. Na hipótese vertente, face à comprovação de incapacidade temporária da parte autora, procede o pedido de concessão de auxílio-doença. 4. O cumprimento imediato da tutela específica (ou seja, a de concessão do benefício), diversamente do que ocorre no tocante à antecipação de tutela prevista no art. 273 do CPC, independe de requerimento expresso por parte do segurado ou beneficiário e o seu deferimento sustenta-se na eficácia mandamental dos provimentos fundados no art. 461 do CPC. 5. A determinação de implantação imediata do benefício, com fundamento nos artigos 461 e 475-I, caput, do CPC, não configura violação dos artigos 128 e 475-O, I, do CPC e 37 da Constituição Federal. 6. Havendo o feito tramitado perante a Justiça Federal, o INSS está isento do pagamento das custas judiciais, a teor do que preceitua o art. 4º da Lei 9.289/96. 7. Declarada pelo Supremo Tribunal Federal a inconstitucionalidade do art. 1º-F da Lei nº 9.494/97, com a redação dada pela Lei nº 11.960/2009, os consectários legais comportam a incidência de juros moratórios equivalentes aos índices oficiais de remuneração básica e juros aplicáveis à caderneta de poupança (STJ, REsp 1.270.439/PR, 1ª Seção, Relator Ministro Castro Meira, 26/06/2013) e correção monetária pelo INPC e demais índices oficiais consagrados pela jurisprudência. 8. Os honorários advocatícios são devidos pelo INSS no percentual de 10% sobre o valor das parcelas vencidas até a data da sentença de procedência ou do acórdão que reforma a sentença de improcedência, nos termos da Súmula nº 111 do Superior Tribunal de Justiça e Súmula nº 76 deste TRF. Acórdão: Vistos e relatados estes autos em que são partes as acima indicadas, decide a Egrégia 5ª Turma do Tribunal Regional Federal da 4ª Região, por unanimidade, negar provimento à remessa oficial, determinando a imediata implantação do benefício, nos termos do relatório, votos e notas taquigráficas que ficam fazendo parte integrante do presente julgado.

***

RECURSO ESPECIAL EM APELAÇÃO CÍVEL Nº 5001195-82.2012.404.7107/RS. Vice Presidente Des. Federal Luiz Fernando Wowk Penteado. Data da decisão. 09/03/2015. Decisão: Trata-se de recurso especial interposto com fundamento no art. 105, inciso III, da Constituição Federal, contra acórdão de Órgão Colegiado desta Corte. De acordo com a sistemática prevista no art. 543-C do Código de Processo Civil, o Superior Tribunal de Justiça, ao julgar o(s) recurso(s) especial(ais) representativo(s) da controvérsia, pacificou o(s) assunto(s) ora tratado(s) nos seguintes termos: ***Tema STJ nº 598*** - *"À mingua de lei expressa, a inscrição em dívida ativa não é a forma de cobrança adequada para os valores indevidamente recebidos a título de benefício* previdenciário *previstos no art. 115, II, da Lei n. 8.213/91 que devem submeter-se a ação de cobrança por enriquecimento ilícito para apuração da responsabilidade civil."*. Em relação à *vexata quaestio* o Órgão julgador desta Corte decidiu a hipótese apresentada nos autos em consonância com o entendimento do Superior Tribunal de Justiça, de forma que a pretensão recursal não merece trânsito. Ante o exposto, com apoio no art. 543-C, § 7º, inciso I, do CPC, declaro prejudicado o recurso.

11.7 - TRIBUNAL REGIONAL FEDERAL DA 5ª REGIÃO

Apelação / Reexame Necessário. Processo: 08012287320134058300. **Ór**gão Julgador: Quarta Turma. Relator: Desembargador Federal Bruno Teixeira (Convocado). Ementa: PREVIDENCIÁRIO. APOSENTADORIA ESPECIAL. ELETRICITÁRIO. COMPROVAÇÃO. APRESENTAÇÃO DE PPP E DE LAUDO TÉCNICO PERICIAL. UTILIZAÇÃO DE EPI. NÃO DESCARACTERIZAÇÃO DA INSALUBRIDADE. JUROS DE MORA E HONORÁRIOS ADVOCATÍCIOS. CRITÉRIOS. 1. Pretensão de aposentadoria especial, mediante o reconhecimento do tempo de serviço de natureza especial, compreendido no período de 27/06/1986 a 27/07/2012, cujo pleito foi deferido pelo MM. Juiz sentenciante. 2. Nos termos do art. 57, da Lei nº 8.213/91, a aposentadoria especial será devida ao segurado que tiver trabalhado sujeito a condições especiais que prejudiquem a saúde ou a integridade física, consistindo numa renda mensal equivalente a 100% (cem por cento) do salário de benefício. 3. Antes da edição da Lei nº 9.032/95, para o reconhecimento de tempo de serviço laborado em atividade especial, apenas era necessário que o segurado se enquadrasse em uma das atividades profissionais determinadas no Decreto nº 53.831/64. Após sua vigência, o segurado deveria comprovar, além do tempo de trabalho permanente, não ocasional nem intermitente em condições especiais, a efetiva exposição aos agentes ou associação de agentes prejudiciais à saúde ou à integridade física, através do preenchimento de formulários próprios, pelo período equivalente ao exigido para a concessão do benefício, ou seja, quinze, vinte ou vinte e cinco anos, conforme dispuser a lei. 4. Com a edição da Medida Provisória 1.523/96, convertida na Lei nº 9.528/97, passou-se a exigir para a comprovação da exposição do segurado aos agentes nocivos, a apresentação de formulário emitido pela empresa ou por seu preposto, com base em laudo técnico de condições ambientais do trabalho expedido por médico do trabalho ou engenheiro de segurança do trabalho. Os formulários exigidos eram: SB-40, DISES BE 5235, DSS 8030 e o DIRBEN 8030, os quais foram substituídos pelo PPP (perfil profissiográfico previdenciário), que traz diversas informações do segurado e da empresa. 5. A apresentação do Laudo Técnico será exigida para os períodos de atividade exercida sob condições especiais apenas a partir de 14 de outubro de 1996, exceto no caso do agente nocivo ruído, que exige apresentação de laudo para todos os períodos declarados. 6. O autor exerceu atividade de natureza especial, junto à empresa Companhia Brasileira de Transportes Urbanos - CBTU, na função de Assistente de Manutenção, no período de 27/06/1986 a 27/07/2012, de forma habitual e permanente, tendo como agente agressivo os efeitos da eletricidade, com tensão acima de 250 volts, consoante Perfil Profissiográfico Previdenciário e Laudo Técnico Pericial, assinado por Engenheiro do Trabalho, devendo o tempo de serviço exercido ser considerado de natureza especial. 7. O STJ, em recurso especial representativo de controvérsia, submetido à sistemática do artigo 543-C do CPC, reconheceu que "as normas regulamentadoras que estabelecem os casos de agentes e atividades nocivos à saúde do trabalhador são exemplificativas, podendo ser tido como distinto o labor que a técnica médica e a legislação correlata considerarem como prejudiciais ao obreiro, desde que o trabalho seja permanente, não ocasional, nem intermitente, em condições especiais". Precedente - REsp 1306113/SC, Rel. Ministro HERMAN BENJAMIN, PRIMEIRA SEÇÃO, julgado em 14/11/2012, DJe 07/03/2013. 8. O uso de EPI não descaracteriza a atividade como insalubre. A prevalecer o entendimento do Instituto Nacional do Seguro Social, em verdade, quedariam os trabalhadores, na contramão da política nacional de segurança do trabalho, estimulados a não usarem o EPI, haja vista que o seu uso afastaria o direito à aposentadoria especial (ou à contagem do tempo de serviço em condições especiais). 9. O Supremo Tribunal Federal, recentemente, no julgamento das ADINS 4357 e 4425, reconheceu, por arrastamento, a inconstitucionalidade do artigo 5º da Lei nº 11.960/09, que deu nova redação ao artigo 1º-F da Lei nº 9.494/97. Assim, nas causas previdenciárias, ao valor da condenação deverão incidir juros de mora à razão de 1% (um por cento) ao mês, a contar da citação (súmula 204/STJ) e correção monetária de acordo com os índices recomendados pelo Manual de Orientação de Procedimentos para os Cálculos na Justiça Federal. 10. Honorários advocatícios mantidos nos termos da sentença. 11. O período de 27/06/1986 a 27/07/2012 deve ser computado como atividade especial, devendo ser concedida a respectiva aposentadoria especial. 12. Apelação e remessa oficial improvidas.

***

Apelação Civel. Processo **nº** 08014088020134058400. **Órgão Julgador:** Terceira Turma. Relator: Desembargador Federal Manuel Maia (Convocado). Ementa: PREVIDENCIÁRIO. PROCESSUAL CIVIL. MANDADO DE SEGURANÇA. RESTABELECIMENTO DE AUXÍLIO-DOENÇA. PERÍCIA MÉDICA. NECESSIDADE. DILAÇÃO PROBATÓRIA. IMPOSSIBILIDADE. 1. A existência de prova Pré-constituída é indispensável no Mandado de Segurança. 2. Ausência de perícia que comprove a invalidez do autor. Impossibilidade de dilação probatória. 3. Extinção do feito, sem resolução do mérito, em razão da inadequação via eleita. 4. Apelação improvida.

***

Apelação Civel - AC554639/SE. Número do Processo: 00006214020134059999. **Órgão Julgador:** Segunda Turma. Relator: Desembargador Federal Fernando Braga. Ementa: PREVIDENCIÁRIO. AUXÍLIO-DOENÇA. NECESSIDADE DE COMPROVAÇÃO DA CONDIÇÃO DE SEGURADO ESPECIAL. PRESENÇA DE INÍCIO DE PROVA MATERIAL. AUSÊNCIA DE PROVA TESTEMUNHAL. CONVERSÃO DO JULGAMENTO EM DILIGÊNCIA. 1. Trata-se de apelação interposta pelo Instituto Nacional do Seguro Social contra sentença que julgou procedente ação de concessão de auxílio-doença na condição de segurado especial. 2. No caso em exame, por se tratar de suposto segurado especial, deve ser comprovado o exercício de atividade rural nos 12 (doze) meses anteriores ao requerimento administrativo (24/08/2010), bem como a incapacidade temporária para sua atividade habitual. 3. No tocante à qualidade de segurado, os elementos de prova juntados aos autos pela parte autora em que consta como agricultor são: (I) certidão eleitoral datada 20/07/2010; (II) Declaração da avó do Autor de que ele trabalha na agricultura em suas terras; (III) Declaração de exercício de Atividade Rural datada de 24/08/2010; (IV) comprovante de pagamento de Contribuição Sindical datada de 18/08/2010; (V) Ficha de inscrição na Associação Comunitária e Produtiva dos Moradores do Povoado Fazenda Grande e Adjacências na qual consta que o autor se associou em 03/10/2007. 4. Haja vista a natureza meramente indiciária da prova material juntada, faz-se necessária a produção de prova testemunhal para que seja comprovada a condição de segurado especial do Autor. 5. Ocorre que o juízo a quo entendeu como comprovada a atividade campesina do requerente com base exclusivamente na ficha de inscrição da Associação Comunitária e Produtiva dos Moradores do Povoado Fazenda Grande e Adjacências (item v do parágrafo anterior) e na Declaração da avó do Autor (item ii do parágrafo anterior), deixando de produzir a prova testemunhal. 6. Desta feita, sendo tal prova imprescindível para o deslinde da lide, aliado ao fato do Autor ter requerido sua produção, impõe-se a conversão do julgamento em diligência para que seja colhida a prova testemunhal. 7. Conversão do julgamento em diligência para que no Juízo de origem seja produzida a prova testemunhal.

***

Apelação / Reexame Necessário - APELREEX22338/01/PE. Número do Processo: 00102125020114058300001. **Órgão Julgador:** Primeira Turma. Relator: Desembargador Federal José Maria Lucena. Diário da Justiça Eletrônico TRF5 (DJE) - 30/10/2014 - Página 50. Ementa: PREVIDENCIÁRIO. PROCESSUAL CIVIL. EMBARGOS DE DECLARAÇÃO. CONTRADIÇÃO. DESAPOSENTAÇÃO. DESNECESSIDADE DE DEVOLUÇÃO DE VALORES RELATIVOS AO JUBILAMENTO ANTERIOR. DIREITO PATRIMONIAL DISPONÍVEL. RESP 1.334.488/SC. EFEITOS INFRINGENTES. PRECEDENTES. 1 - São cabíveis os embargos de declaração contra sentença ou acórdão em que se constatar omissão relativa à questão sobre a qual deve se pronunciar juiz ou tribunal, a teor do art. 535, II, do CPC. 2 - Cuida-se de aclaratórios apresentados pelo autor contra acórdão de fls. 140/152. Alega o embargante haver contradição no julgado, que, embora tenha adotado o posicionamento do col. STJ no REsp 1.334.488/SC, não teria assegurado o direito do autor à não devolução das parcelas pagas à título da aposentadoria anterior. 3 - Deveras, na hipótese sub examine, faz se necessário o esclarecimento da questão. O STJ, ao julgar o REsp 1.334.448/SC sob a sistemática do art. 543-C do CPC, consolidou o entendimento de que são os benefícios previdenciários direitos patrimoniais disponíveis, de forma a ser possível a desistência pelos seus titulares, sem que haja a necessidade da devolução dos valores percebidos pela aposentadoria à qual se renuncia em favor da mais vantajosa. (RESP 1.334.488-SC - 201201463871, HERMAN BENJAMIN, STJ - PRIMEIRA SEÇÃO, DJE DATA:14/05/2013). 4 - Assim, assiste ao autor o direito à desconstituição da aposentadoria ora percebida, para a concessão da pleiteada nova aposentadoria, mais vantajosa, sem que haja necessidade à restituição do montante recebido em decorrência do jubilamento anterior. Embargos de declaração providos, com efeitos infringentes.

***

Apelação Civel - AC578571/PE. Número do Processo: 00005186220154059999. Data do Julgamento: 10/03/2015. **Órgão Julgador:** Segunda Turma. Relator: Desembargador Federal Paulo Roberto de Oliveira Lima. Diário da Justiça Eletrônico TRF5 (DJE) - 12/03/2015 - Página 160. Ementa: PREVIDENCIÁRIO. PROCESSO CIVIL. SALÁRIO-MATERNIDADE. PROVA DESFAVORÁVEL À PRETENSÃO AUTORAL.

MANUTENÇÃO DA SENTENÇA. 1. Caso em que a autora pretende a concessão de salário-maternidade, na condição de segurada especial, tendo o juiz julgado improcedente o pedido. 2. Considerando que o documento constante nos autos não é suficiente a configurar prova material, nem mesmo início de prova e, principalmente, tendo a própria autora, em depoimento judicial, não sabido informar o tamanho do sítio em que alega trabalhar e a quantidade da produção cultivada, além da prova testemunhal se restringir a um depoimento, que se mostrou frágil e contraditório, não resta comprovada a qualidade de trabalhadora rural, devendo ser mantida a sentença que indeferiu o benefício. 3. Apelação improvida.

Capítulo 12

SÚMULAS DOS TRIBUNAIS

12.1 - SUPREMO TRIBUNAL FEDERAL

06 – A revogação ou anulação, pelo Poder Executivo, de aposentadoria, ou qualquer outro ato aprovado pelo Tribunal de Contas, não produz efeitos antes de aprovada por aquele tribunal, ressalvada a competência revisora do judiciário.

10 – Tempo de serviço militar conta-se para efeito de disponibilidade e aposentadoria do servidor público estadual.

35 – Em caso de acidente do trabalho ou de transporte, a concubina tem direito

de ser indenizada pela morte do amásio, se entre eles não havia impedimento para o matrimônio.

36 – Servidor vitalício está sujeito a aposentadoria compulsória, em razão da idade.

37 – Não tem direito de se aposentar pelo Tesouro Nacional o servidor que não satisfizer as condições estabelecidas na legislação do serviço público federal, ainda que aposentado pela respectiva instituição previdenciária, com direito em tese, a duas aposentadorias.

38 – Reclassificação posterior à aposentadoria não aproveita ao servidor aposentado.

140 – Na importação de lubrificantes, é devida a taxa de previdência social.

141 – Não incide a taxa de previdência social sobre combustíveis.

142 – Não é devida a taxa de previdência social sobre mercadorias isentas do imposto de importação.

194 – É competente o Ministro do Trabalho para a especificação das atividades

insalubres.

198 – As ausências motivadas por acidente do trabalho não são descontáveis do período aquisitivo das férias.

212 – Tem direito ao adicional de serviço perigoso o empregado de posto de revenda de combustível líquido.

217 – Tem direito de retornar ao emprego, ou ser indenizado em caso de recusa do empregador, o aposentado que recupera a capacidade de trabalho dentro de cinco anos, a contar da aposentadoria, que se torna definitiva após esse prazo.

220 – A indenização devida a empregado estável, que não é readmitido ao cessar sua aposentadoria, deve ser paga em dobro.

229 – A indenização acidentária não exclui a do direito comum, em caso de dolo ou culpa grave do empregador.

230 – A prescrição da ação de acidente do trabalho conta-se do exame pericial

que comprovar a enfermidade ou verificar a natureza da incapacidade.

234 – São devidos honorários de advogado em ação de acidente do trabalho julgada procedente.

235 – É competente para a ação de acidente do trabalho a justiça cível comum,

inclusive em segunda instância, ainda que seja parte autarquia seguradora.

236 – Em ação de acidente do trabalho, a autarquia seguradora não tem isenção

de custas.

238 – Em caso de acidente do trabalho, a multa pelo retardamento da liquidação

é exigível do segurador sub-rogado, ainda que autarquia.

241 – A contribuição previdenciária incide sobre o abono incorporado ao salário.

314 – Na composição do dano por acidente do trabalho, ou de transporte, não é contrário à lei tomar para base da indenização o salário do tempo da perícia ou da sentença.

337 – A controvérsia entre o empregador e o segurador não suspende o pagamento devido ao empregado por acidente do trabalho.

359 – Ressalvada a revisão prevista em lei, os proventos da inatividade regulam-se pela lei vigente ao tempo em que o militar, ou o servidor civil, reuniu os requisitos necessários, inclusive a apresentação do requerimento, quando a inatividade for voluntária.

382 – A vida em comum sob o mesmo teto *more uxorio*, não é indispensável à caracterização do concubinato.

439 – Estão sujeitos a fiscalização tributária ou previdenciária quaisquer livros comerciais, limitado o exame aos pontos objeto da investigação.

464 – No cálculo da indenização por acidente do trabalho inclui-se, quando devido, o repouso semanal remunerado.

466 – Não é inconstitucional a inclusão de sócios e administradores de sociedades e titulares de firmas individuais como contribuintes obrigatórios da previdência social.

613 – Os dependentes de trabalhador rural não têm direito a pensão previdenciária, se o óbito ocorreu anteriormente à vigência da Lei Complementar no 11/71.

620 – A sentença proferida contra autarquias não está sujeita a reexame necessário, salvo quando sucumbente em execução de dívida ativa.

687 – A Revisão de que trata o art. 58 do Ato das Disposições Constitucionais transitórias não se aplica aos benefícios previdenciários concedidos após a promulgação da Constituição de 1988.

688 – É legítima a incidência da contribuição previdenciária sobre o 13º salário.

689 - O segurado pode ajuizar ação contra a instituição previdenciária perante o juízo federal do seu domicílio ou nas varas federais da capital do estado-membro.

726 – Para efeito de aposentadoria especial de professores, não se computa o tempo de serviço prestado fora da sala de aula.

729 - A decisão na ação direta de constitucionalidade 4 não se aplica à antecipação de tutela em causa de natureza previdenciária.

730 - A imunidade tributária conferida a instituições de assistência social sem fins lucrativos pelo art. 150, VI, "c" da constituição, somente alcança as entidades fechadas de previdência social privada se não houver contribuição dos beneficiários.

12.2 - SUPERIOR TRIBUNAL DE JUSTIÇA

15 – Compete à Justiça Estadual processar e julgar os litígios decorrentes de acidente do trabalho.

24 – Aplica-se ao crime de estelionato, em que figure como vítima entidade autárquica da Previdência Social, a qualificadora do § 3o do art. 171 do Código Penal.

44 – A definição, em ato regulamentar, de grau mínimo de disacusia, não exclui, por si só, a concessão do benefício previdenciário.

58 – Proposta a execução fiscal, a posterior mudança de domicílio do executado não desloca a competência já fixada.

89 – A ação acidentária prescinde do exaurimento da via administrativa.

107 – Compete à Justiça Comum Estadual processar e julgar crime de estelionato praticado mediante falsificação das guias de recolhimento das contribuições previdenciárias, quando não ocorrente lesão à autarquia federal.

110 – A isenção do pagamento de honorários advocatícios nas ações acidentárias é restrita ao segurado.

111 – Os honorários advocatícios, nas ações previdenciárias, não incidem sobre prestações vincendas.

146 – O segurado, vítima de novo infortúnio, faz jus a um único benefício somado ao salário de contribuição vigente no dia do acidente.

148 – Os débitos relativos a benefício previdenciário, vencidos e cobrados em juízo após a vigência da Lei no 6.899/81, devem ser corrigidos monetariamente na forma prevista nesse diploma legal.

149 – A prova exclusivamente testemunhal não basta à comprovação da atividade rurícola, para efeito da obtenção de benefício previdenciário.

159 – O benefício acidentário, no caso de contribuinte que perceba remuneração variável, deve ser calculado com base na média aritmética dos últimos doze meses de contribuição.

175 – Descabe o depósito prévio nas ações rescisórias propostas pelo INSS.

178 – O INSS não goza de isenção do pagamento de custas e emolumentos, nas ações acidentárias e de benefícios propostas na Justiça Estadual.

204 – Os juros de mora nas ações relativas a benefícios previdenciários incidem a partir da citação válida.

226 – O Ministério Público tem legitimidade para recorrer na ação de acidente do trabalho, ainda que o segurado esteja assistido por advogado.

242 – Cabe ação declaratória para reconhecimento de tempo de serviço para fins previdenciários.

272 – O trabalhador rural, na condição de segurado especial, sujeito à contribuição obrigatória sobre a produção rural comercializada somente faz jus à aposentadoria por tempo de serviço, se recolher contribuições facultativas.

310 – O Auxílio-creche não integra o salário-de-contribuição.

340 – A lei aplicável à concessão de pensão previdenciária por morte é aquela vigente na data do óbito do segurado.

351- A alíquota de contribuição para o Seguro de Acidente do Trabalho (SAT) é aferida pelo grau de risco desenvolvido em cada empresa, individualizada pelo seu CNPJ, ou pelo grau de risco da atividade preponderante quando houver apenas um registro.

366 – Compete à Justiça estadual processar e julgar ação indenizatória proposta por viúva e filhos de empregado falecido em acidente de trabalho (*).

416 - É devida a pensão por morte aos dependentes do segurado que, apesar de ter perdido essa qualidade, preencheu os requisitos legais para a obtenção de aposentadoria até a data do seu óbito.

425 - A retenção da contribuição para a seguridade social pelo tomador do serviço não se aplica às empresas optantes pelo Simples.

427 - A ação de cobrança de diferenças de valores de complementação de aposentadoria prescreve em cinco anos contados da data do pagamento.

456 - É incabível a correção monetária dos salários de contribuição considerados no cálculo do salário de benefício de auxílio-doença, aposentadoria por invalidez, pensão ou auxílio-reclusão concedidos antes da vigência da CF/1988.

458 - A contribuição previdenciária incide sobre a comissão paga ao corretor de seguros.

483 - O INSS não está obrigado a efetuar depósito prévio do preparo por gozar das prerrogativas e privilégios da Fazenda Pública.

507 - A acumulação de auxílio-acidente com aposentadoria pressupõe que a lesão incapacitante e a aposentadoria sejam anteriores a 11/11/1997, observado o critério do art. 23 da Lei n. 8.213/1991 para definição do momento da lesão nos casos de doença profissional ou do trabalho.

12.3 - TRIBUNAL REGIONAL FEDERAL DA 1a REGIÃO

14 – O art. 202, da Constituição Federal, somente se aplica a partir da criação da respectiva fonte de custeio (Lei no 8.212/91).

19 – O pagamento de benefícios previdenciários, vencimentos, salários, proventos, soldos e pensões, feito, administrativamente, com atraso, está sujeito

a correção monetária desde o momento em que se tornou devido.

20 – O critério de revisão previsto no art. 58, do Ato das Disposições Constitucionais Transitórias, da Constituição Federal de 1988, é diverso do estatuído na Súmula no 260, do Tribunal Federal de Recursos, e aplica-se somente aos benefícios previdenciários concedidos até 4.10.1988.

21 – O critério de revisão previsto na Súmula no 260, do Tribunal Federal de Recursos, diverso do estabelecido no art. 58, do Ato das Disposições Constitucionais Transitórias, da Constituição Federal de 1988, é aplicável somente aos benefícios previdenciários concedidos até 4.10.1988, perdeu eficácia em 5.4.1989.

23 – São auto-aplicáveis as disposições constantes dos parágrafos 5º e 5º, do

art. 201, da Constituição Federal.

27 – Não é admissível prova exclusivamente testemunhal para reconhecimento de tempo de exercício de atividade urbana e rural (Lei no 8.213/91, art. 55, parágrafo 3o).

33 – A aposentadoria especial decorrente do exercício de atividade perigosa, insalubre ou penosa não exige idade mínima do segurado.

36 – O inciso II do art. 41, da Lei no 8.213/91, revogado pela Lei no 8.542/92, era compatível com as normas constitucionais que asseguram o reajuste dos benefícios para preservação de seu valor real.

40 – O mandado de segurança não é a via própria para a comprovação de tempo de serviço para efeito previdenciário, quando ensejar dilação probatória.

49 - O critério de revisão previsto na Súmula 260 do Tribunal Federal de Recursos, diverso do estabelecido no art. 58 do Ato das Disposições Constitucionais Transitórias da Constituição Federal de 1988, perdeu eficácia a partir do Decreto-Lei 2.335, de 12 de junho de 1987.

12.4 - TRIBUNAL REGIONAL FEDERAL DA 2a REGIÃO

15 – O parágrafo 3o do art. 109 da Constituição Federal de 1988, institui, quanto às causas de natureza previdenciária, hipótese de competência relativa, pelo que não elide a competência concorrente da Justiça Federal.

17 – No reajuste dos benefícios de prestação continuada, mantidos pela Previdência Social, aplica-se o critério da Súmula no 260 (salário mínimo) do extinto Tribunal Federal de Recursos até o sétimo mês após a vigência da Constituição Federal de 1988 e, a partir de então, os critérios de revisão estabelecidos no art. 58 do ADCT e 201, parágrafo 2o, da mesma Carta Magna.

18 – O segurado da Previdência Social oficial, que recebe complementação de benefício de entidade de Previdência Privada, tem legitimidade *ad causam* para propor ação em face da primeira, com vistas à revisão de seu benefício previdenciário.

26 - O art. 202 da CF/88, em sua redação original, não é auto-aplicável, por depender de integração legislativa, só implementada com a edição das Leis 8.212/91 e 8.213/91, que aprovaram o Plano de Custeio e de Benefícios da Previdência Social

29 - No reajuste dos benefícios de prestação continuada, mantidos pela Previdência Social, aplica-se o critério da Súmula 260/TFR-extinto até o sétimo mês após a vigência da Constituição Federal de 1988 e, a partir de então, os critérios de revisão estabelecidos nos arts. 58 do ADCT e 201, § 2º, da mesma Carta Magna.

32 - Conta-se como tempo de efetivo serviço, para fins previdenciários, o período de atividade como aluno-aprendiz em escola técnica, exercida sob a vigência do Dec. 4.073/42, desde que tenha havido retribuição pecuniária, admitindo-se como tal o recebimento de alimentação, vestuário, moradia, material escolar e parcela de renda auferida com a execução de encomendas para terceiros, à conta do orçamento da união, independente de descontos previdenciários.

34- A contribuição previdenciária sobre a remuneração paga aos administradores, autônomos e avulsos, tendo sido declarada inconstitucional, pode ser compensada com contribuições da mesma espécie, desnecessária a comprovação de inexistência de repercussão ou repasse, dada à sua natureza de tributo direto.

43 - A cassação ou suspensão de benefício previdenciário é ato administrativo único, de efeitos permanentes, razão pela qual, impetrado o mandado de segurança após o prazo de 120 dias, opera-se a decadência

44 - Para a propositura de ações de natureza previdenciária é desnecessário o exaurimento das vias administrativas

46 - A suspeita de fraude na concessão do benefício previdenciário não autoriza, de imediato, a sua suspensão ou cancelamento, sendo indispensável a apuração dos fatos mediante processo administrativo regular, assegurados o contraditório e a ampla defesa

49 - As disposições contidas nos §§ 5º e 6º do art. 201 da CF/88, com redação dada pela Emenda Const. 20/98, são auto-aplicáveis.

51- O art. 32, da Lei 9.656/98, que trata do ressarcimento ao Sistema Único de Saúde (SUS), é constitucional.

54 - A pensão de ex-combatente, por morte ocorrida na vigência das Leis 3.765/60 e 4.242/63, será devida às filhas, ainda que maiores e não inválidas, inclusive por reversão, em valor correspondente ao soldo de 2º sargento.

55 - A pensão de ex-combatente, por morte ocorrida na vigência das Leis 3.765/1960 e 4.242/1963, será devida às filhas, ainda que maiores e não inválidas, inclusive por reversão, em valor correspondente ao soldo de 2º sargento, vedada a percepção cumulativa com qualquer outra importância dos cofres públicos. A Súmula 55 altera o enunciado da Súmula 54, conforme decisão plenária de 02/12/2010.

12.5 - TRIBUNAL REGIONAL FEDERAL DA 3a REGIÃO

05 – O preceito contido no art. 201, parágrafo 5o, da Constituição da República consubstancia norma de eficácia imediata, independendo sua aplicabilidade da edição de lei regulamentadora ou instituidora da fonte de custeio.

06 – O reajuste dos proventos resultantes de benefícios previdenciários deve obedecer às prescrições legais, afastadas as normas administrativas que disponham de maneira diversa.

07 – Para a apuração da renda mensal inicial dos benefícios previdenciários concedidos antes da Constituição Federal de 1988, a correção dos 24 (vinte quatro) salários-de-contribuição, anteriores aos últimos 12 (doze), deve ser feita em conformidade com o que prevê o art. 1o da Lei no 6.423/77.

08 – Em se tratando de matéria previdenciária, incide a correção monetária a partir do vencimento de cada prestação do benefício, procedendo-se à atualização em consonância com os índices legalmente estabelecidos, tendo em vista o período compreendido entre o mês em que deveria ter sido pago e o mês do referido pagamento.

09 – Em matéria previdenciária, torna-se desnecessário o prévio exaurimento da via administrativa, como condição de ajuizamento da ação.

13 - O artigo 201, parágrafo 6º, da Constituição da República tem aplicabilidade imediata para efeito de pagamento da gratificação natalina dos anos de 1988 e 1989.

14 - O salário mínimo de NCz$ 120,00 (cento e vinte cruzados novos) é aplicável ao cálculo dos benefícios previdenciários no mês de junho de 1989.

19 - É aplicável a variação do Índice de Reajuste do Salário Mínimo, no percentual de 39,67%, na atualização dos salários-de-contribuição anteriores a março de 1994, a fim de apurar a renda mensal inicial do benefício previdenciário.

20 - A regra do parágrafo 3° do artigo 109 da Constituição Federal abrange não só os segurados e beneficiários da previdência social, como também aqueles que pretendem ver declarada tal condição.

22 - É extensível aos beneficiários da Assistência Social (inciso V do artigo 203 da CF) a regra de delegação de competência do parágrafo 3º do artigo 109 da Constituição Federal, sendo exclusiva a legitimidade passiva do INSS.

24 - É facultado aos segurados ou beneficiários da Previdência Social ajuizar ação na Justiça Estadual de seu domicílio, sempre que esse não for sede de Vara da Justiça Federal.

25 - Os benefícios previdenciários concedidos até a promulgação da Constituição Federal de 1988 serão reajustados pelo critério da primeira parte da Súmula n° 260 do Tribunal Federal de Recursos até o dia 04 de abril de 1989.

26 - Não serão remetidas aos Juizados Especiais Federais as causas previdenciárias e assistenciais ajuizadas até a sua instalação, em tramitação em Vara Federal ou Vara Estadual no exercício de jurisdição Federal delegada.

12.6 - TRIBUNAL REGIONAL FEDERAL DA 4a REGIÃO

02 – Para o cálculo da aposentadoria por idade ou por tempo de serviço, no regime precedente à Lei no 8.213, de 24 de julho de 1991, corrigem-se os salários-de-contribuição, anteriores aos doze últimos meses, pela variação nominal da ORTN/OTN.

03 – Os juros de mora, impostos a partir da citação, incidem também sobre a soma das prestações previdenciárias vencidas.

08 – Subsiste no novo texto constitucional a opção do segurado para ajuizar ações contra a Previdência Social no foro estadual do seu domicílio ou no do Juízo Federal.

09 – Incide correção monetária sobre os valores pagos com atraso, na via administrativa, a título de vencimento, remuneração, provento, soldo, pensão ou benefício previdenciário, face à sua natureza alimentar.

15 – O reajuste dos benefícios de natureza previdenciária, na vigência do Decreto-lei no 2.351, de 7 de agosto de 1987, vinculava-se ao salário mínimo de referência e não ao piso nacional de salários.

20 – O art. 8o, parágrafo 1o, da Lei no 8.620/93, não isenta o INSS das custas judiciais, quando demandado na Justiça Estadual.

24 – São auto-aplicáveis os parágrafos 5o e 6o do art. 201 da Constituição Federal de 1988.

26 – O valor dos benefícios previdenciários devidos no mês de junho de 1989 tem por base o salário mínimo de NCz$ 120,00 (art. 1o da Lei no 7.789/89).

36 – Inexiste direito adquirido a reajuste de benefícios previdenciários com base

na variação do IPC – Índice de Preços ao Consumidor – de março e abril de 1990.

40 – Por falta de previsão legal, é incabível a equivalência entre o salário--de contribuição e o salário-de-benefício para o cálculo da renda mensal dos benefícios previdenciários.

41 – É incabível o seqüestro de valores ou bloqueio das contas bancárias do INSS para garantir a satisfação de débitos judiciais.

44 – É inconstitucional a contribuição previdenciária sobre o *pro labore* dos administradores, autônomos e avulsos, prevista nas Leis nos 7.787/89 e 8.212/91.

47 – Na correção monetária dos salários-de-contribuição integrantes do cálculo da renda mensal inicial dos benefícios previdenciários, em relação ao período de março a agosto de 1991, não se aplica o índice de 230,40%.

48 – O abono previsto no art. 9o, § 6o, letra "b", da Lei no 8.178/91 está incluído no índice de 147,06% referente ao reajuste dos benefícios previdenciários em 1o de setembro de 1991.

49 – O critério de cálculo da aposentadoria proporcional estabelecido no art. 53 da Lei no 8.213/91 não ofende o texto constitucional.

50 – Não há direito adquirido à contribuição previdenciária sobre o teto máximo de 20 salários mínimos após a entrada em vigor da Lei no 7.787/89.

51 – Não se aplicam os critérios da Súmula 260 do extinto Tribunal Federal de

Recursos aos benefícios previdenciários concedidos após a Constituição Federal de 1988.

55 – É constitucional a exigência de depósito prévio da multa para a interposição de recurso administrativo, nas hipóteses previstas pelo art. 93 da Lei no 8.212/91 – com a redação dada pela Lei no 8.870/94 – e pelo art. 636, § 1o, da CLT.

61- A União e o INSS são litisconsortes passivos necessários nas ações em que seja postulado o benefício assistencial previsto no art. 20 da Lei 8742/93, não sendo caso de delegação de jurisdição federal.

65 - A pena decorrente do crime de omissão no recolhimento de contribuições previdenciárias não constitui prisão por dívida.

67 - A prova da materialidade nos crimes de omissão no recolhimento de contribuições previdenciárias pode ser feita pela autuação e notificação da fiscalização, sendo desnecessária a realização de perícia.

68 - A prova de dificuldades financeiras, e conseqüente inexigibilidade de outra conduta, nos crimes de omissão no recolhimento de contribuições previdenciárias, pode ser feita através de documentos, sendo desnecessária a realização de perícia.

69 - A nova redação do art. 168-A do Código Penal não importa em descriminalização da conduta prevista no art. 95, "d", da Lei nº 8.212/91.

72- É possível cumular aposentadoria urbana e pensão rural.

73- Admitem-se como início de prova material do efetivo exercício de atividade rural, em regime de economia familiar, documentos de terceiros, membros do grupo parental.

74- Extingue-se o direito à pensão previdenciária por morte do dependente que atinge 21 anos, ainda que estudante de curso superior.

75- Os juros moratórios, nas ações previdenciárias, devem ser fixados em 12% ao ano, a contar da citação.

76- Os honorários advocatícios, nas ações previdenciárias, devem incidir somente sobre as parcelas vencidas até a data da sentença de procedência ou do acórdão que reforme a sentença de improcedência.

77- O cálculo da renda mensal inicial de benefício previdenciário concedido a partir de março de 1994 inclui a variação integral do IRSM de fevereiro de 1994 (39,67%).

12.7 - TRIBUNAL REGIONAL FEDERAL DA 5a REGIÃO

08 – São auto-aplicáveis as regras dos parágrafos 5o e 6o do artigo 201 da Constituição Federal ao estabelecerem o salário mínimo e a gratificação natalina

para o benefício previdenciário.

09 – É imediata a incidência da forma de cálculo prevista no artigo 202 da Constituição Federal, mas não se aplica à aposentadoria implantada antes de outubro de 1988.

10 – A contribuição previdenciária incide sobre a parte da folha de pagamentos da empresa aos seus administradores, sócios-gerentes e autônomos.

11 – Aplica-se ao reajuste de benefício previdenciário, em setembro de 1991, o percentual de 147,06%.

18 – Previdenciário. Tempo de Serviço. Monitor Universitário. Contagem Indevida. O tempo de treinamento do estudante como monitor universitário não é contado para fins previdenciários.

Capítulo 13

As Reformas da Previdência

A partir do final dos anos 1980, a Previdência experimentou uma série de reformas, que se fizeram necessárias, especialmente para adequar o sistema aos novos conceitos de proteção social, introduzidos na Constituição Federal de 1988.

Realmente, a Carta de 1988 instituiu um conceito avançado de seguridade social, de modo a obrigar o Estado brasileiro e suas instituições a se adequarem ante ao novo instituído. A denominação de "reformas previdenciárias", foi um ajuste contábil/fiscal, "determinado" pelo Fundo Monetário Internacional - FMI e pelo Banco Mundial - BM.

As alterações experimentadas pela previdência social, com as reformas promovidas pelas Emendas Constitucionais 20/98, 41/2003, 47/2005 e 70/2012, trouxeram consequências aos contribuintes. Isso aconteceu, também, devido ao aumento da expectativa de vida, elevando assim o limite de idade para a aposentadoria.

13.1. - AS PRINCIPAIS REFORMAS DA PREVIDÊNCIA OCORRIDAS APÓS A CONSTITUIÇÃO FEDERAL DE 1988 E LEIS 8.212/91 E 8.213/91

Emenda Constitucional nº 20/98

Com a primeira grande reforma da previdência, feita pela Emenda Constitucional de nº 20, de 15.12.1998, foi estabelecida a aposentadoria por tempo de contribuição e não mais por tempo de serviço, exigindo-se, assim, 35 (trinta e cinco anos) de contribuição do homem e 30 (trinta) da mulher. O salário-família e o auxílio-reclusão passaram a ser devidos apenas ao dependente do segurado de baixa renda.

Essa reforma impôs limite de idade para o pedido das aposentadorias: a) para os segurados servidores públicos, pertencentes aos regimes próprios, 60 anos (homem) e 55 anos (mulher), desde que possuissem 35 (trinta e cinco) e 30 (trinta) anos, respectivamente, de contribuição, mais a exigência de dez anos de serviço público e cinco anos no cargo em que o(a) segurado(a) pretende aposentar-se; b) para os segurados do RGPS, embora tenha havido a discussão do chamado "ponto e vírgula", restou o requisito da idade de 65 e 60 anos, para homens e mulheres, respectivamente, sendo que podem solicitar os seus benefícios da aposentadoria por tempo de contribuição se tiverem 35 e 30 anos, respectivamente, de contribuição.

Após a Emenda, promulgou-se ainda a Lei 9.876/99, que instituiu o ***fator previdenciário***, consistente numa mudança dos cálculos das prestações dos benefícios, implicando em estimativa do montante de contribuição capitalizado, conforme taxa pré-determinada, que varia em razão do tempo de contribuição e da idade do segurado e da expectativa de duração do benefício.

Trata-se de uma fórmula complexa que prevê a consideração dos seguintes elementos: a) expectativa de vida dos segurados, cuja taxa de sobrevida é calculada pelo IBGE; b) tempo de contribuição dos segurados até o momento do requerimento; c) idade dos segurados ao protocolarem os seus pedidos e, d) alíquota, sempre invariável, igual a 0,31. O f***ator previdenciário*** alterou significativamente o valor inicial dos benefícios, eis que conjugou, não somente o tempo de serviço/contribuição dos segurados, mas a idade em que se encontram no momento do pedido de seus benefícios, bem como suas expectativas de vida.

A inserção do fator previdenciário nos cálculos de benefícios, em que se tem uma previsão de expectativa de vida do segurado para cálculo do benefício, o principal objetivo foi alcançar, qual seja o equilíbrio financeiro e de atuação do sistema.

Como pode ser percebido, as regras estabelecidas pela Emenda 20/1998 provocaram mudança significativa do tempo de trabalho previsto na Constituição de 1988, para o tempo de contribuição, ou seja, dando um caráter de seguro social e não de seguridade.

Emenda Constitucional 41/2003, 47/2005, 70/2012 e últimas reformas no Regime Próprio de Previdência:

Cinco anos depois da EC. 20/98, surgiu a segunda grande reforma da previdência, feita através da Emenda Constitucional nº 41 em 31 de dezembro de 2003, em que se estabeleceu mudança significativa, atingindo, em primeiro plano, os funcionários públicos.

A referida Emenda previu a substituição da aposentadoria integral pelo Regime proporcional. Ou seja: somente os servidores públicos que ingressaram no sistema antes da promulgação da EC nº 41/2003 poderão aposentar-se com proventos integrais.

A Emenda Constitucional nº 47/2005 é tida como uma reforma paralela à Emenda nº 41, promovendo alterações no art. 201 da Carta Magna, além de tratar da maior parte das regras previdenciárias dos funcionários públicos.

As reformas de 2003 e 2005 tiveram como principais pontos:

"(I) o fim da aposentadoria com proventos integrais para os servidores que ingressaram no serviço público após o advento da EC 41/2003;

(II) a instituição da cobrança de contribuição previdenciária dos inativos e pensionistas que recebam proventos acima de determinado valor;

(III) previsão de regime de previdência complementar com planos de benefícios na modalidade de contribuição definida;

(IV) a criação do abono de permanência em substituição à isenção da contribuição previdenciária instituída pela EC 20/1998;

(V) a instituição de regras de transição para aqueles que ingressaram no serviço público até a data da publicação da EC 41/2003 e a garantia dos direitos adquiridos dos aposentados, bem como daqueles que, até a data de publicação da emenda, tenham cumprido todos os requisitos para a obtenção da aposentadoria com base nos critérios da legislação anterior."

A Emenda Constitucional nº 70/2012, por seu turno, acrescentou art. 6º-A à Emenda Constitucional nº 41, de 2003, com o fito de estabelecer critérios para o cálculo e a correção dos proventos da aposentadoria por invalidez dos servidores públicos que ingressaram no serviço público até a data da publicação daquela Emenda Constitucional.

Assim, os proventos de aposentadoria por invalidez, concedidos a partir de 01/01/2004 deverão ser recalculados com base na remuneração do servidor no cargo efetivo em que se deu a aposentadoria.

No caso de aposentadoria por invalidez, com proventos **integrais**, passarão a corresponder a 100% da última remuneração do servidor na data da concessão do benefício previdenciário e, em se tratando de aposentadoria com proventos **proporcionais**, estes corresponderão a percentual relativo ao tempo de contribuição do servidor para encontrar o valor inicial do provento.

É importante lembrar que em virtude do **princípio constitucional da irredutibilidade dos benefícios**, após a revisão dos benefícios determinada pela EC 70, se houver redução dos proventos, a parcela correspondente à diferença entre a soma que estava sendo paga e o novo valor do benefício deve ser mantido e paga como verba apartada.

Recentemente foram publicadas as Medidas Provisórias nº 664 e 665/2014, consideradas essenciais e extremamente necessárias para o Governo Federal, intitulada "MiniReforma Previdenciária", ou seja, mais uma "Reforma da Previdência Social", que no diálogo do Governo faz-se necessária pelos seguintes motivos:

- Aumentou o emprego e a formalização: 15,5 milhões no setor privado de 2003 a 2013
- Base de segurados da previdência aumentou em 30 milhões entre 2003 e 2013

- De 2003 a 2014 o Salário Mínimo (base para todo o sistema de proteção social) teve aumento real de 73%
- Sobrevida dos brasileiros aumentou em média 4,4 anos em 13 anos
- No geral, aumentou a expectativa de vida do brasileiro em 12,4 anos, tendo passado de 62,5 anos para 74,9, entre 1980 e 2013.

Objetivos da Reforma:

Auxilio-Doença

- Garantir que o valor do auxílio-doença seja compatível com a remuneração média do trabalhador na ativa, preservando o seu poder de compra.
- Facilitar a vida do trabalhador no período de auxílio-doença reduzindo a necessidade de comparecimento às agências da Previdência Social
- Melhorar a qualidade de atendimento ao segurado

Pensão por morte

- Preservar a sustentabilidade da previdência
- Alinhar a legislação brasileira às melhores práticas internacionais de previdência social
- Coibir abusos na concessão do benefício

Seguro Defeso

- Garantir o benefício exclusivamente ao pescador
- Garantir a sustentabilidade do FAT
- Facilitar o atendimento ao beneficiário tendo em vista que a rede do INSS é a mais capilarizada do Governo Federal

Abono Salarial

- Garantir a sustentabilidade do FAT
- Alinhar o abono salarial ao que se pratica no 13º salário

Seguro Desemprego

- Garantir a sustentabilidade do FAT
- Reduzir estímulos à rotatividade em casos específicos

MUDANÇAS EM RAZÃO DA EDICAO DAS MEDIDAS PROVISÓRIAS Nº 664 e 665, DE 30/12/2014.

No primeiro dia de 2015, em seu discurso de posse para o segundo mandato, a Presidente da República esclareceu como deve ser a continuidade de seu governo, afirmando ser necessário realizar algumas reformas nas contas do Estado, garantindo, todavia, que não iria suprimir direitos sociais conquistados.

Disse ela: "***Eu não mudo direitos da legislação trabalhista; isso não mudo nem que a vaca tussa***"

Contudo, apenas dois dias após esse pronunciamento, ou seja, no dia 30/12/2004, foram publicadas as Medidas Provisórias 664 e 665, que modificaram regras para a percepção de benefícios previdenciários (especialmente a pensão por morte) e trabalhistas (como o seguro-desemprego).

Na leitura da Medida Provisória nº 664 verifica-se, claramente, que a intenção é promover uma minirreforma previdenciária. E, por mais absurdo que seja, investe contra regras insertas na Constituição, vez que a MP não observa os requisitos de relevância e urgência (Art. 62 da Constituição Federal de 1988 - CF/88), ou seja, não atende aos ditames da Carta Maior.

Ademais, é vedada a adoção de Medida Provisória na regulamentação de artigo da Constituição (v. Art. 201 e 246 da CF/88).

Ademais, nota-se que as referidas Medidas (especialmente a 664/2014), agredindo as regras constitucionais, reduzem benefícios previdenciários. Acredita-se que essas modificações sejam amplamente discutidas (e até derrubadas) pelo Congresso Nacional, posto que a presidente invadiu a competência do Poder Legislativo, pelo que entende-se que as alterações propostas são inconstitucionais.

Para uma melhor compreensão das do que foi proposto, e como isso pode influir na vida do cidadão, elaboramos o quadro comparativo abaixo:

QUADRO COMPARATIVO

AUXILIO-DOENÇA - Benefício pago ao segurado em caso de incapacitação temporária para o trabalho por doença ou acidente	
REGRAS ANTERIORES	NOVAS REGRAS
Valor calculado com base na média dos 80% maiores salários de contribuição	Valor do benefício não poderá exceder a média das últimas 12 contribuições
A empresa paga ao empregado o salário integral durante os primeiros 15 dias de afastamento	A empresa paga ao empregado o salário integral durante os primeiros 30 dias de afastamento
Perícia realizada exclusivamente por médicos do INSS	Previsão de convênios, sob supervisão do INSS, com empresas que possuem serviço médico, órgãos e entidades públicas

PENSÃO POR MORTE - Benefício concedido ao(s) dependente(s) em caso de falecimento do segurado
Tempo mínimo – Proposta não se aplica aos atuais beneficiários Regra válida também para os servidores públicos da União

REGRAS ANTERIORE	NOVAS REGRAS
Não há tempo mínimo de contribuição, nem prazo mínimo de casamento	Tempo mínimo de 2 anos de contribuição para acesso à pensão previdenciária por morte
	• Exceção para casos de acidente de trabalho e doença profissional ou do trabalho
	Tempo mínimo de 2 anos de casamento ou união estável
	• Exceção para casos de acidentes de trabalho depois do casamento ou para cônjuge/ companheiro incapaz/inválido

PENSÃO POR MORTE	
Duração - Proposta não se aplica aos atuais beneficiários. Regra válida também para os servidores públicos da União	
REGRAS ANTERIORES	NOVAS REGRAS
A pensão é vitalícia independentemente da idade do beneficiário(a)	Concessão do benefício vitalício para cônjuges a partir de 44 anos
	Fim do benefício vitalício para cônjuges jovens
	O critério será a expectativa de sobrevida em anos (projeção do IBGE)
	• Exceção para cônjuge inválido, que terá direito à pensão vitalícia independentemente da sua expectativa de vida

IDADE DE REFERENCIA	DURAÇÃO PENSÃO (ANOS)	EXPECTATIVA DE SOBREVIDA (ANOS)
44 anos ou mais **	vitalício	Até 35
39 a 43 anos	15	Entre 35 a 40
33 a 38 anos	12	Entre 40 a 45
28 a 32 anos	9	Entre 45 a 50
22 a 27 anos	6	Entre 50 a 55
21 anos ou menos	3	Maior que 55

* Com base na atual projeção do IBGE de expectativa de sobrevida

** Hoje, 86,7% das pensões concedidas estão nesta condição, permanecendo vitalícias

PENSÃO POR MORTE	
Valor - Proposta não se aplica aos atuais beneficiários	
REGRAS ANTERIORES	NOVAS REGRAS
O menor valor pago é de um salário mínimo	O menor valor pago continua sendo de um salário mínimo
	Atualmente, 57,4% das pensões correspondem a um salário mínimo e não sofrerão alteração
O(s) dependente(s) recebe(m) o valor integral do vencimento do segurado	O valor mínimo recebido será de 60% da aposentadoria no caso de um dependente
	• 50% = cota familiar fixa • 10% por dependente (cônjuge, filhos etc.) até o limite de 100%

Exemplo de cálculo do valor da pensão

EXEMPLO	Nº DE DEPENDENTES	COTA FIXA	COTA DOS DEPENDENTES	VALOR A SER RECEBIDO
Cônjuge sem filho	1	50%	10%	60%
Cônjuge com 1 filho	2	50%	20%	70%
Cônjuge com 2 filhos	3	50%	30%	80%
Cônjuge com 3 filhos	4	50%	49%	90%
Cônjuge com 4 filhos ou mais	5	50%	50%	100%

PENSÃO POR MORTE	
Crime doloso - Regra já existente para os servidores públicos da União	
REGRA ANTERIOR	NOVA REGRA
Quem comete crime doloso que resulte na morte do segurado pode ter acesso à pensão por morte	Exclusão do direito à pensão para dependente condenado pela prática de crime doloso que tenha resultado na morte do segurado

PENSÃO POR MORTE	
Reversão de cota - Proposta não se aplica aos atuais beneficiários	
REGRA ANTERIOR	NOVA REGRA
O benefício é distribuído igualmente entre todos os dependentes	Estabelecer cota fixa familiar de 50% e individual de 10% por dependente (garante benefício mínimo de 60%)
Com o fim da dependência de um pensionista, seu benefício é redistribuído entre os demais	A cota individual de 10% não será redistribuída com o fim da dependência
	• Exceção para órfãos de pai e mãe

SEGURO DEFESO - Benefício de um salário mínimo para os pescadores que exercem atividade exclusiva e de forma artesanal, sem outra fonte de renda	
REGRAS ANTERIORES	NOVAS REGRAS
Registro de pescador com antecedência mínima de um ano	Registro de pescador com antecedência mí- nima de 3 anos
É vedado o acúmulo com benefícios previdenciários (exceto pensão por morte e auxílio acidente)	Vedar acúmulo de benefícios assistenciais e previdenciários de natureza continuada com o seguro defeso (exceto pensão por morte e auxílio acidente)
Habilitação no Ministério do Trabalho e Emprego	Atribuir a habilitação para o INSS
	Comprovar a comercialização da produção ou recolhimento previdenciário, ambos pelo período mínimo de 12 meses ou desde o último defeso
A habilitação pode ser feita com pagamento único de contribuição previdenciária	Limitar o número de parcelas ao máximo permitido para o seguro desemprego
	Impedir o acúmulo de diferentes defesos para receber o benefício

ABONO SALARIAL - Benefício pago anualmente ao trabalhador que recebeu, em média, até 2 (dois) salários mínimos e que tenha trabalhado pelo menos 30 dias no ano base	
Alterações impactam o benefício apenas em 2016	
REGRAS ANTERIORES	NOVAS REGRAS

Pagamento de um salário mínimo para o cidadão que trabalhou, ao menos, 30 dias no ano base e que tenha recebido até 2 (dois) salários mínimos	Tempo trabalhado de 180 dias ininterruptos no ano base para acesso ao benefício
	Cumprido o período mínimo, pagamento proporcional ao tempo trabalhado no ano base, da mesma forma como o 13º salário

SEGURO DESEMPREGO - Benefício pago ao trabalhador que foi demitido de forma involuntária. O valor varia entre R$ 788,00 (salário mínimo) e R$ 1.385,91 conforme a remuneração média.	
REGRAS ANTERIORES	NOVAS REGRAS
O trabalhador demitido de forma involuntária pode solicitar o benefício após ter, no mínimo, 6 meses de trabalho ininterruptos na primeira solicitação	Elevar o tempo de trabalho necessário para requerer o benefício
	• 18 meses nos últimos 24 meses anteriores à dispensa na primeira solicitação
	• 12 meses nos últimos 16 meses anteriores à dispensa na segunda solicitação
	• A partir da terceira solicitação está mantido em 6 meses de trabalho ininterruptos

	Nº de requerentes	Percentual do total
TOTAL	8.553.733	100,0%
Requerentes que mantêm o acesso	6.280.126	73,4%
Demais	2.273.607	26,6%
Primeira solicitação	1.601.510	18,7%
Segunda solicitação	672.097	7,9%

Fonte: Ministério do Trabalho e Emprego.

Referência: acumulado no ano até 12 de dezembro de 2014

OBS: A Medida Provisória nº 664, de 30/12/2014 entra em vigor:

I – Na data de sua publicação para os seguintes dispositivos:

a) §§5º e 6º do art. 60 e §1º do art. 74 da Lei 8.213/91;

b) Art. 2º, 4º e alíneas "a" e "d" do inciso II do art. 6º desta Medida Provisória;

> II – 15 dias a partir de sua publicação para o δ2º do art. 74 da lei 8.213/91; e
>
> III – no 1º dia do terceiro mês subsequente à data de publicação desta Medida Provisória quanto aos demais dispositivos.

Como antes foi dito, as Medidas Provisórias ainda carecem de exame, pelo Congresso Nacional, para que se tornem Leis.

De qualquer sorte, fica a impressão de que **A VACA TOSSIU.**

Capítulo 14

Como dizem os locutores esportivos, aos 44 minutos do segundo tempo, quando a edição estava indo para o prelo, foram aprovadas normas, para reconhecer os direitos do **Empregado Doméstico** e, ainda, fixando novas regras para concessão de **Aposentadoria por Tempo de Contribuição.**

Vamos a elas:

14.1. – O que mudou com a aprovação da PEC das domésticas?

Pela nova lei, igualaram--se os direitos dos trabalhadores domésticos aos dos demais trabalhadores urbanos e rurais. Ei-los:

- garantia de salário mínimo para quem recebe remuneração variável;
- proteção ao salário, considerando-se como crime a retenção dolosa de pagamento;
- estabelecimento de jornada de trabalho de oito horas diárias e 44 semanais;
- pagamento de horas extras;
- observância de normas de higiene, saúde e segurança no trabalho;
- recolhimentos de acordos e de convenções coletivas;
- proibição de discriminação de salário, de função e/ou de critério de admissão;
- proibição a menores de 16 anos de trabalho noturno, perigoso ou insalubre;
- recebimento de seguro-desemprego, em caso de desemprego involuntário;
- recolhimento obrigatório de Fundo de Garantia por Tempo de Serviço (FGTS);
- pagamento de salário família;
- pagamento de adicional noturno,
- recolhimento de seguro contra acidentes de trabalho;
- concessão de auxílio-creche e de pré-escola para filhos e dependentes (até cinco anos de idade);
- indenização em demissões sem justa causa;

Pontos a destacar na nova lei:

- FGTS: obrigatório. O patrão terá de recolher **mensalmente** 11,2%: 8% para o empregado e 3,2% de antecipação para cobrir multa de 40% na demissão sem justa causa. Em caso de justa causa, aposentadoria, licença ou morte, ou se o empregado pedir demissão, o valor que se recolheu será devolvido ao empregador.
- INSS: a alíquota da contribuição patronal cai de 12% para 8%, acrescida de 0,8% para cobrir o seguro por acidente de trabalho. **Importante**: o empregado continua pagando 8%.
- SUPER SIMPLES DOMÉSTICO: unificação das contribuições em guia única (isto é, em um único boleto).
- BANCO DE HORAS: o prazo de compensação será de **um ano**, mas as primeiras quarenta horas terão de ser pagas no mês.
- JORNADA DE TRABALHO: de oito horas diárias e 44 semanais, com intervalo para almoço de uma a duas horas (por acordo, pode ser reduzida a trinta minutos). Para babás e cuidadores, serão 12 horas de trabalho, seguidas de 36 de descanso.
- FÉRIAS: os trinta dias poderão ser divididos em dois períodos.

14.2. – Aposentadoria: novas regras por tempo de contribuição

Por meio da Medida Provisória n.º 676, publicada em 18 de junho de 2015, estabeleceram-se novas regras para a aposentadoria por tempo de contribuição. A partir dessa data, no cálculo, contar-se-á com o somatório de pontos alcançados entre a idade e o tempo de contribuição do segurado. Completados tais pontos, o segurado fará jus ao benefício integral da aposentadoria sem a aplicação do fator previdenciário.

Haverá, pois, uma progressividade para ajustar-se o somatório de pontos de acordo com a sobrevida dos brasileiros.

Sem a incidência do fator, para aposentar-se por tempo de contribuição, **até dezembro de 2016**, o segurado terá de obter o somatório de 85 pontos, se mulher, e 95 pontos, se homem. **A partir de 2017**, para deixar de aplicar-se o fator previdenciário, a soma deverá ser de 86 pontos, se mulher, e de 96, se homem.

Assim, pela MP/676, limita-se a progressividade até 2022, quando a totalidade para as mulheres deverá ser de 90 pontos e, para os homens, de 100.

Veja a tabela a seguir:

	Mulher	Homem
Até dez. 2016	85	95
De jan.2017 a dez. 2018	86	96
De jan. 2019 a dez. 2019	87	97
De jan.2020 a dez. 2020	88	98
De jan. 2021 a dez. 2021	89	99
De jan. 2022 em diante	90	100

Bibliografia Consultada

1 – Link da Previdência Social: www.previdencia.gov.br

2 – Link do Supremo Tribunal Federal

3 – Link do Superior Tribunal de Justiça

4 – Link do Tribunal Regional Federal

5 – COIMBRA, J. R. Feijó. *Direito Previdenciário Brasileiro* – 9ª edição. Ed. Trabalhistas. Rio de Janeiro. 1998.

6 – GOES, Hugo Medeiros de. *Manual de Direito Previdenciário*. Ed. Ferreira, 2015.

7 – IBRAHIM, Fábio Zambitte. *Curso de Direito Previdenciário*. Ed. Impetus, 2008.

8 – LAZZARI, João Batista e Carlos Alberto Pereira de Castro. *Manual de Direito Previdenciário*. Ed. Forense, 2015

9 – MARTINS, Sérgio Pinto. *Comentários à Lei nº 8.213/91 – Benefícios da Previdência Social*. Ed. Atlas,

10 – MARTINS. Sérgio Pinto. Instituições de Direito Público e Privado. Ed. Atlas, 2009.

10 – MEIRELLES, Hely Lopes. *Direito Administrativo Brasileiro* – 17a edição. Malheiros Editores. São Paulo. 1990.

11 – POZZOLI, Lafayette. Vade Mecum Previdenciário. São Paulo, 2006.

12 – SABATOVSKI, Emilio e Iara P. Fontoura. *Vade Mecum Direito Previdenciário*, 14ª ed., 2014

13 – SCATOLINI, Gustavo e João Trindade Cavalcanti Filho. *Manual de Direito Administrativo*. Ed. Juspodium, 2015

14 – SANTORO, José Jayme de Souza. Direito Previdenciário. Ed. Dois Pontos. Rio de Janeiro. 1986.

15 – SILVA, Elisa Maria Corrêa. Desaposentação. Ed. Forum, 2014

16 – SLAIBI FILHO, Nagib. Anotações à Constituição de 1988 – 4ª edição. Ed. Forense. Rio de Janeiro. 1993.

Legislação Básica Aplicada

1 – Constituição da República Federativa do Brasil, de 05/10/1988
2 – Emenda Constitucional nº 20, de 15/12/1998
3 – Emenda Constitucional nº 41/2003
4 – Emenda Constitucional nº 47, de 05/07/2005
5 – Emenda Constitucional nº 70, de 29/03/2012
6 – Instrução Normativa INSS/PRES nº 77, de 21/01/2015
7 – Lei nº 8.080, de 19/09/1980
8 – Lei n. 7.689, de 15/12/1988
9 – Leis n. 7.787, de 03/07/1989
11 – Lei da Organização e Custeio da Seguridade Social – Lei n. 8.212, de 24/07/1991
12 – Lei dos Planos de Benefícios da Previdência Social – Lei n. 8.213/91, de 24/07/1991
13 – Lei nº 8.870, de 15/04/1994
14 – Lei nº 8.490, de 19/ 11/1992
15 – Lei nº 8.742, de 07/12/1993
16 – Lei nº 8.861, de 25/03/1994
17 – Lei n. 9.430, de 27/12/1996
18 – Lei 9.506, de 15/10/1997
19 – Lei n. 9.528, de 10/12/1997
20 – Lei n. 9.615, de 24/03/1998
21 – Lei nº 9.717, de 27/11/1998
22 – Lei nº 9.876, de 26/11/1999
23 – Lei n. 10.256, de 09/07/2001
24 – Lei nº 10.259, de 12/07/2001
25 – Lei nº 10.421, de 15/04/2002
26 – Lei n. 10.637, de 30/12/2002
27 – Lei n. 10.666, de 08.05.2003
28 – Lei nº 10.839, de 05/02/2004
29 – Lei nº 10.877, de 04/06/2004

30 – Lei n. 11.457, de 16.03.2007

31 – Lei nº 11.520, de 18/08/2007

32 – Lei nº 11.718, de 20/06/2008

33 – Lei nº 11.941, de 27/05/2009

34 – Lei nº 12.376, de 30/12/2010

35 – Lei nº 12.435, de 06/07/2011

36 – Lei n. 12.470, de 31/08/2011

37 – Lei n. 12.715, de 17.09.2012

38 – Lei nº 12.864, de 24/09/2013

39 – Lei nº 12.867, de 10/10/2013

39 – Lei nº 12.870, de 15/10/2013

40 – Lei nº 12.973, de 13/05/2014

41 – Lei nº 13.063, de 30/12/2014

42 – Lei Complementar nº 108/2001

43 – Lei Complementar nº 109/2001

44 – Lei Complementar nº 142, de 08/05/2013

45 – Lei Complementar n° 123, de 14 de dezembro de 2006

46 – Medida Provisória nº 664, de 30/12/2014

47 – Medida Provisória nº 665, de 30/12/2014

48 – Resolução INSS/PRES nº 416/2014

50– Decreto nº 99.350, de 27/06/1990

51 – Decreto nº 1.744, de 18/12/1995

52 – Regulamento da Previdência Social – Decreto nº 3.048, de 06/05/1999

53 – Decreto nº 4.360, de 05/09/2002

54 – Decreto n. 6.042, de 12.02.2007

55 – Decreto nº 6.168, de 24/07/2007

56 – Decreto n. 6.957, de 09.09.2009

57 – Decreto nº 8.145, de 03/12/2013

58 – Portaria Ministerial MPS/MF nº 19, de 10/01/2014.